T0246881

# LA PARADOJA DEL
# RENDIMIENTO

DESCARGA
**GRATIS**
CON ESTE
**CÓDIGO**
en la web www.editorialsirio.com/descargas

**CONEXION13**

TE ENVIAREMOS UNAS PÁGINAS DE
LECTURA MUY INTERESANTES

Promoción no permanente. La descarga de material
de lectura sólo estará disponible si se suscriben a
nuestro boletín de noticias. La baja del mismo puede
hacerse en cualquier momento.

Título original: THE PERFORMANCE PARADOX: Turning the Power of Mindset into Action
Traducido del inglés por María Teresa Gómez Herrera
Diseño de portada: Editorial Sirio, S.A.
Maquetación: Toñi F. Castellón

© de la edición original
2023 de Growth.how LLC

Todos los derechos reservados, incluido el derecho de reproducción total o parcial en cualquier forma.
Esta edición se publicó mediante acuerdo con Ballantine Books, un sello de
Random House, una división de Penguin Random House LLC

© de la presente edición
EDITORIAL SIRIO, S.A.
C/ Rosa de los Vientos, 64
Pol. Ind. El Viso
29006-Málaga
España

www.editorialsirio.com
sirio@editorialsirio.com

I.S.B.N.: 978-84-19685-68-1
Depósito Legal: MA-1987-2024

Impreso en Imagraf Impresores, S. A.
c/ Nabucco, 14 D - Pol. Alameda
29006 - Málaga

Impreso en España

Puedes seguirnos en Facebook, Twitter, YouTube e Instagram.

# EDUARDO BRICEÑO

# LA PARADOJA DEL RENDIMIENTO

Cómo aprender y crecer sin comprometer los resultados

EDITORIAL
SIRIO

*A mi madre y mi padre, que hicieron de mi hermana y de mí su máxima prioridad; a mi amada esposa, Allison, que me inspiró a desarrollar un propósito y aprovechar al máximo la vida, y a Carol Dweck, que creyó en mi capacidad para crecer y me mostró un camino para hacerlo que me cambió la vida.*

# ÍNDICE

## TERCERA PARTE - DE LA TRANSFORMACIÓN INDIVIDUAL
## AL IMPACTO GLOBAL

# Primera parte

# CÓMO FOMENTAR EL
# CRECIMIENTO INDIVIDUAL

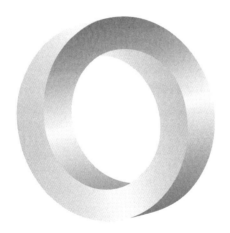

# Capítulo 1

# LA PARADOJA DEL RENDIMIENTO

**GRAN IDEA** *Aunque pueda parecer contraintuitivo, producir constantemente no mejora el rendimiento. Con frecuencia, el camino hacia el éxito no es una línea recta.*

Anjali sentía cómo le sudaban las manos cada vez que Salma, su gerente, le preguntaba: «¿Puedo hacerte algunos comentarios?».

«¡No! –quería gritar–. ¡Ya hago todo lo que puedo!».[1]

Realmente era así; desde que entró en la empresa, había recibido comentarios positivos de superiores y subordinados por igual. Pero nunca había tenido una gerente tan directa en lo referente a las áreas en las que podía mejorar. Por lo general, se trataba de aspectos logísticos, a los que rara vez tenía tiempo de prestar mucha atención. Anjali se veía a sí misma como una persona atenta y práctica que siempre ponía a sus clientes en primer lugar; si tenía que elegir entre atender la llamada de uno de ellos y actualizar la base de datos de la empresa, elegía la llamada el cien por cien de las veces.

Cuando hablaba con Salma se sentía como una niña de nuevo, como si no supiera hacer las cosas bien.

La siguiente vez que Salma pronunció la temida palabra *comentarios* y comenzó a ofrecerle sugerencias sobre cómo podía hacer las cosas de manera diferente, Anjali no pudo contenerse.

—¡Ya hago todo lo que puedo!

Después de una breve pero embarazosa pausa, Salma le sonrió.

—Anjali, nadie te pide que trabajes más. Queremos averiguar cómo podemos hacer que las cosas te resulten *más fáciles*.

Anjali nunca lo había visto de esa manera; daba por hecho que todos los comentarios eran una advertencia velada de que su trabajo peligraba.

Cuando sonaba el teléfono, Gino Barbaro siempre se apresuraba a contestar. Si veía que un barman o un camarero se disponían a contestar, les decía que se apartaran; al fin y al cabo, era su restaurante, su reputación, su *nombre*. En Gino's Trattoria, si quería que algo se hiciera bien, tenía que hacerlo él mismo.[2]

Así es como Gino lo abordaba prácticamente todo en el restaurante. Todos los días, su mente estaba en lo que tenía que hacer a continuación: recibir pedidos por teléfono, gestionar al personal de cocina, hacer pedidos de suministros e ingredientes, limpiar, llevar un registro de las transacciones financieras y cerrar por la noche.

No confiaba en que nadie pudiera hacer estas cosas tan bien como él, y tampoco tenía tiempo para enseñar a alguien.

Durante la recesión de 2008, el restaurante comenzó a perder dinero. Gino reaccionó trabajando horas extra para asegurarse de que todo se hiciera «a la perfección», pero pronto quedó claro que eso no era suficiente para mantener el restaurante a flote. Después de doce años de semanas de setenta horas, estaba exhausto y no podía imaginar trabajar aún más para reducir costes o promocionar el negocio a fin de salir del bache. No había suficientes horas en el día para detenerse a pensar qué se podría hacer de manera diferente. Algo tenía que cambiar.

Seguro que había una manera de dirigir un negocio que no implicara sentirse abatido, sin tiempo y agotado.

Douglas Franco fue elegido por la sociedad de inversión peruana Enfoca para cambiar la trayectoria de su nueva adquisición, Visiva, una empresa de educación superior con sede en Lima que ofrece cursos para adultos. La sociedad de inversión pensó que un cambio en la dirección permitiría que Visiva creciera más rápido.[3]

Al unirse a la empresa como director general, Douglas observó que sus nuevos colegas, especialmente los del equipo ejecutivo, parecían creer que ya estaban optimizando el negocio. A Douglas le preocupaba que esta actitud estuviera haciendo que la empresa se estancara e impidiera al equipo experimentar con nuevas ideas.

Para acelerar el crecimiento, Visiva tenía que encontrar nuevas formas de hacer las cosas.

Frustrado y con la presión de ofrecer resultados a los inversores, Douglas intentó alentar a sus nuevos colegas a pensar de forma crítica sobre las oportunidades de mejora. Sin embargo, su frustración fue recibida con resistencia. Los miembros del equipo se mantuvieron firmes y, en lugar de mejorar, siguieron tratando de demostrar lo que hacían bien.

Luego, cuando estalló la pandemia de covid-19, la inscripción de estudiantes cayó en picado y los ingresos se desplomaron.

Esto no era lo que Douglas había imaginado para su nueva etapa. Tenía que encontrar una manera de hacer que el equipo dejara de intentar impresionarlo y empezara a colaborar con él para buscar nuevas soluciones, y el tiempo corría en su contra.

Volveremos a hablar de Anjali, Gino y Douglas más adelante, pero ahora que sabes un poco sobre sus desafíos, permíteme hablarte de los míos. Al principio de mi carrera, me convertí en el profesional de inversiones más joven en Sprout Group, que entonces era una de las empresas de capital de riesgo más antiguas y grandes del mundo.

Me encantaba la exposición a diferentes equipos ejecutivos, sectores y empresas en la vanguardia de la innovación, y tuve la emocionante oportunidad de formar parte de juntas directivas junto a inversores y operadores con mucha más experiencia y conocimientos.

Sin embargo, cuando pienso en aquella época, lo que recuerdo más vívidamente es la increíble presión que sentía para *producir.*

Con frecuencia teníamos reuniones en las que escuchábamos a equipos de empresas emergentes presentar sus proyectos. Cuando los emprendedores salían de la habitación, nos turnábamos para expresar nuestra impresión sobre la oportunidad. Como profesional muy joven que acababa de comenzar mi carrera, no sabía lo suficiente como para tener una fuerte convicción sobre si una inversión era atractiva, pero fingía saberlo.

Cuando mis colegas compartían sus puntos de vista, yo trataba de decidir por qué postura abogar. Cuando llegaba mi turno, no expresaba mis conflictos internos e incertidumbres para que pareciera que todo mi pensamiento apuntaba en una dirección y que tenía una gran confianza en mi recomendación. Elegía un bando, ya fuera llevar a cabo una diligencia debida* o rechazar la oportunidad, o invertir o no, y abogaba por ello con convicción.

Me daba cuenta de que, al no compartir algunos de mis pensamientos, estaba ocultando información que podría habernos ayudado a tomar mejores decisiones. Esto me causaba ansiedad porque quería ayudar al equipo, pero me sentía limitado por la creencia de que debía parecer versado, decidido y seguro de mis opiniones.

Después de años haciendo esto, me volví experto en aparentar que sabía lo que estaba haciendo, pero por dentro sentía que era un falso, un impostor. Fingía constantemente.

---

* N. de la T.: Una *due diligence* (o diligencia debida) es el proceso de investigación y análisis que un inversor interesado en adquirir o invertir en una compañía realiza para entender la verdadera situación de la empresa (a nivel operativo, legal, financiero o comercial) y descubrir posibles riesgos asociados con la operación. (Fuente: Balcells-group.com)

A la larga, el estrés crónico de estos sentimientos me afectó físicamente. Debido a la constante presión, mantenía los músculos contraídos, tanto que, al final, perdieron la capacidad de relajarse. Resulta que los músculos son maleables, tanto para bien como para mal. Los míos se volvieron más cortos y más duros, lo que impedía que la sangre penetrara en ellos portando los nutrientes necesarios para un funcionamiento adecuado y para la recuperación. Me resultaba doloroso usar las manos, escribir en el teclado, usar el ratón del ordenador, conducir un coche, abrir puertas, incluso cepillarme los dientes. Después de ver a muchos especialistas, finalmente me diagnosticaron una lesión por esfuerzo repetitivo llamada síndrome de dolor miofascial.

Con el tiempo, mi estado empeoró. Conocí a personas con la misma afección que ya no podían usar las manos durante más de diez minutos al día, y eso me aterrorizó.

Estaba decidido a hacer todo lo posible para curarme.

Pero sospechaba que lo que necesitaba cambiar iba más allá de mi postura.

## ATRAPADO EN LA EJECUCIÓN CRÓNICA

Aunque las historias son diferentes, Gino, Anjali, los colegas de Douglas y yo estábamos todos en el mismo estado, al que llamo *ejecución crónica*: el intento constante de realizar todas las tareas de la manera más perfecta posible.

Tal vez algunas partes de estas historias te suenen familiares.

¿Vas siempre a la carrera para ir tachando tareas de tu lista?

¿Pasas la mayor parte del tiempo tratando de paliar errores?

¿Ocultas incertidumbres, perspectivas o preguntas para tratar de aparentar que siempre sabes lo que estás haciendo?

¿Preferirías caminar sobre brasas al rojo vivo antes que recibir comentarios o sugerencias?

Todos estos son signos de ejecución crónica. Aunque pueda parecer que mitigar los errores es un uso razonable del tiempo o que aparentar ser decidido* es una estrategia inteligente para avanzar profesionalmente, estos hábitos pueden tener un efecto devastador en nuestras habilidades, confianza, empleos y vidas personales.

La ejecución crónica podría ser la razón por la que te sientes estancado en algún área de la vida. Puede que estés trabajando más horas o poniendo más esfuerzo en las tareas, pero parece que nunca avanzas. La vida parece un juego interminable de ponerse al día. Eso es la ejecución crónica: invertir más energía en tareas y problemas, y aun así mantenerse en el mismo nivel de efectividad.

## HE AQUÍ LA PARADOJA

La mayoría de nosotros pasamos los días dando por hecho que, para tener éxito, simplemente hay que trabajar duro para terminar las tareas. Eso es lo que nos han dicho toda la vida. Entonces, ¿cuál es el problema? ¿No conduce el trabajo duro a una mejor ejecución? La respuesta es una paradoja, a la que yo llamo la *paradoja del rendimiento*.

Tal vez seas un profesional ocupado que intenta aprender una habilidad nueva y difícil, como hacer presentaciones magistrales, motivar a colegas o resolver conflictos; no obstante, sin importar cuánto esfuerzo le dediques, parece que no estás progresando.

Puede que seas un jefe cuyo equipo logra los mismos resultados mes tras mes, a pesar de que estás seguro de que todos están trabajando duro.

O tal vez te gustaría profundizar en las relaciones con tu familia, amigos o colegas, pero las conversaciones siguen siendo superficiales.

La paradoja del rendimiento es un fenómeno contrario a la lógica que implica que, si queremos mejorar el rendimiento, tenemos que hacer algo más que simplemente ejecutar. No importa lo duro que trabajemos: si solo hacemos las cosas lo mejor que sabemos, tratando

---

* N. de la T.: Por razones prácticas, se ha utilizado el masculino genérico en la traducción del libro. Dada la cantidad de información y datos que contiene, la prioridad al traducir ha sido que la lectora y el lector la reciban de la manera más clara y directa posible.

de minimizar los errores, nos quedamos atrapados en nuestro nivel actual de comprensión, habilidades y capacidades.

Para maximizar nuestro rendimiento, no podemos enfocarnos solamente en rendir. Esa es la paradoja. Con demasiada frecuencia, la paradoja del rendimiento nos lleva a la ejecución crónica, lo que conduce al estancamiento. Nos quedamos atrapados en una rueda de hámster en el trabajo, las relaciones, la salud, los pasatiempos y cualquier otro aspecto de la vida. Puede *parecer* que estamos haciendo las cosas lo mejor posible, cuando en realidad estamos perdiendo la oportunidad de descubrir mejores formas de crear, conectar, liderar y vivir.

¿Por qué esta paradoja atrapa a tanta gente?

Enfocarse en producir es una reacción aparentemente lógica cuando nos sentimos presionados, abrumados y desbordados. Pensamos que la solución es simplemente trabajar más duro y más rápido, pero la forma de mejorar nuestros resultados no es pasar más tiempo realizando tareas. Es hacer algo diferente que resulte mucho más gratificante y, en última instancia, productivo.

Este libro trata sobre la paradoja del rendimiento y cómo vencerla. Examinaremos su universalidad y explicaré cómo individuos, equipos y organizaciones pueden superarla. Es la clave para sobrevivir y prosperar en el siglo XXI y más allá.

## LAS CORRIENTES DE RESACA DE LA VIDA

Mientras el mundo volvía a la actividad presencial tras la pandemia de covid-19, asistí a un taller de una semana en la Modern Elder Academy, conocida como «la primera escuela de sabiduría de la mediana edad» única en el mundo, donde mi mentor, Chip Conley, impartía algunas clases.

Las enseñanzas eran enriquecedoras. Mis compañeros eran perspicaces y amables. El centro, situado en El Pescadero (México), es precioso, y la comida deliciosa. Todo era felicidad, excepto por una cosa. A pesar de que las instalaciones se encuentran en una hermosa playa, nos dijeron que no nos bañáramos debido a las peligrosas corrientes marinas. Crecí en Venezuela, a cuarenta y cinco minutos del mar, y me encanta nadar en el océano. Así que, en El Pescadero, me sentí como si me hubieran colocado frente a una mesa llena de exquisito chocolate y me hubieran dicho que no podía probarlo.

Estaba bastante seguro de que si ignoraba el consejo y me iba a nadar, no pasaría nada. Pero no quería calcular mal y ahogarme, o peor aún, convertirme en *ese tipo* que no hizo caso de las advertencias, tuvo que ser rescatado y puso a otros en peligro.

Así que me alegré al oír hablar de playa Cerritos, una playa pública a poco más de kilómetro y medio de distancia donde se consideraba seguro nadar. Una mañana, me levanté temprano para ir a esa playa y regresar a tiempo para el taller del día.

Cuando llegué allí, el lugar parecía un paraíso. Después de correr un rato, me metí en el agua.

Las olas eran fuertes, pero sabía qué hacer: zambullirme hasta el fondo de arena y dejar pasar la ola, luego salir a la superficie y seguir nadando para alejarme de la orilla. Una vez que las olas rompientes quedaron atrás, el océano estaba tranquilo.

Floté bocarriba, disfrutando de la sensación de mecerme de un lado a otro. Me sentía presente y en paz, agradecido por la vida y por la naturaleza. Era justo lo que había esperado.

Entonces, levanté la cabeza y descubrí que estaba muy lejos de la costa. Una fuerte corriente debía de estar arrastrándome océano adentro. Todavía era temprano por la mañana y la playa estaba desierta. Estaba completamente solo.

No pintaba bien.

Mi objetivo cambió repentinamente. Pasé de querer hacer ejercicio, reconectar con el océano y apreciar la vida a centrarme en un solo fin: volver a tierra... con vida.

Comencé a nadar de vuelta a la orilla. Después de unos momentos, hice una pausa para ver cuánto había avanzado y me di cuenta de que no me había movido en absoluto. Por el contrario, la corriente de resaca me estaba llevando océano adentro.

Cada año, más de cien personas se ahogan en corrientes de resaca solo en Estados Unidos.[4] Si quedas atrapado en una, como me sucedió a mí, tu sistema nervioso puede entrar en modo de lucha o huida. No hay forma de huir, así que luchas. Te dices a ti mismo que hay que redoblar los esfuerzos y darlo todo para intentar vencer al océano.

Pero seguir luchando, incluso hacerlo con más intensidad y rapidez, no es la mejor manera de alcanzar el destino.

Para regresar a la orilla, tenía que aplicar la técnica de *aprender mientras se hace* (hablaremos de ello en el capítulo tres). No podía *actuar* sin más y simplemente nadar en línea recta hacia la playa. Tenía que averiguar cuál podría ser la ruta que me llevaría de vuelta, y necesitaba hacerlo mientras soportaba toda la presión.

Giré casi noventa grados y comencé a nadar en paralelo a la costa. Inicialmente la corriente me llevó más lejos, pero, después de un rato, la corriente pareció disminuir, así que seguí nadando de manera constante y gradualmente me dirigí hacia la costa. Cuando empecé a cansarme, me di la vuelta y me puse a nadar a espalda para dar un descanso a mis agotados músculos. Por fin sentí que comenzaban a formarse olas frente a mí: me acercaba a la costa. Volví a ponerme bocabajo, apunté directamente hacia la costa y aumenté el ritmo. Cuando superé las olas grandes, tomé una respiración profunda y dejé que una gran ola me llevara hacia la orilla. Finalmente, cuando la ola terminó de arrastrarme, me desplomé en la playa, mareado y exhausto, pero a salvo.

## LA PARADOJA DEL RENDIMIENTO

Aunque nunca te haya atrapado una corriente de resaca en el océano, seguramente has quedado atrapado en las corrientes de resaca de la vida. Son invisibles y siempre están presentes. A menudo nos encontramos en situaciones en las que avanzar con todas nuestras fuerzas no tiene el efecto deseado. Estoy hablando de esos momentos en los que simplemente hacer más de lo mismo nos impide descubrir mejores formas de avanzar hacia el objetivo.

Cuando negarse a aprender a delegar significa perder la oportunidad de crecer como líder.

Cuando seguir tocando una canción de la misma forma nos impide aprender a tocarla de manera más hermosa.

Cuando elegimos hacer lo que ya sabemos en lugar de explorar más allá de nuestros límites.

Al mismo tiempo, necesitamos actuar para lograr que las cosas se hagan: Gino tuvo que seguir recibiendo pedidos y sirviendo comidas para mantener abierta su pizzería; yo tuve que usar todas mis habilidades de natación en el océano y mantenerme enfocado en llegar a la orilla para sobrevivir a la corriente de resaca.

Para prosperar en el complejo y rápido mundo de hoy en día, necesitamos equilibrar y combinar la ejecución y el aprendizaje.

Consideremos situaciones menos peligrosas para la vida. Puedes pensar que la forma de mejorar en la escritura o la cocina es simplemente escribir más palabras cada día o cocinar una comida de tres platos todas las noches, pero no es así.

Esa es la paradoja.

Si nos enfocamos únicamente en realizar la actividad, nuestras habilidades se estancan y corremos el riesgo de volvernos prescindibles o algo incluso peor.

Engañados por la paradoja del rendimiento, con demasiada frecuencia seguimos en piloto automático en lugar de enfrentar desafíos, solicitar comentarios, y examinar sorpresas y errores para aprender de ellos. En el caso de un escritor, podría implicar pedir críticas del borrador de un texto. Para un cocinero, podría ser experimentar con ingredientes de la cocina de otro país. Para todos nosotros, significa buscar lo que no sabemos en lugar de centrarnos únicamente en lo que sabemos.

Si queremos crecer, debemos reconectar con la curiosidad y los hábitos de aprendizaje que todos teníamos de niños, antes de que la escuela nos enseñara a centrarnos en el rendimiento.

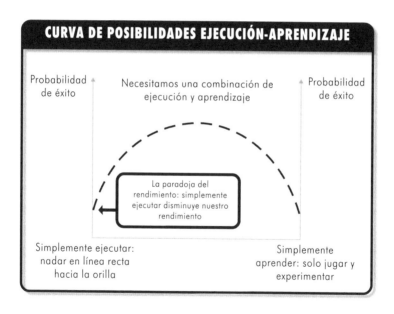

Esto ofrece posibilidades ilimitadas en cuanto a lo que podemos perseguir y quiénes podemos llegar a ser, preparándonos para crecer profesionalmente a medida que evolucionan nuestras responsabilidades, el mundo cambia y surgen nuevos desafíos y oportunidades.

## ATRAPADOS INTENTANDO MANTENERNOS A FLOTE

Cuando equipos y organizaciones quedan estancados en la ejecución crónica, las consecuencias son desalentadoras. Muchos tienen dificultades o fracasan porque continúan nadando a contracorriente, en piloto automático, centrándose en la ejecución sin desarrollar el hábito de buscar nuevas ideas y estrategias.

Cuando las reuniones solo son un medio para asignar tareas y no tienen estructuras para generar preguntas o compartir lecciones aprendidas, los equipos dejan pasar la oportunidad de mejorar y descubrir nuevas formas de trabajar.

Si los objetivos se centran únicamente en la ejecución, como captar nuevos clientes o escribir líneas de código, y no en el aprendizaje, como adquirir nuevas habilidades de venta o técnicas de integración de *software*, llevan involuntariamente a las personas a quedarse atrapadas en la ejecución crónica.

Cuando las empresas ceden a la presión de tipificar en exceso los procesos y dicen a los empleados que solo hay una manera correcta de hacer las cosas, es como si se apartaran y dieran paso a los competidores para que tomaran la delantera. Esto hace que se vuelvan irrelevantes.

Estos hábitos problemáticos a menudo se implementan en respuesta al crecimiento. A medida que aumenta el número de empleados, los directivos tienden a volver a ideas tradicionales de gestión que surgieron durante la Revolución Industrial, cuando la principal preocupación era fabricar productos de la manera más económica posible. Hoy en día, en una economía que es primordialmente de servicios y está en constante evolución, los principales desafíos son identificar necesidades no satisfechas, impulsar la innovación y personalizar el servicio.

Cuando las organizaciones sucumben a las tentaciones de mando y control, los trabajadores que hacen preguntas y que admiten que no tienen todas las respuestas empiezan a ser considerados como entrometidos, lentos y problemáticos. Se comienza a sentir que no es seguro compartir impresiones, solicitar comentarios o experimentar.

Nadie quiere amenazar su estatus social y posiblemente dañar su carrera, por lo que se aprende a guardar silencio.

Los gerentes comienzan a presentarse a sí mismos como infalibles, pero eso en realidad obstaculiza su crecimiento, lo que irónicamente amenaza el rendimiento de sus equipos y organizaciones. La obsesión de la alta dirección por una ejecución impecable inhibe el desarrollo e incluso el crecimiento financiero.

La realidad es que las organizaciones que pueden cambiar su enfoque de simplemente ejecutar a incorporar el aprendizaje están mejor preparadas para destacar sobre las demás.

## UN GIRO DE LOS ACONTECIMIENTOS QUE ME CAMBIÓ LA VIDA

Cuando era joven, el sistema escolar me enseñó a centrarme en las calificaciones en lugar de en el aprendizaje. Probablemente a ti te pasó lo mismo. En apariencia, esto funcionó, ya que finalmente me aceptaron en una universidad de prestigio. Posteriormente, me contrataron para trabajar en un banco de inversión en Wall Street y en una prestigiosa empresa de capital de riesgo en Silicon Valley. Con veintitantos años, ganaba más dinero de lo que jamás me habría imaginado.

Centrándome en el rendimiento, conseguí un trabajo de ensueño, pero no me gustaba la persona en la que me había convertido. Detestaba estar siempre fingiendo que sabía más de lo que sabía, dar consejos cuando no me sentía lo suficientemente cualificado, proyectar confianza cuando me sentía inseguro.

No quería pasar las siguientes décadas de la misma manera y tener que mirar hacia atrás con arrepentimiento. Si seguía por ese camino, mantendría mi trabajo prestigioso, pero ¿a qué precio?

La amenaza de perder el uso de las manos me obligó a reflexionar sobre lo que quería hacer con ellas. Había dedicado a mi carrera todo mi tiempo y energía hasta no poder más. Intentaba hacerlo siempre todo lo mejor que sabía, lo que me había llevado a un éxito aparente, pero ¿con qué fin? Algo tenía que cambiar.

Finalmente, decidí solicitar el acceso a la Universidad de Stanford para cursar un máster en Administración de Empresas y otro en Educación. No me aceptaron. Mirando hacia atrás, eso fue una bendición disfrazada, porque la profesora Carol Dweck, la psicóloga e investigadora cuyo trabajo ha cambiado la forma en que millones de personas piensan sobre el éxito y el talento, aún no estaba allí.

Dos años después, volví a presentar una solicitud, y esta vez la aceptaron. Llegar a conocer a Carol como maestra, mentora y apreciada amiga fue una experiencia que cambió mi vida. Su trabajo pionero sobre la mentalidad (las creencias que tenemos sobre si las cualidades y habilidades humanas son fijas o pueden desarrollarse) transformó mis relaciones, mi carrera y mi vida.

Cuando comencé a estudiar la mentalidad en profundidad,[5] fui capaz de reevaluar mi vida a través de una lente completamente nueva. Pude ver que con frecuencia había quedado atrapado en una *mentalidad fija*, creyendo que mi inteligencia o mis habilidades eran estáticas, sin margen de mejora, y cómo esto me había llevado a adoptar el hábito de la ejecución crónica en el trabajo, en el campo de fútbol y en mis relaciones. Con una mentalidad fija, cualquier cosa que no sea la perfección daña el ego, por lo que experimentamos más ansiedad por el rendimiento y estamos más pendientes de aparentar que de progresar.

Como creía que la inteligencia y el talento eran fijos. En lugar de tratar de volverme más inteligente y mejor, me había centrado en demostrar lo inteligente y talentoso que ya era. Me esforzaba por lograr la perfección.

Pero la investigación de Carol me demostró que podía liberarme de esos hábitos y realmente disfrutar de mucho más éxito en la vida y en mi carrera si elegía cultivar lo que ella denominaba una *mentalidad de crecimiento*.

## LA PIEZA QUE FALTABA

Aprendí de Carol la idea central de sus descubrimientos: que necesitamos cambiar las creencias sobre la naturaleza de las habilidades para cambiar los comportamientos y los resultados. Pero también aprendí algo que no es tan conocido: no era tan simple como empezar a creer que podía cambiar; también tendría que romper los hábitos de ejecución crónica.

Cuando compartiera perspectivas con colegas, amigos y familiares, tendría que exponer todos los pensamientos para poder aprender de las respuestas de los demás en lugar de seleccionarlos según mi conveniencia. Al elegir clases o trabajos, tendría que aceptar desafíos de los que pudiera aprender, en lugar de seleccionar cursos o puestos en los que estaba seguro de que tendría éxito. Cuando cometiera un error, tendría que reconocerlo y hablarlo en lugar de esconderlo debajo de la alfombra. Y, lo más importante, tendría que tener siempre en mente qué quería mejorar y cómo.

Aprendí que, por poderosa que sea una mentalidad de crecimiento, no es una solución mágica. La mentalidad de crecimiento es una semilla necesaria que debe regarse con estrategias y hábitos efectivos.[6]

Un conjunto de estudios de la psicóloga educativa Maria Cutumisu, de la Universidad de Alberta, arroja luz sobre esto. Cutumisu y su equipo querían ver qué papel desempeñaba la mentalidad de crecimiento en la disposición de los estudiantes universitarios a solicitar comentarios críticos y revisar su trabajo, dos estrategias que se ha comprobado que son efectivas para mejorar las habilidades y el rendimiento.[7]

En un juego en línea, se pidió a los estudiantes que diseñaran carteles y luego se les dio la oportunidad de solicitar comentarios críticos. Después de leer los comentarios, podían enviar sus carteles tal como estaban o revisarlos.

Lo que puede parecer sorprendente para aquellos de nosotros que hemos presenciado el poder de la mentalidad de crecimiento es que los estudios *no encontraron asociaciones significativas* entre la mentalidad de los estudiantes y sus elecciones de aprendizaje, es decir, si decidieron solicitar comentarios críticos y revisar su trabajo o no.

En otras palabras, la mentalidad por sí sola no determinó si los estudiantes utilizaron técnicas de aprendizaje efectivas, que eran clave para crear carteles de alta calidad.

Ahora bien, esto no significa que la mentalidad no sea importante. Entre los estudiantes que solicitaron comentarios críticos y revisaron su trabajo, aquellos que demostraron una mentalidad de crecimiento aprendieron más de los comentarios, y su ejecución fue mejor que la de sus compañeros.

La conclusión clave es que el mero hecho de que alguien tenga una mentalidad de crecimiento no significa que sepa cómo aprender o implementar estrategias efectivas para mejorar realmente sus habilidades.

Demasiados de nosotros pensamos que para mejorar solo hay que trabajar duro, pero no es cierto. Esta idea errónea nos lleva a esforzarnos de maneras que no conducen a un progreso, lo que luego tomamos como evidencia de que no podemos mejorar, y esto nos lleva a una mentalidad fija. Incluso la idea de que podemos aprender y crecer continuamente no es suficiente. Para aprender y mejorar de manera efectiva, debemos desarrollar e implementar hábitos y estrategias que respalden el crecimiento. Puede que pensemos que eso lo aprendimos en la escuela, pero en realidad nuestros sistemas educativos no se han centrado en enseñarnos a *cómo* aprender.

Si no llegamos a comprender la paradoja del rendimiento y cómo superarla, nuestra creencia en una mentalidad de crecimiento seguirá siendo superficial, insuficiente y frágil. Para crecer y tener éxito, debemos desarrollar la creencia de que podemos cambiar, así como competencias sobre *cómo* cambiar. Estos dos elementos van de la mano y se refuerzan mutuamente.

Como veremos más adelante, estos son los dos ingredientes que Anjali, Gino, la empresa de Douglas y yo necesitábamos para poder cambiar nuestras trayectorias.

## DE PERSONAS A CULTURAS

Las personas no solo podemos desarrollar creencias y hábitos para lograr mucho más crecimiento y éxito, sino también crear equipos y organizaciones que lo hagan. De hecho, debemos hacerlo, porque desarrollamos nuestras creencias y hábitos al observar a quienes tenemos alrededor.

Me propuse ayudar a las organizaciones a desarrollar conocimientos y culturas de mentalidad de crecimiento. Me asocié con Lisa Blackwell, antigua estudiante y colega de Carol Dweck, y juntos fundamos una organización que crea y proporciona programas para escuelas con el fin de fomentar culturas de mentalidad de crecimiento entre educadores, padres e hijos. Carol Dweck, Steve Goldband y Ellen Konar ofrecieron su tiempo como asesores y mentores.

En colaboración con otros promotores de la mentalidad de crecimiento, logramos un impacto significativo. La mentalidad de crecimiento es ahora un principio clave en muchas escuelas y universidades de todo el mundo.

Pero los centros educativos no eran los únicos lugares que necesitaban un cambio cultural. Dada mi experiencia, sentí la llamada de enfocar mi atención en el sector empresarial y comencé a ayudar a profesionales y directivos a transformar sus vidas, carreras y organizaciones.

Durante los últimos quince años, he tenido el privilegio de ayudar a cientos de organizaciones de todos los tamaños, incluidas algunas de las empresas más grandes del mundo, a descubrir el poder de la mentalidad de crecimiento, y las he ayudado a crear sistemas y culturas de aprendizaje.

Las *organizaciones de aprendizaje continuo* son aquellas que priorizan el desarrollo individual: todos van a trabajar cada día en parte para crecer y apoyarse mutuamente en ese proceso. Los gerentes instan al personal a hacer preguntas, compartir ideas creativas que pueden parecer no convencionales y descubrir diferentes formas de ver el mundo, y predican con el ejemplo. Las reuniones no solo se centran en realizar tareas, sino que también son un espacio para compartir nuevos conocimientos y hacer preguntas. Los sistemas de gestión del rendimiento se centran no solo en las métricas de resultados, sino también en cuánto está aprendiendo cada persona y cómo contribuye al crecimiento de los demás. Las organizaciones de aprendizaje continuo permiten que su personal piense de forma revolucionaria, innove e implemente ideas eficazmente, lo que las lleva a superar a otras organizaciones.

En mi trabajo, he descubierto que las personas se sienten inspiradas cuando encuentran nuevas maneras de trabajar que son más efectivas y enriquecedoras. Descubren formas de dejar de lado el miedo y perseguir la creatividad, la exploración y la experimentación. En lugar de ser cautelosas con sus colegas, comienzan a compartir sus pensamientos de un modo más transparente, lo que les permite establecer relaciones más profundas y colaborativas. También se sienten menos limitadas por las realidades actuales, se vuelven más resilientes y se sienten más capaces de impulsar el cambio. Como resultado, logran mayores ingresos, rentabilidad e impacto.

Necesitamos de forma apremiante este tipo nuevo de organizaciones, porque el paradigma laboral predominante es muy diferente de lo que la investigación indica que realmente conduce a la mejora y al alto rendimiento.

Incluso trabajando duro y creyendo que pueden mejorar, muchos permanecen estancados en la ejecución crónica, y esto destruye la capacidad para ampliar sus habilidades y desarrollar las capacidades de las organizaciones. Si realmente queremos lograr una mayor efectividad, debemos entender la paradoja del rendimiento y desarrollar hábitos y culturas que nos liberen de creencias y comportamientos obsoletos e ineficaces. Imagina lo que sucedería si todos pudiéramos movernos con mayor fluidez entre el aprendizaje y la ejecución. Si dejamos de necesitar estar constantemente en modo de ejecución, es menos probable que veamos las interacciones como disputas que debemos ganar. Si reemplazamos la obsesión de tener la razón por la pasión por aprender, podremos descubrir formas creativas de lograr un mayor progreso. Y si aprendemos a convertir las nuevas competencias en un rendimiento excelente, estaremos mejor preparados para crear soluciones a los mayores desafíos de la sociedad.

Pero, hasta que realmente cultivemos hábitos para seguir aprendiendo y creciendo cada día de nuestras vidas, nos estamos encerrando de hecho, a nosotros mismos y a los equipos, en las claustrofóbicas aulas impulsadas por el rendimiento de las que muchos de nosotros pasamos horas deseando escapar cuando éramos niños.

¿No queremos profesionales que tengan curiosidad por explorar lo desconocido?

¿No queremos volver a despertar esa curiosidad en nosotros, en los equipos y en las organizaciones?

¿Y si pudiéramos todos aceptar cuánto aún *no* sabemos y comprometernos a hacer algo al respecto?

## EL VIAJE QUE NOS AGUARDA

Este libro es el resultado de las lecciones aprendidas de las personas y organizaciones a las que mis colegas y yo hemos tenido el privilegio de servir.

Describiré cómo superar la paradoja del rendimiento, explicaré cómo buscar tiempo para el aprendizaje incluso cuando sentimos una presión increíble para conseguir resultados, y compartiré cómo esta nueva forma de entender el crecimiento puede ayudarnos a transformarnos a nosotros mismos, a los equipos y a las comunidades.

Compartiré historias sobre cómo las personas y las organizaciones más sólidas logran un equilibrio entre el aprendizaje y la ejecución para fomentar un conocimiento profundo de los clientes, la mejora continua y la innovación, y, en el caso de las empresas, cómo esto conduce en última instancia a un aumento en el crecimiento y los ingresos.

Conocerás a una madre de tres hijos cuyo deseo de sacar a su familia de las dificultades financieras la inspiró a adoptar hábitos efectivos de aprendizaje y ejecución, y descubrirás cómo eso la llevó a convertirse en una de las asesoras financieras con más éxito de Estados Unidos.

También averiguarás lo que hicieron ejecutivos eficaces en sectores tales como los servicios financieros, la tecnología y la construcción para ayudar a sus empresas a recuperarse después de experimentar un fracaso significativo.

Verás cómo un director ejecutivo que deseaba crear una fuerza laboral diversa e inclusiva descubrió las muchas formas en que tuvo que desafiar la sabiduría convencional y sus propias creencias para lograr su objetivo.

Obtendrás estrategias sobre cómo cambiar y mejorar, tales como formas de desarrollar un mayor conocimiento, habilidades, comprensión de los demás y autoconciencia. Y aprenderás a hacer estas cosas incluso con una lista de tareas interminable y una bandeja de entrada desbordada.

En la primera parte de este libro, compartiré principios y estrategias clave que cualquier persona puede utilizar para superar la paradoja del rendimiento y abrir la puerta al desarrollo a lo largo de toda la vida. Verás cómo Anjali, Gino, muchos otros y yo superamos la ejecución crónica y cambiamos nuestras trayectorias.

En la segunda parte, examinaremos lo que hacen los líderes, equipos y organizaciones para lograr un crecimiento extraordinario y cómo alternan entre el aprendizaje y el rendimiento. Verás cómo Douglas y muchos otros líderes inspiran a sus colegas para mejorar y fomentar el crecimiento.

En la tercera parte, te mostraré cómo aplicar estas enseñanzas para lograr saltos cuánticos en tus objetivos más valiosos.

Hoy en día, dadas las innumerables fuentes de aprendizaje que tenemos al alcance de las manos, vivimos en un paraíso para los que quieren aprender, un océano de conocimiento y oportunidades. Pero el rápido ritmo de cambio también significa que aquellos que no aprenden son arrastrados por las siempre presentes corrientes de resaca.

¿Qué camino elegirás?

Al final de cada capítulo, he incluido preguntas para que reflexiones. La ciencia del aprendizaje nos dice que sacarás más partido de este libro y podrás implementar el cambio de manera más efectiva si reflexionas activamente a lo largo del camino. También he incluido un estímulo para mirar hacia el futuro a fin de ayudarte a identificar lagunas de conocimiento y prepararte para obtener el máximo provecho del siguiente capítulo. Además, puedes plantearte invitar a alguien a acompañarte en este viaje de aprendizaje.

Encontrarás notas y recursos que te ayudarán a aplicar las estrategias tratadas en este libro en briceno.com/paradox/resources/ (en inglés).

## PREGUNTAS PARA REFLEXIONAR

- ¿En qué áreas del trabajo o la vida podría estar cegado(a) por la paradoja del rendimiento y atrapado(a) en la ejecución crónica?
- ¿Cómo podrían estar atrapados en la ejecución crónica mis colegas o seres queridos?
- ¿Cuáles podrían ser algunas consecuencias de esto?

## DE CARA AL PRÓXIMO CAPÍTULO

¿En qué se diferenciaría el esfuerzo por producir del esfuerzo por mejorar?

# Capítulo 2

# EL TORNEO Y EL CAMPO DE ENTRENAMIENTO

**GRAN IDEA** *Para superar la paradoja del rendimiento y alcanzar el crecimiento continuo, debemos integrar la zona de aprendizaje en el trabajo y la vida.*

Imagina que quieres ser muy bueno jugando al ajedrez. ¿Qué harías? Fácil. Jugarías tantas partidas de ajedrez como fuera posible. Es una suposición razonable y lógica.

Pero también es errónea.

Piénsalo de esta manera. Muchos de nosotros hemos pasado innumerables horas escribiendo delante del ordenador, pero ¿cuántos somos mecanógrafos de primer nivel? Y, lo que es aún más desconcertante y peligroso, las investigaciones sugieren que, en promedio, cuantos más años practican la medicina los médicos de atención primaria, peores son los resultados para sus pacientes.[1] Eso es lo que descubrieron científicos de la Facultad de Medicina de la Universidad de Harvard cuando analizaron sesenta y dos estudios de investigación sobre el tema.[2]

Del mismo modo, la investigación sobre el ajedrez demuestra que jugar muchas partidas no es una gran manera de mejorar. Aquellos que pasan más tiempo jugando en torneos no son los que alcanzan los puestos más altos en las clasificaciones.[3]

Richard Williams entendió esto sobre el tenis. Así que, desafiando la sabiduría convencional, sus hijas, Serena y Venus, no participaron en torneos de tenis júnior durante años antes de convertirse en profesionales. En cambio, fueron estudiantes aplicadas, tanto en la escuela como en la pista.[4] Si has visto la película biográfica *El método Williams*, habrás comprobado cómo Richard planeó meticulosamente el éxito de sus hijas. El tiempo en la pista de tenis se dedicaba a la práctica en lugar de a los partidos. Llegaron a convertirse en las mejores del mundo.

Entre otras muchas cosas, las hermanas Williams aprendieron que la principal manera de mejorar no era pasar todo el tiempo compitiendo, es decir, quedando atrapadas en la ejecución crónica.

La mejora y el alto rendimiento en cualquier ámbito se reducen a asegurarse de acceder a dos estados mentales distintos, pero igualmente poderosos: la *zona de aprendizaje* y la *zona de ejecución*.[5] Cada uno tiene un propósito diferente y requiere un enfoque y un conjunto de herramientas distintos. Al igual que la sal y la pimienta, las dos zonas se pueden utilizar simultáneamente para añadir crecimiento e impacto a las recetas de nuestras vidas, como examinaremos en el capítulo tres, pero son muy diferentes.

Entramos en la *zona de ejecución* cuando hacemos las cosas lo mejor que podemos, tratando de evitar los errores, como lo haríamos en un torneo de ajedrez o tenis, o cuando tenemos un plazo ajustado para completar una tarea. Es la forma en que logramos cosas. Todos podemos aprender a aprovechar al máximo el tiempo en esta zona y a funcionar al máximo nivel, y en este libro veremos cómo hacerlo.

Pero eso no significa que debamos esforzarnos por lograr un rendimiento óptimo continuamente; de hecho, si pasamos *todo* el tiempo en la zona de ejecución, aparecerán el estancamiento, la frustración y el agotamiento. Esa es la definición misma de la ejecución crónica.

¿Recuerdas a Gino, del capítulo anterior? Estaba atrapado en la ejecución crónica, tratando desesperadamente de dirigir su restaurante y sin conseguir progresar.

Por eso también debemos acceder a la *zona de aprendizaje*, donde nos enfocamos en desarrollar nuestras habilidades y conocimientos. Esto podría significar que un jugador de ajedrez haga rompecabezas de ajedrez* que lo desafíen justo más allá de su nivel de habilidad actual, o que un jugador de baloncesto profesional dedique treinta minutos a practicar tiros libres, o que un actor trabaje con un profesor para perfeccionar un acento concreto antes de una audición. Para un vendedor, podría significar probar diferentes argumentos a medida que se reúne con nuevos clientes y hacer un seguimiento de cuáles obtienen las mejores respuestas. La zona de aprendizaje tiene que ver con investigación, experimentación, cometer errores y reflexionar sobre ellos y realizar ajustes en el camino hacia una mayor excelencia. Es una inversión a largo plazo que genera dividendos futuros en forma de habilidades mejoradas y resultados más sólidos.

Involucrarse en la zona de aprendizaje no requiere una inversión de tiempo significativa, pero sí requiere intención.

|  | ZONA DE EJECUCIÓN | ZONA DE APRENDIZAJE |
|---|---|---|
| Objetivo | Rendimiento | Mejora |
| Actividades diseñadas para | Producir | Mejorar |
| Nos centramos en lo que | Dominamos | No sabemos |
| Los errores se deben | Evitar | Esperar |
| Ventaja principal | Resultados inmediatos | Crecimiento y resultados futuros |

---

* N. de la T.: En los rompecabezas de ajedrez a los jugadores se les presentan varios escenarios de tablero que requieren pensamiento crítico y planificación estratégica para ser resueltos.

Entramos en esta zona cada vez que solicitamos comentarios, probamos una nueva forma de trabajar o examinamos por qué un competidor obtiene siempre todas las cuentas que queremos conseguir. Accedemos a la zona de aprendizaje en el momento en que decidimos no responder con enojo cuando alguien critica nuestro trabajo y, en cambio, optamos por *escuchar* lo que nos dice en un intento honesto de comprender y aprender.

Supongamos que eres golfista profesional. La zona de aprendizaje es el trabajo que haces en el campo de práctica, donde experimentas con diferentes enfoques y ves cuál funciona mejor. El torneo de golf es donde pasarás tiempo en la zona de ejecución, concentrándote en lo que haces mejor.[6]

El trabajo en el campo de práctica metafórico nos permite destacar cuando la presión aumenta.

Una vez que distinguimos entre las dos zonas, es fácil ver por qué tantos de nosotros nos vemos atrapados en la ejecución crónica. Simplemente, la mayoría de las organizaciones no se crearon con el aprendizaje en mente. Si observamos los lugares de trabajo, es fácil concluir que la forma de ascender es presentarnos como impecables o como caballos de batalla con anteojeras, aunque esto impida la innovación y el crecimiento real. Si queremos crear una cultura de crecimiento en la que la mejora continua impulse un aumento en el rendimiento, debemos asegurarnos de que los comportamientos de crecimiento sean respetados, valorados y recompensados.

Tenemos que permitirnos a nosotros mismos y a los colegas *tanto* el torneo *como* el campo de práctica.[7]

## EL PODER TRANSFORMADOR DE LAS DOS ZONAS

Lizzie Dipp Metzger se presentó en la oficina de su marido una mañana para ver si necesitaba ayuda.[8]

Esa misma tarde, salió de allí con un trabajo.

Lizzie y su marido, Brian, estaban pasando por un período difícil. Brian acababa de cerrar un negocio fallido de fabricación de coches de carreras personalizados, y se mudaron de nuevo a su ciudad natal, El Paso. Todavía estaban pagando los préstamos para el negocio cuando recibieron la noticia de que su tercer hijo estaba en camino.

Brian fue el primero en conseguir un nuevo empleo como agente de seguros de New York Life después de la mudanza.

En su determinación por sacar a la familia adelante durante esa difícil transición, Lizzie hizo todo lo que pudo para ayudar; a veces, incluso recopilaba números de teléfono de personas que podrían necesitar seguros de vida y se presentaba en la oficina de Brian, con los niños, para asegurarse de que las llamara.

Los gerentes llegaron a conocer a Lizzie y se dieron cuenta de que tenía muchas ganas de trabajar. Le preguntaron si tenía interés en convertirse también en agente de New York Life.

No tenía especial interés en los seguros y no se veía a sí misma como una profesional de ventas. Había sido planificadora de bodas, tenía experiencia en ventas minoristas y en restaurantes, y más recientemente había trabajado como maestra de educación infantil durante tres años antes de pedir una excedencia para tener a su tercer hijo.

¿Vender seguros de vida? Eso sería un gran salto. Pero no tenía nada que perder, así que decidió intentarlo.

En esa situación, Lizzie podría haberse dejado engañar fácilmente por la paradoja del rendimiento y lanzarse de cabeza, haciendo tantas llamadas de ventas como fuera posible todos los días. Pero sabía que, para prosperar en su nuevo trabajo, tenía que aprender muchas habilidades nuevas. Eso lo había descubierto en sus trabajos anteriores. Así que, en lugar de apresurarse a demostrar su valía desde el principio y maximizar sus ingresos a corto plazo, se propuso mejorar y aprender todo lo que pudiera sobre su nuevo oficio. Tendría que aprender más sobre finanzas personales y los productos financieros que ofrecía a sus clientes, así como sobre las estrategias y herramientas que sus nuevos colegas encontraban más efectivas.

Lizzie entendió que, para desarrollar habilidades, tenía que hacer algo más que sumergirse en el trabajo sin más. Desde el principio, se dio tiempo para estar en la zona de aprendizaje. Descubrió qué programas de formación existían para desarrollarse como profesional y se esforzó por aprender de los mejores.

«Asistía a todas las clases; nunca me permití excusas para faltar. También me prometí que terminaría un curso de maestría y un curso de certificación profesional cada trimestre».[9]

Algunos programas normalmente estaban disponibles solo para los agentes experimentados de la empresa; sin embargo, Lizzie se puso en contacto con quienes estaban a cargo y les preguntó qué tenía que hacer para entrar. Inicialmente, respondieron que le faltaban unos años para poder acceder, pero ella negoció y presionó, y preguntó qué necesitaría para poder empezar el año siguiente. Se aseguró de mantenerse en su radar volviendo a hablar con ellos periódicamente para hacer un seguimiento.

Su perseverancia dio buenos resultados. Empezó a conocer a mentores y formadores de alto nivel, y cuando se enteró de que varios profesionales de gran éxito del sector tenían un grupo de estudio, una reunión regular donde aprendían juntos y se apoyaban mutuamente, solicitó unirse.

Siete años después de comenzar a trabajar en la venta de seguros, Lizzie Dipp Metzger se convirtió en la empleada de más alto rendimiento de New York Life, que contaba con miles de agentes. Cuatro años después, fue clasificada por *Forbes* como la duodécima mejor profesional de seguridad financiera en Estados Unidos y, al año siguiente, subió al sexto lugar. El valor total de las pólizas de sus clientes supera los seiscientos ochenta millones de dólares.[10]

Lizzie no logró estos resultados porque fuera una vendedora nata, ya que tal cosa no existe. Fue la creencia en su propia capacidad para mejorar sus habilidades, junto con hábitos efectivos de aprendizaje, lo que le permitió convertirse en una asesora financiera de primera clase.

Cuando piensas en ti mismo, tu equipo y tu organización, ¿ves alguna oportunidad de superar la ejecución crónica y fomentar mejores hábitos en la zona de aprendizaje, como hizo Lizzie, para alcanzar niveles completamente nuevos de crecimiento y resultados?

## SUPERAR LA AVERSIÓN AL APRENDIZAJE

¿Por qué muchos de nosotros dedicamos innumerables horas preciosas a trabajar o a ciertos pasatiempos, pero aun así no vemos un progreso sustancial?

¿Por qué incluso las superestrellas que contratan en las empresas progresan mucho más lentamente de lo que sabemos que son capaces?

¿Y por qué es tan difícil crear organizaciones que realmente fomenten y promuevan el crecimiento?

La respuesta es que la mayoría de nosotros, incluso los profesionales sumamente capacitados, nunca hemos aprendido a crecer y mejorar continuamente. Nos han enseñado que, para mejorar en algo, solo tenemos que trabajar duro. O hemos llegado a creer que una vez que somos buenos en algo, o incluso excelentes, ya es suficiente y hemos alcanzado la meta.

¿Por qué trabajar en algo en lo que ya destacamos?

Esto tiene un impacto devastador en nuestras vidas y carreras. El mundo está en constante evolución. Si no nos comprometemos a desarrollarnos con él, corremos el riesgo de quedarnos atrás.

Al igual que jugar tantas partidas de ajedrez como sea posible no es una gran estrategia para mejorar en el juego, las investigaciones demuestran que no mejoramos en la venta de seguros o en las presentaciones por el mero hecho de hacer estas cosas repetidamente, a menos que también experimentemos, solicitemos comentarios, reflexionemos e implementemos cambios.[11]

Cuando se trata de tener un rendimiento excelente, tenemos que dejar de centrarnos en solamente hacer las cosas.

Tenemos que adoptar hábitos de la zona de aprendizaje.

Pero antes, muchos de nosotros necesitamos *desaprender* algunas ideas preconcebidas sobre el aprendizaje.

Cuando pienso en mis experiencias en la escuela, los recuerdos del aula tienden a entremezclarse. Para mí, la escuela era un desfile interminable de profesores que nos sermoneaban sobre cosas que no sentía que tuvieran ninguna conexión con mi vida: ecuaciones algebraicas que pensaba que no usaría nunca, rocas cuyas propiedades no me importaban, personajes históricos y lugares con los que no me identificaba.

La experiencia me hizo entender bastante bien cómo complacer a los maestros, a mis padres y al sistema: memorizar hechos, aprobar exámenes y pasar al siguiente curso.

Pero ¿a qué precio?

Me quedé atrapado en la ejecución crónica.

Nunca aprendí nada que pareciera verdaderamente relevante para mi vida. En cambio, aprendí que el objetivo de «aprender» era obtener un diploma para poder hacer otras cosas. Llevé esa trágica lección al mundo real con mi trabajo en Silicon Valley. Estaba tan concentrado en «hacer mi trabajo» que perdí muchas oportunidades valiosas de aprendizaje que me habrían permitido ser más eficaz. Caí en la trampa de la paradoja del rendimiento.

Silicon Valley tiene una cultura que valora mucho las comidas de negocios, que ahora reconozco que tienden a estar muy orientadas al aprendizaje. Se hacen muchas preguntas, se cuestionan las cosas y se comparten estrategias y conocimientos empresariales.

Siempre vi estas comidas de negocios como oportunidades superficiales para establecer contactos, así que las evitaba. Si hubiera sabido lo mucho que podría haber aprendido de mis compañeros sobre el trabajo que estaba haciendo, estoy bastante seguro de que habría disfrutado mucho más de ellas ¡y no me las habría perdido!

En su libro *Aquí no hay reglas*, el cofundador y ex presidente ejecutivo de Netflix, Reed Hastings, desvela que él y otros ejecutivos de Silicon Valley ocasionalmente aprenden unos de otros y posteriormente comparten sus impresiones.[12] Hastings entiende algo de lo que no me di cuenta al principio de mi carrera: el aprendizaje no es algo que solo o principalmente tenga lugar en un aula. Hemos de seguir aprendiendo en el trabajo y en la vida diaria, sin importar dónde estemos. Ojalá hubiera comprendido antes la conexión entre este tipo de crecimiento profesional, la innovación y la ejecución competente.

Como más tarde descubriría, no era el único que necesitaba algo de claridad sobre la conexión entre el aprendizaje y el rendimiento.

Años después, cuando comencé a incorporar el marco de las dos zonas en mis talleres con ejecutivos y profesionales, me llamó la atención lo mucho que estas ideas les resonaban. Los ojos se les iluminaban cuando comprendían la distinción entre aprendizaje y ejecución, y cuando se daban cuenta de lo mucho que les había perjudicado la ejecución crónica. Esto les permitía ver más claramente la dinámica implicada en su trabajo y en sus vidas. El marco generaba ideas sólidas y conversaciones animadas, lo que conducía a una mayor claridad y cohesión en el equipo.

Para obtener una imagen vívida de las dos zonas como mis clientes, vamos a salir de la vida cotidiana para entrar en el reino de la magia.

## CÓMO TENER UN RENDIMIENTO DE PRIMERA CLASE

Como sabe cualquiera que haya visto un espectáculo del Circo del Sol, y más de trescientos setenta cinco millones de personas en todo el mundo entran en esa categoría, esta forma de arte requiere artistas con habilidades extraordinarias. Las impresionantes hazañas acrobáticas ejecutadas por más de mil artistas de más de cincuenta países no podrían darse sin un sistema bien engrasado para desarrollar el talento.[13]

Cabría esperar que los artistas del Circo del Sol son tan buenos porque dedican mucho tiempo a ensayar sus rutinas. Pero vamos a desvelar lo que pasa bajo la gran carpa amarilla y azul.

De hecho, si entráramos en uno de los estudios de entrenamiento de la sede internacional del Circo del Sol en Montreal, o en sus carpas de ensayo cuando van de gira, veríamos que muchas veces no llegan a realizar las conexiones y que los acróbatas caen a colchonetas y redes. Esto se debe a que los artistas no pasan mucho tiempo practicando lo que ya saben al dedillo; más bien, trabajan en las habilidades necesarias para nuevas hazañas acrobáticas. Este proceso permite que los artistas mejoren, que el espectáculo evolucione y que la organización evite el estancamiento que se produciría si todos pasaran todo su tiempo en la zona de ejecución.[14]

El Circo del Sol recluta a muchos de sus artistas en los juegos olímpicos, de forma que incorpora a atletas que han tenido años de entrenamiento efectivo con entrenadores de alto nivel que los ayudaron a convertirse en los mejores del mundo en su deporte. Sin embargo, cuando se unen al Circo del Sol y viajan a Montreal para su incorporación, pasan semanas o meses trabajando con dos entrenadores, uno acrobático y otro artístico, a fin de aprender las habilidades y rutinas necesarias para unirse a un espectáculo.

Una vez que los artistas abandonan la sede y comienzan a actuar, su rutina diaria suele comenzar cuando llegan al trabajo a mediodía. Pero durante la mayor parte del día, no están actuando en un escenario como lo harán más tarde esa noche. Pasan la tarde en la zona de aprendizaje, trabajando en algo específico como aumentar el número de volteretas que pueden hacer en el aire o el número de bastones de fuego con los que pueden hacer malabarismos.

Hay formas específicas de garantizar la seguridad durante este período crucial de aprendizaje, con los bastones de fuego apagados, por ejemplo, hasta que el artista se sienta capaz de asumir ese nuevo desafío.

Piénsalo: si bien la mayoría de nosotros no lanzamos bastones en llamas al aire en el trabajo, es posible que hagamos malabarismos con decisiones que tienen un impacto significativo en la salud, la seguridad o los medios de vida de la gente.

Muchas de nuestras decisiones no son menos importantes simplemente porque estemos tratando con números o palabras.

Sin embargo, ¿con qué frecuencia creamos redes de seguridad claras para que los equipos puedan realmente ampliar sus capacidades?

Los artistas de una empresa innovadora como el Circo del Sol están entrenados para distinguir entre el aprendizaje y la ejecución. ¿Cuántos de nosotros aplicamos esa misma claridad al trabajo y a la vida?

## CUANDO LA PRÁCTICA NO TE HACE MEJORAR

Cuando Melanie Brucks era estudiante de doctorado en la facultad de Negocios de la Universidad de Stanford, se sumergió en la literatura científica sobre la creatividad y encontró algo sorprendente: casi no había investigaciones sobre si la práctica y la repetición pueden conducir a innovaciones más creativas. La mayoría de las personas simplemente lo *daban por hecho*.

Brucks se asoció con su colega de Stanford Szu-Chi Huang, profesor de *marketing*, para investigar si se puede aplicar eso de «la práctica hace al maestro» en relación con las lluvias de ideas. La pregunta que planteaba su investigación era sencilla: si las personas practican lluvias de ideas todos los días, ¿terminan por hacerlas mejor?[15]

La respuesta fue un no rotundo.

De hecho, después de un tiempo haciendo una lluvia de ideas todos los días, empeoraban.

Y, lo que es aún más interesante, los sujetos de su estudio pensaban que estaban mejorando. Un jurado independiente no estuvo de acuerdo: la creatividad de las ideas había disminuido.

¿Qué estaba pasando?

Si lo pensamos, Brucks y Huang pidieron a los participantes que *practicaran* la actividad *ejecutando* la actividad.

Pero lo que estamos descubriendo es que cuando la gente «practica» cualquier cosa tratando de rendir en ella, ya sea organizando sesiones regulares de lluvia de ideas, jugando muchas partidas de ajedrez o viendo a muchos pacientes, en realidad no están practicando. Lo que *realmente* están haciendo es ejecutar, intentando hacer algo lo mejor que pueden. Tal vez no sientas presión si no hay un público que te anime o un gerente que te evalúe.

Sin embargo, cuando el cerebro está enfocado en hacer algo de la mejor manera posible, está ejecutando.

Entonces, ¿la práctica hace al maestro?

No necesariamente. De hecho, el estudio de Brucks y Huang demuestra que la práctica hasta nos puede hacer *peores* si «practicamos» simplemente haciendo las cosas lo mejor que sabemos.

Es cierto que la práctica efectiva es muy diferente: implica centrarse en subhabilidades específicas, probar algo desafiante, asegurarse de recibir comentarios u otro tipo de retroalimentación para identificar oportunidades de mejora, hacer ajustes y volver a intentarlo. Se trata de prestar atención a lo que aún no dominamos y lidiar con algo que aún no entendemos o no hacemos bien.

Eso es lo que significa estar en la zona de aprendizaje.

¿Cómo podría un equipo que busca desarrollar sus habilidades de lluvia de ideas entrar deliberadamente en la zona de aprendizaje? Los miembros del equipo pueden comenzar probando estrategias y luego evaluar si esas estrategias conducen a sesiones de lluvia de ideas más fructíferas. La investigación demuestra que podemos mejorar la eficacia de la lluvia de ideas si se incluyen personas de orígenes diversos con competencia intercultural.[16] Otros enfoques de eficacia probada incluyen pasar algún tiempo ideando de forma aislada antes de recibir influencia de otras personas,[17] centrándose en la cantidad de ideas en lugar de la calidad,[18] y jugar a algún juego antes de la lluvia de ideas, por ejemplo haciendo que el equipo juegue una ronda de Wordle.[19]

Un equipo podría diseñar fácilmente una prueba, por ejemplo hacer que los participantes den un breve paseo por la naturaleza antes de su próxima sesión de lluvia de ideas, y luego evaluar la calidad de las ideas generadas en la reunión.

Lo que más me interesa destacar aquí no es solo cómo mejorar las sesiones, sino cómo aplicar estrategias de aprendizaje efectivas a todo lo que nos gustaría mejorar. Eso es lo que se requiere para superar la paradoja del rendimiento.

Recuerda: en la zona de aprendizaje, cuando el objetivo es mejorar, debemos centrarnos en lo que aún no dominamos, lo que significa que no podemos esperar hacerlo a la perfección. Ya sea que se trate de una lluvia de ideas, reuniones de facilitación, responder llamadas de atención al cliente, diseñar aviones o hacer cualquier otra cosa, lo que hacemos en la zona de aprendizaje es asumir desafíos, examinar errores para aprender de ellos y determinar qué debemos ajustar.

Pero ¿qué pasaría si pudieras integrar las dos zonas, de modo que generes aprendizaje mientras llevas a cabo lo que necesitas hacer?

¿Acaso es posible?

Para responder a esta pregunta, recuerda la última vez que fuiste a comprar al supermercado. Lo más probable es que estuvieras haciendo malabarismos con más de un objetivo: elegir tus alimentos favoritos, responder a las solicitudes de los miembros de tu familia, mantenerte dentro de tu presupuesto y tal vez buscar ingredientes para probar una nueva receta.

Me imagino que pudiste alternar entre los diferentes objetivos sin esfuerzo, y tal vez ni siquiera eras consciente de moverte de un lado a otro entre los objetivos presupuestarios y las preferencias culinarias.

¿Y si pudieras lograr ese mismo fluir elegante entre los objetivos de aprendizaje y de ejecución en cualquier momento?

De hecho, puedes.

Eso es lo que hacen todos los equipos y organizaciones eficaces. Es la forma en que las personas mejoran sus habilidades a pasos agigantados mientras realizan un trabajo de alta calidad y como las empresas se convierten en líderes del mercado con un crecimiento y un impacto sustancialmente mayores. Lo examinaremos en el próximo capítulo.

## LAS ZONAS SON ESTADOS MENTALES

Resulta útil recordar qué son y qué no son las zonas.

La zona de aprendizaje y la zona de ejecución son estados mentales y sus estrategias relacionadas. No son lugares, bloques de tiempo ni estados permanentes, sino una forma de pensar y actuar.

Entonces, ¿qué determina en qué zona te encuentras?

Aquello a lo que prestas atención.

Cuando te centras en mejorar las habilidades y utilizar estrategias para facilitar el aprendizaje, estás en la zona de aprendizaje. Cuando enfocas tu atención en operar al máximo de tu capacidad, estás en la zona de ejecución.

## TRABAJAR MÁS DURO PUEDE LLEVAR AL ESTANCAMIENTO

Esta es la parte complicada: el rendimiento *puede* conducir al crecimiento en las etapas iniciales del desarrollo de habilidades.

Cuando probamos algo nuevo por primera vez, puede parecer que la ejecución por sí sola nos lleva de un nivel cero de habilidad al nivel más básico de competencia.[20] Digamos que estás lidiando con el miedo escénico porque te han pedido que hagas tu primera presentación. A pesar de que, técnicamente, estás ejecutando si das una charla en una sala llena de colegas, también puedes tomar nota de las áreas en las que podrías mejorar. Haces una broma durante la presentación, lo que crea una atmósfera positiva en la sala, así que te aseguras de incluir una broma la próxima vez. Te piden que vuelvas a una diapositiva anterior, por lo que aprendes a comprobar si se comprende lo que explicas. Un colega te hace algunos comentarios útiles, y te das cuenta de que hablar en público no tiene por qué ser tan aterrador. La segunda y la tercera presentación probablemente serán mejores que la primera.

Sin embargo, una vez que obtienes competencia, el simple hecho de hablar en público ya no aumenta tu nivel de habilidad. Es posible que te quedes bloqueado en la ejecución crónica, al prepararte cada vez menos según pasa el tiempo y al comenzar a usar los mismos métodos y bromas repetidamente. Muy pronto, dejas de mejorar. Peor aún, es posible que descubras que tus presentaciones resultan manidas tanto para ti como para tus oyentes. Estás haciendo lo mismo una y otra vez, y eso no es suficiente para mantenerte alerta.

Esa es la paradoja del rendimiento en acción. Si continuamos limitándonos a la zona de ejecución, aunque operemos a un alto nivel, nuestras habilidades y nuestra efectividad seguramente se estancarán y a menudo disminuirán con el tiempo.

A menos que tengamos la suerte de encontrarnos con un mentor que nos indique qué hacer para mejorar, como hizo el padre de Venus y Serena Williams con ellas, crecemos sin entender la diferencia entre la zona de aprendizaje y la zona de ejecución. Terminamos pensando que el camino para lograr cosas y el camino para mejorar son el mismo: simplemente trabajar duro.

Luego, cuando trabajar duro nos lleva al estancamiento, damos por hecho que hemos llegado lo más lejos que podemos. O llegamos a la conclusión de que la forma de tener éxito es trabajar más horas. Empezamos a asociar el éxito con la ejecución constante, cuando la realidad es mucho más liberadora.

Entrar con regularidad en la zona de aprendizaje permite descubrir y aprender formas de trabajar de manera más inteligente, más eficaz y más eficiente. Si pretendes mejorar tus habilidades comunicativas, puedes ver vídeos de oradores expertos y compararlos con vídeos propios, leer libros sobre modos de mejorar tus técnicas, asistir a clases, probar algo nuevo cada vez que hagas una presentación y solicitar críticas. Si bien es tentador ceñirse a lo que uno sabe, especialmente cuando el tiempo apremia, entrar en la zona de aprendizaje *crea* tiempo a medida que aprendes a mejorar tu capacidad de priorizar, colaborar y hacer más en menos tiempo. Puede resultar un proceso lúdico y ameno.

Sin embargo, aunque los comportamientos de la zona de aprendizaje son esenciales para el crecimiento, no podemos olvidar la importancia de la zona de ejecución.

## LA EJECUCIÓN NO TIENE NADA DE MALO

Al principio de nuestro trabajo para difundir la mentalidad del crecimiento, mis colegas y yo notamos una tendencia clara: a medida que las personas se daban cuenta del poder del aprendizaje, con frecuencia desarrollaban una aversión a la ejecución. ¡A veces el péndulo se movía demasiado en la otra dirección! En la ecosfera de los defensores de la mentalidad del crecimiento, la mera *ejecución* empezaba a ser considerada como algo malo. La gente hablaba como si las metas de ejecución fueran inferiores a las metas de aprendizaje y como si el rendimiento fuera la antítesis del crecimiento y la mejora.

Demasiadas personas comenzaron a ver la mentalidad del crecimiento como el objetivo final, no solo como un ingrediente importante para transformarse y tener un mayor impacto.

Pero si bien el aprendizaje es esencial para el crecimiento, también lo es la ejecución. Al fin y al cabo, un chef no puede limitarse a experimentar con nuevas recetas; también necesita que las comidas estén emplatadas y lleguen *rápidamente* a las manos de los camareros cuando el restaurante está al máximo de su capacidad. Un árbitro de béisbol no puede simplemente ver las repeticiones de sus decisiones; también tiene que tomar la decisión correcta cuando la presión es alta, aunque eso signifique que decenas de miles de aficionados pronto estarán pidiendo su cabeza. Un vendedor no puede limitarse a leer sobre técnicas de venta efectivas; debe convertir los clientes potenciales en clientes reales.

La ejecución en sí no es mala; es necesaria. Es lo que nos permite hacer cosas y contribuir. No tenemos que rechazar el rendimiento, sino equilibrarlo e integrarlo con el aprendizaje para poder mejorar los resultados con el tiempo.

Si dedicamos todo el tiempo a ejecutar sin más, no mejoramos. Y si dedicamos todo el tiempo a aprender, nunca lograremos hacer nada.

Al utilizar las dos zonas, mejoramos los resultados y aumentamos el impacto gradualmente.

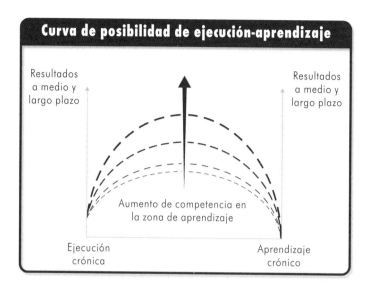

Pero ¿cómo sabemos cuándo es el momento de pasar de una zona a otra?

## DEJAR ATRÁS EL SESGO DEL PRESENTE

Imagina que eres un representante de ventas que intenta cumplir una cuota de ventas la última semana del trimestre, y una gran bonificación depende de ello.

Te falta poco, pero aún no has llegado. ¿Deberías entrar en la zona de aprendizaje esa semana probando una nueva estrategia?

Sería muy razonable responder que no. Probablemente no sea el momento de replantearte tu argumento de ventas o tratar de acceder a un nuevo mercado. Cuando se trata de maximizar el rendimiento a corto plazo, tiene sentido priorizar la zona de ejecución.

Pero si no te arriesgas al principio del próximo trimestre para aprender más sobre por qué las características de un nuevo producto serían importantes para los clientes o para comprender mejor un nuevo grupo demográfico objetivo, tus ventas se estancarán, o algo peor.

El hecho de no prepararnos para el cambio continuo —y, de forma más general, de no tener en cuenta el futuro— es lo que los economistas conductuales denominan *sesgo del presente*.[21] En otras palabras, los seres humanos tendemos a sobrevalorar el presente e infravalorar el futuro. Nuestro impulso para operar de forma crónica se debe en parte a que nos centramos mucho en realizar las tareas presentes y obtener recompensas inmediatas.

Consideramos cada semana como la última del trimestre y como si fuera decisiva, y asumimos que eso es lo que nuestros jefes esperan de nosotros.

El sesgo del presente se manifiesta en todos los niveles de las organizaciones y las sociedades. Como analista de banca de inversión de Wall Street, antes de dedicarme al capital de riesgo, comprobé de primera mano cuánto valoran los inversores a las empresas de capital abierto en gran parte por sus ingresos netos declarados, o sus ingresos netos proyectados para el próximo trimestre o año, en lugar de las perspectivas de crecimiento a largo plazo.

El problema es que lo que la empresa gana este año o el próximo puede tener muy poca relación con lo que generará para sus propietarios en el futuro. Imagina que tuvieras acciones de Apple en 2007, el año en que presentó el iPhone, cuando sus ingresos netos eran de tres mil quinientos millones de dólares. Si vendieras tus acciones basándote en las ganancias de 2006 y 2007, en lugar de en la promesa de crecimiento futuro, estarías dejando pasar la oportunidad de ganar mucho dinero; los ingresos netos de Apple en 2022 fueron de cien mil millones de dólares.

El presidente ejecutivo de Apple, Tim Cook, lo expresó de esta manera en su aparición en 2018 en el programa de entrevistas de David Rubenstein *Peer-to-Peer Conversations*: «Dirigimos Apple a largo plazo. Siempre me ha parecido extraña esa fijación con la cantidad de unidades que se venden en un período de noventa días. Nosotros tomamos decisiones a varios años vista».[22] Obviamente, es difícil predecir el futuro, que es una de las razones por las que el sesgo del presente tiene tanta influencia sobre los mercados. Pero esta presión de analistas e inversores lleva a muchos ejecutivos y dirigentes a permanecer en la zona de ejecución el mayor tiempo posible, lo que a la larga conduce a una reducción del rendimiento que se propaga en cascada en la organización y termina extendiéndose por toda la cultura de forma generalizada.

A pesar del influjo del presente, los innovadores y dirigentes empresariales con más éxito del mundo, entre los que se cuenta Tim Cook, saben que la única manera de sobrevivir y prosperar es dirigir la empresa con miras al futuro y desarrollar las competencias necesarias para crearlo.

En Amazon, los altos ejecutivos se ven obligados a «vivir en el futuro», según su fundador, Jeff Bezos.

«Todos nuestros altos ejecutivos se comportan de la misma manera que yo: trabajan en el futuro, viven en el futuro. Ninguna de las personas a mi cargo debería estar realmente enfocada en el trimestre actual —según le comentó a David Rubenstein, también multimillonario, en *Peer-to-Peer Conversations*—. La gente me para y me dice: "Felicidades por el trimestre", y yo digo: "Gracias". Pero lo que realmente estoy pensando es: "Este trimestre se gestó hace tres años". Tienes que ir dos o tres años por delante».[23]

Está claro que algunos de los más grandes innovadores entienden la necesidad de estar siempre desarrollando lo que viene después. Pero ¿qué pasa con aquellos de nosotros a los que no se nos paga para crear el futuro, sino para llevar a cabo las misiones de la empresa *hoy*?

Bueno, si pretendes aumentar el impacto, intentas crear un futuro que sea diferente del presente. Tal vez sea un conjunto más amplio de productos, un mejor servicio al cliente, operaciones optimizadas o atender a más clientes. Si eres responsable o parte de las mejoras en cualquiera de estas áreas, no alcanzarás tu objetivo sin entrar en la zona de aprendizaje.

Puedes identificar si sufres de ejecución crónica haciéndote una simple pregunta: «¿Qué habilidad o cualidad estoy tratando de desarrollar actualmente?».

Si la respuesta es «no lo sé», es probable que sufras de ejecución crónica.

Ahora pregúntale a un colega de confianza: «¿En qué habilidad o cualidad crees que estoy trabajando actualmente?».

Si no puede responder a esa pregunta, o si no pides su opinión con regularidad, no estás aprovechando el poder del aprendizaje colaborativo.

Pasar tiempo en la zona de aprendizaje desarrolla las habilidades que favorecen un mayor rendimiento, pero también cambia la forma en que pensamos cuando volvemos a la zona de ejecución. Aprendemos a crear oportunidades para recibir comentarios y para la reflexión, incluso cuando estamos realizando tareas. En otras palabras, aprendemos a integrar las dos zonas, que es una habilidad crucial en la que profundizaremos en el próximo capítulo.

## PREGUNTAS PARA REFLEXIONAR

- ¿Más allá de mis tiempos de estudiante, cuándo he accedido a la zona de aprendizaje y cuál ha sido el resultado?
- ¿Hasta qué punto accedo a la zona de aprendizaje en el trabajo y en la vida diaria?
- ¿Cuánto entran mis equipos y organizaciones en la zona de aprendizaje?
- ¿Cómo podría cambiar mi vida si internalizara mejor las dos zonas?

## DE CARA AL PRÓXIMO CAPÍTULO

Teniendo en cuenta lo ocupado(a) que estoy, ¿cómo podría integrar la zona de aprendizaje en el día a día?

Capítulo 3

# INTEGRACIÓN DE LA ZONA DE APRENDIZAJE Y LA ZONA DE EJECUCIÓN: APRENDER *MIENTRAS* SE HACE

**GRAN IDEA** *Hacer no implica automáticamente aprender, pero podemos aprender mientras hacemos. La mayoría de nosotros encontraremos las mayores oportunidades no al dedicar bloques de tiempo únicamente a la zona de aprendizaje, sino al cambiar la forma en que trabajamos para ir regularmente más allá de lo conocido mientras cumplimos con nuestras tareas.*

Cuando Simon Tisminezky fue elegido para liderar el crecimiento del servicio de suscripción de cosméticos Ipsy, aún se trataba de una empresa pequeña; los veinte empleados se reunían en una gran sala en su oficina de San Mateo (California). Pero Simon vio que la empresa estaba preparada para crecer. Ipsy era capaz de retener a los clientes con mucho más éxito que otras empresas de suscripción que conocía.

De hecho, la tasa de abandono de Ipsy —la tasa a la que los clientes cancelaban el servicio— era similar a la de Netflix, que recientemente se había hecho pública. Eso significaba que los clientes valoraban el servicio de Ipsy: la empresa tenía algo especial.[1]

Pero esta empresa emergente tenía un gran problema: estaba creciendo demasiado rápido. Tan rápido, de hecho, que no tenía suficientes productos disponibles para satisfacer la demanda de sus clientes.

En ese momento, Ipsy ofrecía un servicio sencillo: cada mes, las personas suscritas recibían una nueva Glam Bag llena de productos de maquillaje, desde brillos de labios y sérums hasta mascarillas faciales y fragancias. Lo que hacía que la empresa fuera tan atractiva para su público también presentaba un reto para el crecimiento. Las Glam Bags estaban llenas de muestras de cosméticos de diferentes empresas asociadas, pero esos productos debían pedirse con meses de antelación y, dado el crecimiento meteórico de Ipsy, era difícil pronosticar el volumen de productos que se necesitaría.

Debido a que era una pequeña empresa emergente con recursos limitados, habían tenido cuidado de no realizar pedidos excesivos. Pero cuando el boca a boca sobre el servicio se extendió mucho más rápido de lo que el equipo fundador había previsto, se encontraron con un problema clásico durante la fase de hipercrecimiento de la vida de una empresa emergente: más clientes que productos.

El equipo hizo todo lo posible para evitar perder a los nuevos clientes impacientes: colocaron a los nuevos suscriptores en una lista de espera mientras los procesos de fabricación y logística se ponían al día.

Pero ¿qué suponía esto para Simon, cuya función principal era aumentar la adquisición de clientes?

Simon no podía permitirse el lujo de centrarse únicamente en el aprendizaje. Necesitaba ayudar a la empresa a capitalizar la popularidad de la que gozaba. Sin embargo, el nuevo jefe de crecimiento tampoco podía quedarse en la zona de ejecución; al fin y al cabo, tenía que averiguar cómo acelerar el crecimiento y cómo establecer procesos para que la empresa siguiera creciendo en los próximos años.

Ahora bien, a Simon no le resultaba ajena la gestión del crecimiento exponencial. Como cofundador y director ejecutivo de la web de citas SpeedDate, ayudó a que la empresa creciera en sus inicios hasta alcanzar los veinte millones de usuarios y decenas de millones en ingresos anuales. Pero era nuevo en Ipsy y en el mundo de la belleza y los productos de consumo.

¿Cómo podía enfocarse en el aprendizaje y el crecimiento al mismo tiempo?

## OJALÁ TUVIERA TIEMPO PARA APRENDER...

Durante mis más de quince años de trabajo con organizaciones y personas comprometidas a fomentar el crecimiento y el aprendizaje, he escuchado las mismas quejas iniciales una y otra vez:

- Sé que hay áreas en las que podría mejorar, pero ¿cuándo? Ya trabajo ochenta horas a la semana...
- Si tuviéramos más presupuesto, daría a mi equipo más tiempo para dedicarlo al aprendizaje, pero no tenemos margen...
- Si no tuviéramos tanta presión para alcanzar los objetivos de este trimestre, podríamos centrarnos más en las capacidades que necesitaremos en tres o cinco años. Pero ese no es el mundo en el que vivimos...

Si has tenido pensamientos similares, debes saber que no estás solo. ¿Cómo podemos asegurarnos de que el tiempo que dedicamos a aprender realmente vale la pena? ¿Cómo podemos centrarnos en el tipo de aprendizaje que realmente *mejora* nuestro rendimiento? ¿Y cómo podemos saber si un compromiso con la zona de aprendizaje realmente puede *devolvernos el tiempo?*

En este capítulo, exploraremos cómo algunas de las personas con mejor rendimiento del mundo se mueven entre las dos zonas incluso cuando hay presión, lo que les permite ahorrar tiempo y, además, acelerar el crecimiento y el rendimiento en el proceso.

## APRENDIZAJE DE ALTURA

El protagonista del oscarizado documental *Free Solo*, Alex Honnold, es uno de los especialistas en escalada integral en solitario (montañistas que escalan alturas increíbles sin la seguridad de una cuerda) más conocidos del mundo. Hasta la fecha, Honnold es la única persona que ha escalado en solitario la formación rocosa vertical de 915 metros conocida como El Capitán, en el Parque Nacional Yosemite.[2]

Pero antes de intentar su escalada libre en solitario, Honnold ya había escalado El Capitán unas cuarenta veces... con cuerda. Eso le ayudó a conocerlo muy bien; había estudiado en qué sitios específicos iba a poner las manos y los pies, especialmente en los lugares más difíciles. Una parte clave de su práctica consistía en imaginar cómo se sentiría en cada posición si estuviera haciendo una escalada libre en solitario. Los hábiles pasos de Honnold en la zona de aprendizaje le salvan la vida porque cuando está haciendo escalada libre en solitario, no puede permitirse cometer ningún error: un error sin cuerda y la caída sería mortal. Por eso pasa la mayor parte del tiempo escalando *con* cuerda. Tampoco permanece en la zona de ejecución más tiempo del que puede gestionar: en el momento en que pierde la concentración, regresa a la zona de aprendizaje recurriendo a la cuerda.

Ahora bien, puede que pienses:

- Mi vida no corre peligro.
- Mi trabajo es impredecible y cambiante. ¡Al menos una montaña siempre está en el mismo sitio!
- No tengo tiempo para practicar algo cuarenta veces antes de hacerlo de verdad. E incluso si lo hiciera, ¡mi jefe seguro que no lo aprobaría!

Comprendo estas preocupaciones. Pero, tanto en el trabajo como en la vida cotidiana, integrar las dos zonas ahorra tiempo y aumenta el rendimiento. Como veremos, no es necesario escalar paredes rocosas escarpadas para adoptar el espíritu de compromiso de Alex Honnold con la zona de aprendizaje.

## CUANDO SALTAR ES LA ÚNICA OPCIÓN

A veces no nos queda más remedio que ejecutar y aprender al mismo tiempo. Me enfrenté a uno de esos momentos hace años, mientras realizaba un discurso de apertura virtual para los socios principales de Boston Consulting Group (BCG) de todo el mundo.

Mi esposa y yo vivíamos en Santa Fe (Nuevo México) en ese momento, así que mi plan era despertarme a las 12:35 a. m., con lo que tendría tiempo suficiente de entrar en la zona de ejecución para el discurso de apertura, que se retransmitiría mundialmente a la 1:40 a. m.

Había puesto mucho empeño en los preparativos. Había hecho presentaciones en varias oficinas de BCG antes y reflexioné profundamente sobre cómo compartir el trabajo a escala internacional. Durante las semanas previas al evento, colaboré con el equipo de aprendizaje y desarrollo de BCG para personalizar la sesión. Incluso habíamos practicado en simulacros independientes con los dos anfitriones para las diferentes zonas horarias. Queríamos hacerlo bien porque se trata de gente ocupada que viaja constantemente para reuniones con clientes, por lo que si perdíamos la rara oportunidad de que estuvieran todos juntos, no podíamos reprogramar la sesión.

Estaba completamente listo para entrar en la zona de ejecución.

Me desperté poco después de la medianoche, me levanté de la cama, encendí el interruptor de la luz... y no pasó nada. Encendí el otro interruptor de la luz y nada. Miré hacia fuera y vi que no había electricidad en el vecindario.

No podía usar mi ordenador ni los focos de iluminación y no tenía conexión a Internet. No estaba seguro de si la cobertura de mi teléfono móvil era lo suficientemente fiable como para usarlo a modo de punto de acceso.

No tenía una solución, pero sabía que disponía de un poco de tiempo para pensar. Por alguna razón, no entré en pánico. Tal vez fuera porque todavía me estaba despertando o tal vez porque sabía que en BCG serían comprensivos. Cualquiera que fuera la razón, traté de pensar en una solución creativa mientras me cepillaba los dientes.

Tenía una cosa clara: si encontraba una posible manera de impartir la sesión, aunque implicara un riesgo, lo intentaría. Tendría que entrar en la zona de aprendizaje mientras estaba en la zona de ejecución. No había otra forma.

El enfoque seguro, probado y preciso no estaba disponible, y lo mismo ocurría con la wifi de mi casa.

Santa Fe es una ciudad de ochenta y cinco mil habitantes donde no hay nada abierto en medio de la noche. Aun así, me preguntaba si podría encontrar un lugar que tuviera electricidad y wifi gratis, y conectarme desde el exterior. Pero estaría oscuro, por lo que los socios de BCG no me verían mientras hablaba, lo que podría resultar una distracción y ser frustrante. Podía intentar hacer la presentación desde el coche, utilizando la luz interior para iluminar mi cara, pero eso haría que el vídeo fuera incómodo y, además, no estaba seguro de poder aparcar el coche lo suficientemente cerca como para captar una señal wifi.

Entonces pensé en otra opción: usar los faros del coche. Podía instalar un escritorio improvisado en el camino de entrada frente al garaje, alinear ambos coches para que los faros me iluminaran y usar el teléfono como punto de acceso a Internet. Tenía una batería externa que mantendría encendido el teléfono y el ordenador portátil estaba completamente cargado.

Decidí que era mi mejor opción, así que fui a por ella.

No faltaba mucho para «salir a escena». No había tiempo para ensayar. Tuve que ver sobre la marcha si la señal del punto de acceso de mi teléfono sería lo suficientemente buena. Tuve que lanzarme a dar una conferencia magistral al aire libre en medio de la noche, sin saber si podría interrumpirme un vecino irritado, un oso buscando comida o un puma curioso. Y tuve que averiguar cómo ser técnico de sonido, ingeniero de iluminación y orador, todo a la vez.

En otras palabras, a pesar de que tenía que ejecutar, también estaba en la zona de aprendizaje. Impartir una sesión sin electricidad no era algo que supiera hacer de antemano.

Justo antes de iniciar la sesión, respiré hondo y me dije a mí mismo que lo tenía todo preparado para la que sentía que era mi mejor opción; era el momento de centrarme en hacerlo lo mejor que pudiera como orador.

Expliqué a los organizadores y a los participantes lo que estaba pasando, me aseguré de que pudieran verme y escucharme, y me concentré en las estrategias de oratoria que sabía que funcionarían.

Y todo salió bien. La sesión recibió excelentes críticas y la historia se difundió dentro de BCG, lo que ayudó a fomentar la mentalidad de crecimiento dentro de la organización.

Me di cuenta de que había aprendido algunas cosas. Aprendí que, si es necesario, puedo usar mi teléfono como punto de acceso en Santa Fe y que puedo recurrir a los faros del coche para iluminar el espacio.

Si no me hubiese podido conectar con el teléfono, habría aprendido una valiosa lección sobre lo que no funcionaba. Y, lo que es aún mejor, después de haber aprendido lo que puede pasar, ahora tengo un generador que funciona con batería en el que puedo enchufar las luces si es necesario y dos proveedores de servicios de Internet diferentes con redundancia de conmutación por error.[*]

Pero quizá la lección más importante que esta experiencia me brindó es que nunca está de más estar preparado para pensar creativamente y asumir riesgos sensatos. Porque siempre se producirán problemas: averías técnicas, retrasos en la cadena de suministro, atascos de tráfico, o cualquier otro desafío que pueda existir.

Eso no significa que siempre debamos anticipar lo peor, pero la participación regular en la zona de aprendizaje garantiza el crecimiento continuo y nos recuerda que siempre es posible ampliar las

---

* N. de la T.: En la conmutación por error del servidor, se configura un servidor de reserva para que tome el relevo cuando el servidor principal falle.

capacidades actuales, que nunca estamos tan «atorados» como podría parecer a primera vista.

La zona de aprendizaje permite el crecimiento, pero también un cambio de mentalidad que nos hace ver incluso las situaciones de ejecución muy estresantes como oportunidades para aprender. Sin embargo, el cambio de mentalidad es solo una parte de la ecuación. Las estrategias efectivas de la zona de aprendizaje son igual de necesarias.

## LA TRAMPA DEL APRENDER HACIENDO

La gente suele usar la frase *aprender con la práctica* (aprender haciendo) para transmitir su interés en adquirir una habilidad practicando algo. Pero eso se puede malinterpretar fácilmente en el sentido de que simplemente *hacen* algo y esperan que eso baste para aprender. Como expliqué en el capítulo dos, el simple hecho de *hacer* ofrece alguna mejora solo mientras somos novatos. Una vez que nos volvemos competentes, ya no funciona. Necesitamos agregar algo de zona de aprendizaje a la zona de ejecución. Es por eso por lo que me gusta llamar a la integración de las dos zonas *aprender mientras hacemos* en lugar de *aprender haciendo*, como un recordatorio de que no solo se trata de *hacer*.

John Dewey, Kurt Lewin y David Kolb, que revolucionaron la educación y fueron pioneros en el *aprendizaje experimental* y el *aprendizaje práctico*, entendieron esto.[3] Su descripción de esos conceptos implicaba no solo hacer cosas, sino también desarrollar hipótesis, probar esas hipótesis y reflexionar. Los teóricos solían representar el proceso como un ciclo. Hay diferentes versiones de este ciclo, pero todas se basan en el mismo proceso básico:

- Probar algo nuevo y experimentar los efectos.
- Reflexionar sobre las observaciones.
- Desarrollar una hipótesis basada en esas observaciones.
- Planificar cómo probar esa hipótesis.
- Repetir el ciclo probando algo nuevo otra vez.

Este ciclo es muy diferente del mero *hacer* porque, como señaló Dewey, «no aprendemos de la experiencia, aprendemos reflexionando sobre la experiencia».

Traca Savadogo, ahora oradora y estratega de relaciones, ideó su propia versión de este ciclo de aprendizaje experimental al principio de su carrera, cuando trabajaba por la mañana temprano sirviendo café en un concurrido Starbucks en Seattle.[4]

Al acabar sus turnos, Traca asistía a clases universitarias y, después del mediodía, tenía un segundo trabajo a tiempo parcial. También participaba en la asociación de estudiantes, el Modelo de Naciones Unidas[*] y el consejo universitario. Para tener tiempo de hacer todo esto, solía comenzar los turnos en Starbucks a las cuatro de la mañana.

---

[*] N. de la T.: El Modelo de Naciones Unidas es una simulación académica de los procedimientos de las Naciones Unidas en que los estudiantes actúan como delegados de la ONU y participan en negociaciones, discusiones y debates.

Como *barista* con falta de sueño, Traca a veces tenía problemas para recordar los pedidos, especialmente durante la hora punta de la mañana. Con frecuencia tenía que pedir a sus colegas que le recordaran lo que se suponía que debía hacer, lo que les resultaba frustrante. Cometía errores, lo que provocaba más desperdicio, repeticiones y tiempos de espera más largos para los clientes. Pero necesitaba el trabajo porque le proporcionaba un seguro médico, por no hablar del suministro regular de cafeína.

Un día se le ocurrió una idea: pidió a sus compañeros que escribieran los pedidos en los vasos, en lugar de gritarlos por encima del ruido de las máquinas cafeteras y la charla de los clientes.

La idea funcionó y no solo resolvió su problema, sino que el cambio también ayudó a sus compañeros a recordar mejor los pedidos e hizo que la cafetería fuera más silenciosa.

«Éramos los únicos de la franquicia que lo hacíamos», cuenta Traca.

Pero, a pesar del éxito, cuando Traca comenzó a hacer turnos en otras ubicaciones de Starbucks, encontró resistencia a su sugerencia.

Esta no era la forma en que se les había dicho a los empleados de Starbucks que hicieran su trabajo. Además, anotar los pedidos implicaba un paso adicional que no parecía necesario. Hoy, Traca explicaría que ese paso adicional le ayudaba a recordar los pedidos, pero en ese momento no quería revelar algo que consideraba una debilidad.

Afortunadamente, Starbucks es una organización de aprendizaje continuo. «Siempre piden comentarios al personal y los clientes, y los toman muy en serio», según me contó Traca. Ella decidió hablar porque sentía que la empresa estaba creando algo grandioso y quería contribuir. Ya tenía datos que demostraban que la práctica funcionaba. Había experimentado y obtenido resultados claros.

Les dijo: «No solo aumenta la precisión y se reduce el desperdicio, sino que además puedo concentrarme en la experiencia del cliente». Después de seguir mejorando y perfeccionando la idea de Traca a lo largo del tiempo, Starbucks ahora indica la información de los pedidos en los vasos en todo el mundo. Independientemente de si el pedido se realiza a través de la aplicación móvil, un autoservicio, un socio logístico o en persona, cada vaso tiene instrucciones detalladas sobre lo que debe contener.

Si Traca hubiera mantenido la cabeza baja y se hubiera centrado únicamente en la ejecución, habría seguido cometiendo los mismos errores a primera hora de la mañana y probablemente habría sido despedida, con el estrés que todo esto habría conllevado.

En cambio, fue pionera en una práctica emblemática que le permitió prosperar en su trabajo, ayudó a todos los demás compañeros e hizo que las sucursales de Starbucks fueran más silenciosas, tranquilas y eficientes.

Esta historia ofrece algunas pistas sobre cómo comprometerse con el aprendizaje incluso en situaciones de alta presión en las que aparentemente no hay mucho tiempo para pensar o resolver problemas:

1. **Toma nota del problema.** Sugerencia: cuando notes que algo no funciona, es un buen momento para entrar en la zona de aprendizaje.

2. **Diseña un experimento simple,** un nuevo enfoque para una vieja forma de hacer las cosas. Traca prestó atención para ver si la estrategia de «escribir los pedidos en los vasos» estaba funcionando. ¿Quedaban satisfechos los clientes? ¿Estaban contentos sus compañeros de trabajo con el cambio? ¿Estaba mejorando su historial de aciertos en los pedidos?

3. **Pregúntate: «¿Cómo podríamos ampliar el impacto?».** Después de obtener resultados positivos, Traca decidió compartir su descubrimiento y sugirió que otras sucursales adoptaran la práctica.

4. **No te rindas cuando te encuentres con la resistencia del «sabelotodo».** «Aquí no hacemos las cosas así» fue la respuesta que obtuvo cuando compartió por primera vez su idea con otros establecimientos. Pero su sucursal estaba

teniendo mucho éxito con la nueva práctica. ¿Por qué ignorar una lección valiosa?

5. **Mantén el compromiso con el rendimiento.** Traca nunca dejó de servir a los clientes mientras innovaba. Mantuvo su enfoque en satisfacer las necesidades de los clientes, incluso cuando se preguntaba: «¿Cómo podemos mejorar?».

Que tomen nota los gerentes: la experiencia simple y de bajo riesgo de Traca Savadogo es un poderoso recordatorio de cómo un compromiso obstinado con la tradición puede minar las soluciones creativas que mejoran la experiencia de los clientes. Cada vez que nos aferramos demasiado a «aquí lo hacemos así» sin tener en cuenta que puede haber maneras mejores, estamos pidiendo a los empleados que se comporten como robots, simplemente realizando las tareas que tienen asignadas.

Al capacitar a las personas para que desafíen el *statu quo* preguntando «¿qué no está funcionando?» o «¿cómo podrían funcionar mejor las cosas?» y luego realizar experimentos a pequeña escala, no solo mejoramos la experiencia del cliente, sino que permitimos a los empleados que aporten su pensamiento creativo y su curiosidad al trabajo, lo que aumenta el compromiso y el sentido de pertenencia.

¿En qué se diferencia *aprender mientras se hace* del mero *hacer*? La siguiente tabla muestra la diferencia:

|  | SOLO EJECUCIÓN | APRENDER MIENTRAS SE HACE |
|---|---|---|
| Objetivo | Producir | Producir y mejorar |
| Estrategias | Hacer lo mismo de la misma manera | Probar cosas nuevas |
| Plan | Solo cómo hacer lo que hay que hacer | Qué testar y cómo evaluarlo |

| | SOLO EJECUCIÓN | APRENDER MIENTRAS SE HACE |
|---|---|---|
| Fuentes de ideas | Arreglarse con lo que se sabe | Solicitar ideas de otros |
| Reacción a nuevas ideas | Adoptarlas solo si son rápidas | Considerarlas y explorarlas |
| Reacción a errores | Ignorar los errores | Hablar sobre los errores e identificar cambios |
| Actitud ante comentarios | No solicitar comentarios | Solicitar comentarios |
| Reflexión | Seguir solo realizando tareas | En algún momento, reflexionar |
| Enfoque global | Ceñirse a lo conocido | Perseguir objetivos desafiantes |

Muchos de nosotros pasamos la mayor parte del tiempo revisando las tareas pendientes con el único objetivo de hacer las cosas. Pero tenemos mucho que ganar si expandimos el enfoque para hacer las cosas de una manera que también conduzca a la mejora. Se trata de mantener la curiosidad, hacer preguntas, probar cosas nuevas, solicitar comentarios y prestar atención a la nueva información.

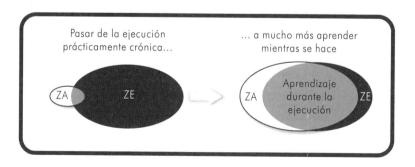

## CÓMO UNIRLO TODO

Ahora que hemos explorado cómo integrar el aprendizaje y la ejecución, volvamos a Simon Tisminezky, el mago del crecimiento que conocimos al principio del capítulo, para ver cómo fue capaz de ayudar a su nueva empresa a lograr un crecimiento astronómico.

Cuando Simon acudió a Twitter para ver lo que la gente decía sobre Ipsy, vio que la empresa tenía un gran producto que a la gente le encantaba, y que los clientes hacían todo lo posible para compartir sus experiencias positivas con los demás.

Aun así, había margen para mejorar. Solo el dos y medio por ciento de los clientes tomaba la iniciativa de compartir su amor por Ipsy en las redes sociales; Simon sabía que, con un poco de estímulo, podría conseguir que mucha más gente compartiera sus «momentos felices».

La mayoría de las ideas que probaron para fomentar esto no funcionaron. Pero dos lo hicieron de maravilla. La primera fue adelantar a la gente en la lista de espera de la Glam Bag si compartían algo sobre Ipsy en las redes sociales. Podían compartir cualquier cosa que quisieran, como su entusiasmo por la suscripción al servicio o una publicación sobre alguno de los vídeos de Ipsy disponibles gratuitamente.

El segundo éxito clave fue cuando se ofreció una vista previa de los productos que incluiría la Glam Bag de ese mes. En los días en que Ipsy hacía ese anuncio, había tanto tráfico en su sitio web que los servidores se colapsaban. Simon creó una forma para que los clientes obtuvieran la vista previa tres días antes si compartían algo sobre Ipsy en las redes sociales. La segunda estrategia no solo incentivó el hecho de compartir, sino que también alivió la carga de los servidores web en los días de los anuncios programados regularmente.

Estas dos estrategias tuvieron tanto éxito que en algún momento fueron responsables de generar el sesenta por ciento de las nuevas suscripciones a Ipsy. Lo mejor de todo es que no costaron nada, aparte de los salarios de los empleados que trabajaban en las lluvias de ideas, las pruebas y el análisis de ideas.

Estos métodos permitieron a la empresa crecer a un ritmo extraordinario hasta alcanzar los cien millones de dólares en ingresos anuales recurrentes prácticamente sin gastos de publicidad o *marketing*, algo inaudito. Esta base permitió a la empresa superar los mil millones de dólares en ingresos anuales recurrentes.

En cuanto a los desafíos de pronóstico originales de Ipsy, a medida que sus prácticas y servicios maduraron, las suscripciones se volvieron mucho más fáciles de predecir, incluso cuando la empresa estaba creciendo más rápido que nunca. Gracias a su compromiso de aprender más sobre los clientes y de establecer sistemas y procesos para impulsar el crecimiento, pudieron prever mejor los pedidos a seis meses vista. Y, aunque tenían una gran lista de espera hasta que los proveedores y el inventario se pusieran al día, pudieron proporcionar un medio para que los nuevos clientes más ansiosos salieran de la lista de espera y comenzaran a disfrutar de los productos de inmediato.

¿Tenía Simon presión para convertir el éxito inicial de Ipsy en crecimiento? Sin duda. Pero podemos empatizar con su experiencia. ¿Quién no ha asumido un nuevo puesto o proyecto sintiendo que tiene tanto en lo que ponerse al día que ya lleva varios meses de retraso?

Si bien siempre se pueden abordar los desafíos y las oportunidades con un ojo puesto en lo que podemos aprender, no es necesario esperar hasta que se va la luz. Podemos hacer del aprendizaje proactivo un hábito.

En el siguiente capítulo, examinaremos estrategias poderosas para impulsar el crecimiento de manera proactiva.

## PREGUNTAS PARA REFLEXIONAR

- ¿Regularmente aprovecho la ejecución para aprender o paso principalmente mis días simplemente *haciendo*?
- ¿Estoy asumiendo desafíos reales que involucran nuevos conocimientos o habilidades que requieren un salto a lo desconocido?
- ¿Cómo puedo llevar el *aprender haciendo* a mi día a día, personalmente y con mis colegas?

## DE CARA AL PRÓXIMO CAPÍTULO

¿Qué habilidad o capacidad me gustaría desarrollar o seguir mejorando y cómo podría hacerlo?

# Capítulo 4

# SEIS ESTRATEGIAS ESENCIALES DE LA ZONA DE APRENDIZAJE

**GRAN IDEA** *El desarrollo de diferentes competencias requiere diferentes estrategias en la zona de aprendizaje. Si reflexionamos periódicamente sobre cómo aprendemos y luego realizamos ajustes, podemos seguir mejorando en cuanto a cómo mejorar.*

La cantante deja el escenario al son de vítores clamorosos que continúan mucho después de haber emitido la última nota. Si preguntaras a alguno de los cuarenta y cinco mil admiradores del público, te dirían que el espectáculo fue *impecable*; no es de extrañar que ese sea el título en inglés (*Flawless*) de uno de los ochenta y un éxitos de su ídolo recogidos en la lista *Billboard*.[1]

Pero ella no lo ve así. Como afirmó a la revista *GQ* en 2013, sabe que no importa lo bueno que haya sido el espectáculo: siempre hay margen de mejora. Es por eso por lo que en lugar de meterse en la cama después del concierto o ir a una fiesta, tiene otros planes.[2]

Vuelve a la habitación del hotel cada noche y, antes de irse a dormir, revisa un vídeo del espectáculo que acaba de realizar. Escribe críticas de sí misma, los bailarines, el equipo de cámaras..., de todos los involucrados. A la mañana siguiente, toda la compañía recibe páginas de notas de la superestrella mundial.

Beyoncé ha cautivado a millones de personas en todo el planeta durante años con sus actuaciones en los escenarios más prestigiosos del mundo. Ha ganado más Grammy que cualquier otro artista y es la artista femenina más nominada en la historia de estos premios.[3]

Sus conciertos son famosos por las impresionantes exhibiciones de habilidad y creatividad, un espectáculo que incorpora una vertiginosa variedad de movimientos, desde decenas de talentosos bailarines, cantantes y músicos hasta impactantes espectáculos de luces y un vestuario deslumbrante.

Son muestras de ejecución en su máxima expresión.[*]

Pero Beyoncé, como todos los artistas con talento, ha tenido que trabajar duro en la zona de aprendizaje para desarrollar sus habilidades. Cuando era niña, participó en el programa de televisión *Star Search*, pero no ganó, lo que ella ve como un momento decisivo en su vida, que se muestra al comienzo de su vídeo musical ∗∗∗Flawless.[4] Para superar el miedo escénico, desarrolló un *alter ego* al que llama Sasha Fierce.[**]

Y, hasta el día de hoy, continúa pasando mucho tiempo en la zona de aprendizaje.

«Veo mis actuaciones —comentó a *GQ*—. Y desearía poder disfrutarlas, pero veo el foco que llega tarde. Pienso: "Ese peinado no funciona". O: "Eso no debería volver a hacerlo". Trato de perfeccionarme. Quiero mejorar y siempre estoy ávida de nueva información».

---

[*] N. de la T.: Aquí el autor hace alusión a los distintos significados de la palabra *performance*, traducida en este libro como 'rendimiento' o 'ejecución' principalmente, pero que también puede significar 'actuación', 'interpretación' o 'espectáculo'.
[**] N. de la T.: *Fierce* se puede traducir como 'feroz', 'insaciable', 'implacable', 'despiadada'...

A pesar de que ha tenido un éxito asombroso en todos los aspectos de su carrera, obteniendo un patrimonio neto de cientos de millones de dólares gracias a su talento y su marca, Beyoncé nunca deja de aprender y crecer. Según dicen, después de más de veinticinco años en los escenarios, sus temas son más profundos, su música ahora es más desafiante e introspectiva, y sus actuaciones son aún más espectaculares. La NPR (National Public Radio) la ha calificado como la artista musical más influyente del siglo XXI.[5]

¿Cómo podemos todos llegar a aprender como Beyoncé?

En este capítulo, comparto seis estrategias clave para la zona de aprendizaje que son particularmente poderosas y que cualquiera puede usar. Van desde la comprensión de un tipo único de práctica hasta seguir el ejemplo de una piloto de helicópteros Apache del Ejército de Estados Unidos sobre cómo «bajar el volumen» cuando algo es cuestión de vida o muerte.

## ESTRATEGIA 1 DE LA ZONA DE APRENDIZAJE: PRACTICAR DE FORMA DELIBERADA

El 26 de agosto de 2021, la banda de *rock* Foo Fighters invitó al escenario a la que quizá sea la baterista más inexperimentada que haya tocado en el Forum de Los Ángeles: Nandi Bushell, de once años.[6]

Un año antes, cuando tenía diez, Nandi, que nació en Sudáfrica y vive en Inglaterra, había tuiteado al líder de Foo Fighters, Dave Grohl, y lo había desafiado a una batalla de batería.[7]

Como comentó en *The Late Show with Stephen Colbert*, al principio, Grohl pensó que el mensaje era muy tierno, pero luego le llegó una oleada de mensajes de sus amigos, que lo instaban: «Tío, tienes que aceptar».[8]

«Así que toco algo sencillo y se lo envío –le dijo a Colbert–. Un día después me manda su respuesta y, simplemente, me deja a la altura del betún. ¡Esta cría va y me da una paliza tocando la batería!».

Durante meses, participaron en batallas públicas: Grohl se grababa a sí mismo tocando una canción y se la enviaba a Bushell como un desafío.[9] Ella estudiaba el tema, practicaba y lo grababa, y enviaba un vídeo de su impecable ejecución, imitando incluso las expresiones faciales de Grohl. Sus intercambios irradiaban alegría, y deleitaron a millones de fans de todo el mundo durante la pandemia de covid-19.

Un par de meses después, los dos hablaron por vídeo por primera vez en una llamada de Zoom organizada por *The New York Times*.[10]

—Me he dado cuenta de que nunca seré tan bueno como tú – dijo Grohl–, así que dejaré de tocar la batería.

—Bueno, solo tienes que practicar, practicar y practicar —dijo Bushell.

Si bien carecía de experiencia, tenía otra cosa que es mucho más importante: la *pericia*. Eso es lo que le permitió tocar tan magistralmente esa noche de verano en el Forum y hacerse con el concierto.

La pericia es algo que cualquiera de nosotros puede desarrollar a cualquier edad: joven, mayor o en cualquier punto intermedio.

«Toco despacio, poco a poco... para hacerlo bien —comentó Bushell a *Los Angeles Times*—. Pienso: "¿Lo estoy haciendo bien?"... Esa es mi forma de trabajar: tocar cada parte poco a poco y luego, finalmente, hacer toda la canción de una sola vez a toda velocidad».[11]

No se limitaba a practicar, sino que *practicaba de forma deliberada*.

El difunto Anders Ericsson, el profesor de la Universidad Estatal de Florida que acuñó la expresión *práctica deliberada*, pasó gran parte de su carrera estudiando cómo las personas se convierten en expertos en sus campos. Llegó a la conclusión de que «los expertos *siempre* se hacen, no nacen».[12] Nadie se convierte en un experto sin haber desarrollado su pericia. Y la práctica deliberada es una de las principales herramientas para alcanzar el nivel de experto.

«No toda la práctica hace al maestro —escribió Ericsson, junto con los coautores Michael J. Prietula y Edward T. Cokely, en su artículo "The Making of an Expert" (Cómo convertirse en experto), publicado en *Harvard Business Review* en 2007—. Se necesita un tipo particular de práctica, una *práctica deliberada*, para desarrollar la experiencia.[13] Cuando la mayoría de las personas practican, se enfocan en las cosas que ya saben hacer. La práctica deliberada es diferente. Implica esfuerzos considerables, específicos y prolongados para hacer algo que *no se sabe* hacer bien o incluso que no se sabe hacer en absoluto. La investigación en todos los campos demuestra que solo trabajando en lo que no sabes hacer te conviertes en el experto que quieres ser».

Para realizar una práctica deliberada:[14]

- Divide las habilidades en habilidades más pequeñas.
- Ten claro qué habilidad secundaria estás trabajando en cada momento.
- Concéntrate al máximo en un reto de alto nivel fuera de tu zona de confort, más allá de lo que sabes hacer actualmente.
- Pide opiniones con frecuencia y obtén otra retroalimentación, y haz repeticiones y ajustes.
- Lo ideal es contar con la orientación de un instructor experto: las actividades diseñadas para mejorar suelen ser específicas del ámbito, y los grandes maestros y entrenadores saben cuáles son esas actividades y pueden darnos su opinión experta.

Ericsson también concibió otra categoría llamada *práctica intencionada*, que sigue muchos de los mismos principios de la práctica deliberada, aunque tal vez sin la instrucción de un maestro o entrenador experimentado.[15] Como explicó en el pódcast *Good Life Project*: «Con la práctica intencionada [...] probablemente puedas lograr en dos horas lo mismo que en un par de años solo jugando con amigos».[16]

La investigación de Ericsson a veces se simplifica erróneamente como la «regla de las diez mil horas», pero no hay nada mágico en el número diez mil.[17] Cuanto más se involucre alguien en la práctica deliberada de una manera efectiva, más mejorará, y la cantidad de horas de práctica deliberada que se necesita para llegar a formar parte de la élite depende de una serie de factores, incluido el grado de competitividad del área en cuestión.

Si un jugador de tenis pasa todo el tiempo en la pista jugando dobles con amigos, es decir, en la zona de ejecución, se estancará después de una cierta cantidad de tiempo y nunca mejorará mucho más allá de ese punto. Pero si tiene una práctica deliberada, un entrenador podría colocarlo en la pista y lanzarle voleas de dificultad creciente, ayudándolo también a corregir sus errores. Para cuando regrese a un partido, sus fallos en la forma de jugar se habrán corregido.

## ESTRATEGIA 2 DE LA ZONA DE APRENDIZAJE: APRENDER A GRAN ESCALA EXPERIMENTANDO A PEQUEÑA ESCALA

Los colegas de Olivier Perrin estaban entusiasmados con su nuevo producto, un tipo de yogur que habían creado después de escuchar los comentarios de los clientes.[18] Tenía un equipo apasionado y comprometido listo para el gran lanzamiento, ¿qué más podía pedir un gerente?

Como pronto descubriría, la pasión sin un proceso de aprendizaje sólido puede conducir al desastre.

Olivier, jefe de diseño global de productos en General Mills, el gigante multinacional que fabrica productos de alimentación de diversas marcas conocidas, me contó que aprendió esta valiosa lección al principio de su carrera.

Inicialmente, su equipo quería hacer un experimento a pequeña escala para probar el yogur en diez tiendas minoristas durante diez semanas. Sin embargo, se dieron cuenta de que no había forma de fabricar la nueva oferta a pequeña escala. Los costes para hacer la prueba en diez tiendas serían casi los mismos que para un lanzamiento regional que abarcara aproximadamente el veinte por ciento de Estados Unidos. Analizaron y debatieron el asunto, y decidieron optar por el lanzamiento a mayor escala. Si las cosas iban bien, el mayor impacto inicial les permitiría aumentar la escala más rápido y obtener más ventaja con respecto a la competencia.

Cuando el producto llegó a las estanterías, el equipo se dio cuenta rápidamente de que, aunque una región estaba cumpliendo con las expectativas, la mayoría no lo hacía. Fueron capaces de identificar la razón principal con bastante rapidez y se les ocurrió una solución que podían implementar. Pero hacer los cambios a mayor escala resultó ser difícil y llevar mucho tiempo.

Para cuando pudieron realizar el cambio a gran escala, la mayoría de los minoristas habían perdido la confianza en el producto, que estaba ocupando un valioso espacio en los estantes. Aunque decepcionado, el equipo no tuvo más remedio que abandonar el producto.

Tras reflexionar, Olivier y sus colegas se dieron cuenta de que el lanzamiento a gran escala dificultaba la consecución del objetivo principal del experimento: el aprendizaje. Si bien podría haber parecido rentable realizar un lanzamiento amplio, dado el alto coste de producir pequeños lotes del nuevo producto, el experimento de gran tamaño resultó ser mucho más costoso. Mortal para el proyecto, de hecho.

Como reconoció el equipo de Olivier, la forma en que habían estructurado el experimento estaba demasiado orientada a la ejecución; estaban impacientes por aumentar la escala antes de haber aprendido lo suficiente, y no había forma de realizar otra iteración rápidamente, lo que les impedía continuar aprendiendo. Un gran lanzamiento requiere más tiempo para hacer ajustes en el envase y el *marketing*, más relaciones con socios y clientes que gestionar, y más logística que orquestar.

El equipo de Olivier no es el único que se ha dejado seducir por el atractivo de la expansión rápida antes de comprender suficientemente el nivel de la unidad.

Luke's Lobster, cuyo primer establecimiento abrió en Nueva York en 2009, es una cadena de restaurantes conocida por llevar marisco rastreable (trazabilidad) y sostenible a clientes de todo el país trabajando directamente con los pescadores y eliminando intermediarios. El crecimiento de la empresa ha sido notable: se ha expandido en una década de un restaurante en East Village a treinta ubicaciones adicionales.[19]

Como Luke Holden dijo a Patrick McGinnis en el pódcast *FOMO Sapiens*, cuando Luke's Lobster quiso expandirse, los veteranos del sector recomendaron abrir más restaurantes en ciudades donde Luke's ya tenía establecimientos, en lugar de expandirse a otras ciudades. De esa manera, la empresa limitaría el gasto operativo y de *marketing* al concentrarse en menos mercados.

Ansiosa por implementar la estrategia, la cadena abrió muchos más restaurantes. Pero esto no funcionó como se esperaba.

Resultó que la gente no suele comer langosta como pasa con las hamburguesas o los burritos. La langosta es más cara, por lo que se come con menos frecuencia, principalmente en ocasiones especiales. Los clientes de Luke's estaban dispuestos a conducir más lejos para comer langosta que para comer tacos. La adición de más restaurantes creó sucursales más cercanas a ellos, pero no amplió la base de clientes proporcionalmente al número de ubicaciones.

Luke's Lobster llegó a la conclusión de que la estrategia tradicional de agrupación utilizada por muchas cadenas no era la mejor estrategia de crecimiento para su marca. La experiencia también dejó clara la importancia de asegurarse de entender al cliente antes de tomar decisiones para desarrollar una ubicación específica del restaurante.

Luke Holden podría haber aprendido esas lecciones de manera más barata y rápida poniendo a prueba su hipótesis en un mercado antes de expandirse a otros, lo que habría llevado a un mayor rendimiento de la inversión para el capital restante. Pero lo más importante es que aprendió a aprender mejor. Ahora invierte más tiempo y dinero por adelantado para comprender mejor a los habitantes de los vecindarios antes de abrir nuevos restaurantes.

Experimentar a una escala más pequeña, con menores consecuencias ante sorpresas y fracasos, y con formas de cambiar e iterar rápidamente, suele conducir a un aprendizaje más amplio y más rápido. En otras palabras, estarás mejor equipado para aumentar la escala *con éxito* antes.

Esto no significa que no puedas probar unas cuantas cosas al mismo tiempo. Hablamos por primera vez de la empresa peruana de educación Visiva en el capítulo uno, cuando el nuevo director general

Douglas Franco estaba tratando de llevar a la empresa por el camino de un crecimiento sólido. Cuando comenzó la pandemia de covid-19, Visiva empezó a ofrecer sus cursos en línea, lo que le permitió realizar experimentos rápidos y baratos.[20] Douglas pudo entonces animar al equipo ejecutivo a probar la expansión a nuevos mercados mediante la realización de un experimento estándar y sencillo en varios países.

Centrándose en el crecimiento geográfico, eligieron seis países con características diversas, desde grandes mercados como Estados Unidos y México hasta otros más pequeños como Panamá y Bolivia. En algunos países, como Estados Unidos, los resultados fueron tan pésimos que detuvieron el experimento. En otros, como México, los resultados iniciales fueron prometedores, por lo que continuaron experimentando y aprendiendo, buscando información y optimizaciones específicas para el mercado. Al final, gastaron menos de veinte mil dólares en todos estos experimentos combinados. Pero esa pequeña inversión les permitió expandirse a tres nuevos países rentables.

Los experimentos fueron tan cruciales para el desarrollo de Visiva que, en algún momento, se encontraron haciendo demasiados. Así que fijaron un presupuesto para la experimentación y decidieron limitar el número de experimentos en curso en un momento dado a quince. Esto ha tenido la ventaja adicional de llevarlos a tener más claros sus objetivos de experimentación y establecer un proceso de tres etapas.

La primera etapa, la incubación, incluye experimentos preliminares y rápidos. Si los resultados de una prueba indican potencial, el experimento pasa a la etapa verde, en la que recibe una mayor inversión y un enfoque especializado. (La etapa verde fue donde Visiva aprendió que, en México, el servicio telefónico de atención al cliente era importante). A continuación, los experimentos que tienen éxito avanzan a la etapa de optimización, pasando de la exploración a la explotación. En esta etapa final, hay un mayor enfoque en poner más dinero en lo que funciona y luego hacerlo crecer, en lugar de simplemente aprender lo que funciona, aunque continúan haciendo pequeños ajustes.

Ni siquiera necesitas un presupuesto para realizar experimentos. En mi trabajo de ofrecer conferencias magistrales y dirigir talleres, a menudo realizo pequeños experimentos haciendo un ligero ajuste en una parte de la sesión. No hago una revisión completa con contenido y actividades nuevos que nunca he usado. Mis clientes me contratan para proporcionar un servicio experto, no para experimentar con ellos con cosas que nunca he hecho antes.

Pero a lo mejor añado un nuevo concepto o actividad que se adapte a las necesidades específicas del cliente. La mayoría de las veces, esos pequeños ajustes van bien porque, con el tiempo, he desarrollado intuiciones de experto sobre el trabajo que hago, pero a veces la gente tiene preguntas que me hacen darme cuenta de que necesito explicar las cosas con más detalle o proporcionar más ejemplos, o bien asignar más tiempo a la actividad.

Es probable que, a menudo, hagas cosas que has hecho antes, pero en situaciones ligeramente diferentes. Piensa en qué ajustes pueden ayudar en esa nueva situación. Debes probar algo que creas que puede mejorar tu ejecución sabiendo que, incluso si no lo hace, lo que aprendas te preparará mejor para el futuro.

Recuerda:

- Ten claro lo que quieres aprender antes de ampliar la escala o comprometerte.
- Organiza un pequeño experimento para aprender de forma rápida y ágil.
- A medida que aprendas y reduzcas la incertidumbre, pasa de la exploración a la aplicación.

## ESTRATEGIA 3 DE LA ZONA DE APRENDIZAJE: NO TRABAJAR MÁS, SINO DE FORMA MÁS INTELIGENTE

Tom Brady, ampliamente considerado el mejor *quarterback* de la Liga Nacional de Fútbol Americano (NFL, por sus siglas en inglés) de todos los tiempos, convirtió en una práctica constante la búsqueda de formas de cuidar su salud y dilatar su carrera. Como resultado, se convirtió en el jugador de mayor edad de la NFL y su nivel de juego siguió siendo asombrosamente alto. Culminó la temporada de 2021 ganando su séptima Super Bowl y siendo elegido por quinta vez jugador más valioso (MVP) de la Super Bowl a los cuarenta y tres años. Al comienzo de esa temporada, describió el método que utilizaba para encontrar formas de mejorar su salud y su rendimiento.

«Miro lo que hacen los demás –comentó a Dax Shepard y Monica Padman en su pódcast, *Armchair Expert*–.[21] Llevo veinte años en un vestuario con mis compañeros. Observo todo lo que hacen, lo que toman, cómo se alimentan. La forma en que hablan de su cuerpo. Y constantemente pienso: "Vale, eso no funciona, aquello no funciona. Pero, de pronto, veo algo bueno, lo incorporo a mi rutina y compruebo los resultados"».

Este proceso comenzó cuando estaba en la Universidad de Michigan, donde sus entrenadores ensalzaban el valor de la experimentación. «Me dieron algunas herramientas: prueba esto, mira las cosas de esta manera –comentó–. Y funcionaba, así que me decía: "¡Joder, tengo que hacer más de esto!". Iba al psicólogo dos veces por semana [en lugar de una]. Probaba una técnica diferente para lanzar la pelota. Y me planteaba con qué más podía experimentar».

Con el tiempo, aprendió la importancia de trabajar de manera inteligente, no solo trabajar duro.

«Esencialmente nos enseñan que el trabajo duro te llevará a donde quieras ir –afirmó–. Puedo entrenar una vez al día, así que, si entreno dos, seré mejor. Mi punto de vista sobre eso es que si estás trabajando más duro en las cosas equivocadas, estás mejorando en empeorar. Si tienes una buena rutina, un buen proceso, creo que el beneficio es evidente».

Siempre podemos seguir buscando formas de trabajar de manera más inteligente, ya sea individualmente o con otros. Después, podemos poner a prueba esas ideas y reflexionar sobre lo que está funcionando y lo que hay que cambiar. También podemos reunirnos regularmente con los compañeros de equipo para solicitar perspectivas sobre áreas de oportunidad y qué probar a continuación.

Carlos Moreno Serrano considera que sus compañeros son una valiosa fuente de ideas.[22] Carlos vive en Inglaterra y dirige el equipo de fomento del éxito del cliente* en Sonatype, una empresa de *software* empresarial de rápido crecimiento con más de cien millones de dólares en ingresos recurrentes anuales.

Carlos considera que el gran número de nuevos empleados que se incorporan a la empresa no solo son personas que necesitan formación, sino que son valiosas fuentes de ideas originales. Los nuevos empleados tienen reuniones breves e individuales con todos los compañeros de equipo para empezar a conocerse. Durante las reuniones con los novatos, Carlos siempre los anima a cuestionar la forma en que se hacen las cosas, a compartir sus observaciones y a tomar la iniciativa para realizar mejoras. Desde el primer día los alienta a influir en el modo de operar, a pesar de que el proceso de incorporación de Sonatype es de tres meses debido a la complejidad del *software*.

Richard Panman, un compañero del equipo del éxito del cliente que se había unido recientemente a la empresa, propuso automatizar un proceso central que el equipo realizaba todos los días: un informe de análisis de datos que incluía estadísticas, información y consejos para los clientes. Durante el año anterior, el equipo había reducido el tiempo necesario para crear cada informe de dos días a unos setenta y cinco minutos, lo que hizo que todos estuvieran muy contentos.

Aun así, Richard se dio cuenta de que sus colegas dedicaban mucho tiempo a la elaboración de los informes. Examinó el proceso y pensó que podría automatizarlo por completo. Carlos pensó que

---

* N. de la T.: El éxito del cliente es un programa de servicio que inician las empresas con el objetivo de cuidar a los clientes y mantener y aumentar gradualmente su base de clientela mediante la implementación de estrategias relacionadas, como, por ejemplo, ofrecer descuentos, cupones o regalos.

eso era imposible dada la complejidad de las fuentes de información, pero esperaba que Richard tuviera razón y no dudó en animar al recién llegado a que lo intentara.

Richard escribió el código mientras aún estaba inmerso en el proceso de incorporación. Gracias a su innovación, el informe totalmente automatizado ahora tarda aproximadamente un minuto en crearse.

Según afirma Carlos: «Fue capaz de obtener los mismos resultados sin hacer concesiones. Nos dejó completamente atónitos».

Carlos propuso a Richard como uno de los «líderes de valores» de Sonatype. En el evento interno de la empresa en el que di una charla, reprodujeron un vídeo de Carlos en el que este explica cómo Richard ejemplifica los valores fundamentales de la empresa.

«Hay varios valores involucrados en esta propuesta; sin embargo, el que más destaca es la audacia.[23] Richard simplemente lo hizo. A pesar de ser nuevo, a pesar de estar todavía en su proceso de incorporación, simplemente dedicó tiempo a escribir el código y realizar la automatización. Esto es genial, porque demuestra que los nuevos compañeros de equipo pueden tener un gran impacto desde el primer día».

El apoyo de Carlos y el tesón de Richard condujeron a algo que todos anhelamos: trabajar de manera más inteligente con el paso del tiempo. Aquí tienes algunas sugerencias para ayudarte a conseguirlo:

- Acostúmbrate a sopesar lo que funciona, lo que no funciona y lo que hay que probar de manera diferente. Puedes definir un recordatorio recurrente en el calendario para deliberar por tu cuenta o dedicar un tiempo dentro de una reunión periódica con los colegas para reflexionar juntos sobre esto.
- Identifica los desafíos y los puntos de frustración, y piensa en cómo podrían convertirse en oportunidades de mejora. Por ejemplo, el número de reuniones y la forma en que se llevan a cabo son fuentes frecuentes de frustración y una oportunidad para la reestructuración.

- Pregúntate *por qué* haces lo que haces y cómo podrías lograr mejor ese objetivo de alto nivel. Tal vez haya una mejor manera de lograr tu objetivo final que sea completamente diferente de lo que estás haciendo actualmente.
- Amplía tu experiencia. Aprende de artículos, libros, pódcast o cursos para aumentar tu conocimiento de prácticas efectivas, lo que podría inspirar cambios en las estrategias.
- Aprende de las personas que te rodean. Comparte tus reflexiones y pide a los demás su opinión o sus comentarios. Varias cabezas piensan mejor que una.
- Recuerda que siempre hay mejores maneras de hacer las cosas, así que da por sentada la imperfección y comprométete con el progreso constante.

## ESTRATEGIA 4 DE LA ZONA DE APRENDIZAJE: CREAR HÁBITOS PARA REFORZAR TU «SENTIDO AÉREO»

Cuando sonó la alarma en el casco de Shannon Polson, supo que tenía que tomar una decisión rápida. Estaba pilotando un helicóptero Apache en una misión sobre Bosnia, y la alarma le advertía que ella y su copiloto estaban en el punto de mira del sistema antiaéreo más letal del mundo.[24]

Shannon sabía que si se activaba el arma, lo que solo requeriría pulsar un botón, ella y su copiloto estarían muertos.

Se oyó una voz en la radio: «Si estáis nerviosos, regresad a la base —dijo el controlador—, pero respetad la altitud mínima».

Si has visto la película *Top Gun*, sabrás que no respetar la altitud mínima significa volar demasiado cerca del suelo, y sobrevolando Bosnia significaría infringir las normas de combate internacionales.

«¿Nerviosos? Sí, estábamos nerviosos —recuerda Shannon—. Y tuvimos que tomar una decisión en cuestión de segundos».

Shannon tenía mucha experiencia como piloto. En 1995, se convirtió en una de las primeras mujeres del Ejército de Estados Unidos en pilotar un Apache, uno de los helicópteros más avanzados e imponentes del mundo. Pero, en aquel momento, su capacidad para actuar bajo presión se puso realmente a prueba.

¿Qué crees que hizo?

Alargó la mano y bajó el volumen de la alarma. Piloto y copiloto continuaron con la misión.

Shannon me dijo que su decisión se basó en horas de sesiones informativas durante días y semanas, así como en años de estudio, simulacros, práctica deliberada en simuladores e innumerables misiones. También había aprendido que la provocación era más probable que el enfrentamiento real y que si volaban por debajo de la altitud mínima, estarían infringiendo las normas de combate y serían castigados, investigados y posiblemente enviados a casa.

En otras palabras, la decisión de continuar con la misión se basó en el *sentido aéreo* de Shannon, es decir, en su intuición experta: el conocimiento, la experiencia y la pericia que había convertido en intuiciones.

Su sentido aéreo la ayudó a superar ese momento crítico. No habría sido efectivo iniciar una búsqueda en Internet sobre cómo gestionar una alarma de sistema antiaéreo. Pudo tomar una decisión crucial sobre la marcha porque fue capaz de sopesar rápidamente los riesgos y las recompensas, y de identificar las cosas más importantes y relevantes en las que centrarse.

Ahora bien, pocos de nosotros nos encontraremos en la misma posición de vida o muerte que Shannon Polson. Entonces, ¿es importante desarrollar nuestra propia versión del sentido aéreo? Con la ubicuidad de los motores de búsqueda de Internet y la inteligencia artificial, ¿cuánto conocimiento necesitamos realmente almacenar en la cabeza?

Si un subordinado directo nos llega con quejas sobre un colega, es mucho más efectivo si sabemos cómo manejar la situación en el momento en lugar de buscar en Internet. Si hemos desarrollado el sentido aéreo, podríamos tener en cuenta rápidamente las habilidades interpersonales de los implicados, las relaciones entre ellos y las circunstancias para decidir en qué medida debemos implicarnos. Nuestro sentido aéreo nos indica qué preguntas hacer y qué consejos dar, de modo que si decidimos participar para facilitar una conversación entre los dos colegas, sabremos cuándo y cómo intervenir.

Si tu empresa multinacional está intentando establecerse en un nuevo mercado, es mucho más efectivo tener un conocimiento profundo de la cultura del país al que viajas que leer un breve informe sobre el lugar durante el viaje en avión. No es necesario que toda la experiencia resida en una sola persona. Piensa en desarrollar un sentido aéreo colectivo en tu equipo. ¿Cómo puedes ampliar la contratación para incluir candidatos con un profundo conocimiento del idioma, las costumbres y las tendencias de la región? ¿Con qué socios locales puedes colaborar sobre el terreno?

El conocimiento integrado también es útil en casa. Alicia Ginsburgh, una amiga mía, me contó una anécdota que viene al caso: «Estaba embarazada de nueve meses cuando rompí aguas en mitad de la noche. Mi esposo inmediatamente se dio la vuelta y comenzó a buscar en su teléfono "mujer rompe aguas". Yo pensaba: "Me he estado preparando para esto durante meses; ¿qué tal si TE LEVANTAS AHORA MISMO Y ME AYUDAS, POR FAVOR, en lugar de buscar en Google?"».[25]

Aunque es posible que este exceso de entusiasmo «googleador» nos parezca exagerado, todos hemos experimentado momentos en los que parece que carecemos de la información que necesitamos para tomar la decisión correcta. A mi esposa, Allison, le gusta recordar la vez que hice que el horno eléctrico se incendiara. Me asusté y empecé a agitar los brazos arriba y abajo como un pájaro incapaz de volar, sin saber qué hacer. Ella se acercó tranquilamente al horno y lo desenchufó.

Para desarrollar tu sentido aéreo, considera adoptar los siguientes enfoques:

### BUSCA ÁREAS DE ATENCIÓN PARA MEJORAR

Define tu propósito de más alto nivel y los objetivos de aprendizaje, y recuérdate cada mañana cuáles son. De esa manera, podrás identificar oportunidades relacionadas con ello a medida que avanza el día. Esto te permitirá ser más consciente de la información que te llega y que es relevante para tus metas e intereses. Por ejemplo, si recuerdas cada mañana que debes darte cuenta de cuándo tienes una mentalidad fija, te volverás más hábil para pillarte a ti mismo y, finalmente, para cambiar tu mentalidad.

### ENCUENTRA Y UTILIZA FUENTES DE EXPERIENCIA DE ALTA CALIDAD

Suscríbete a pódcast de calidad, sigue a expertos que publiquen contenido regularmente en redes sociales o en boletines informativos, o comunícate con colegas o mentores que estén dispuestos a reunirse regularmente o a colaborar en proyectos.

Desarrolla hábitos para acceder regularmente a contenido de la manera que mejor te funcione. Yo utilizo una aplicación llamada Pocket para guardar los artículos que quiero leer y creo una cola de vídeos para verlos más tarde cuando tengo tiempo o mientras estoy comiendo. Si alguien me recomienda un pódcast que parece interesante, me suscribo a él. A veces, mientras hago ejercicio en la bicicleta estática, me concentro completamente en la práctica deliberada para superar mis límites; otras veces, hago un programa menos intenso para poder escuchar un pódcast mientras hago ejercicio. El objetivo no es acceder a la mayor cantidad de contenido posible, o leer todo el contenido que te parezca interesante, sino desarrollar hábitos para acceder a conocimientos valiosos de manera regular y así aumentar constantemente tu experiencia y tus habilidades. El cerebro se desarrolla no a través de la acumulación rápida de una gran cantidad de contenido, sino entrando de forma continuada en la zona de aprendizaje.

### SOPESA CÓMO RESPONDES A LA CONFUSIÓN O A LOS CONTRATIEMPOS

Cuando no sepas cómo gestionar algo o sientas que has sido poco eficaz a la hora de resolver un problema, como un conflicto con un colega o una pregunta de un cliente, pasa a la zona de aprendizaje. Solicita comentarios o ideas, o haz una búsqueda en Internet. Luego, introduce los nuevos conocimientos en alguno de los sistemas que emplees, tales como recordatorios diarios o fichas digitales, para integrar la nueva forma de pensar en tu sentido aéreo.

### UTILIZA A LAS PERSONAS DE TU ENTORNO COMO EQUIPO DE EXPERTOS

Procura conocer los puntos fuertes y las áreas de especialización de tus colegas e incluso sus pasatiempos e intereses. Las personas de tu vida reúnen una gran cantidad de información, recursos e ideas. Del mismo modo, comparte tus propias áreas de conocimiento e intereses para que puedan recurrir a ti cuando sea necesario.

Anima a miembros de tu equipo y colegas a compartir ideas y hacer preguntas. Si Carlos Moreno Serrano, el jefe del equipo del éxito del cliente de Sonatype a quien conocimos antes, no hubiera fomentado un clima propicio para probar nuevas formas de hacer las cosas, su nuevo empleado, Richard, nunca se habría atrevido a compartir su idea sobre la automatización del informe para los clientes.

Anímate a desarrollar tus propios enfoques. Es posible que encuentres otros métodos que funcionen mejor en tu caso, como escribir un diario todos los días, o hacer caminatas para reflexionar, o usar una aplicación de fichas didácticas. Siempre podemos mejorar en el uso de estrategias más efectivas, lo que hace que el viaje de la vida sea más interesante y enriquecedor.

## ESTRATEGIA 5 DE LA ZONA DE APRENDIZAJE: NO RECURRIR A LA FUERZA BRUTA

Como relataron Anders Ericsson y sus coautores en *Harvard Business Review*, el violinista Nathan Milstein se preocupó una vez cuando observó la forma en que otros músicos practicaban durante todo el día, mientras que él practicaba mucho menos. Así que le preguntó a su mentor, el legendario violinista Leopold Auer, cuántas horas debía practicar. El anciano respondió: «Realmente no importa cuánto tiempo. Si practicas con los dedos, ninguna cantidad es suficiente. Si practicas con la cabeza, dos horas bastan».[26]

Milstein concluyó que no importa la cantidad de tiempo, uno debe «practicar todo lo que sienta que puede practicar con total concentración».

Ya sea que estés en la zona de aprendizaje o en la zona de ejecución, usar la fuerza bruta (usar todo tu tiempo para hacer una cosa tanto como sea posible) puede funcionar durante períodos cortos de tiempo, pero, como estrategia a largo plazo, es más efectivo trabajar para mejorar alternando estados mentales y emocionales. Al igual que estar en modo animadora todo el día, todos los días, sería agotador e ineficaz, también lo sería estar constantemente en modo de reflexión, de recepción de comentarios o de descanso. Diez mil horas de fuerza bruta son muy diferentes a diez mil horas de concentración repartidas entre actividades creativas y descanso. De hecho, los científicos que han ganado el Premio Nobel tienen más de veinte veces más probabilidades que otros científicos –y que otras personas en general– de actuar, bailar o participar en otras artes escénicas como pasatiempo.[27]

Mucha gente cree que cuanto más tiempo empleas en la práctica deliberada, mejor te vuelves. Sin embargo, en su innovador estudio de 1993, Ericsson y sus colegas Ralf Krampe y Clemens Tesch-Römer descubrieron que los artistas de primer nivel limitan su tiempo de práctica deliberada, ya que la práctica deliberada de alta calidad requiere una concentración total a un nivel que el cerebro no puede mantener todo el día.[28]

En otras palabras, el descanso es fundamental.

Los violinistas incluidos en el estudio calificaron el sueño como altamente relevante para mejorar el rendimiento al tocar el violín. Estos músicos de élite echaban una siesta para recuperarse de la práctica y dormían un promedio de 8,6 horas por día, en comparación con las 7,8 horas por día de estudiantes menos habilidosos. Este hallazgo coincide con otros estudios en los que los artistas de élite indicaron que el sueño era extremadamente importante y que revelaron que dormían más que la población general.

Esto apunta a la importancia de buscar rutinas que funcionen para nosotros. Lo ideal sería encontrar la forma de dormir toda la noche de manera sistemática. A veces, es posible que tengas mucho que hacer y sea necesario sacrificar un poco el sueño temporalmente, pero ¿qué es lo habitual?

A mucha gente le resulta útil establecer una rutina diaria constante. Por ejemplo, me gusta acostarme temprano y despertarme sin alarma. Esto hace que me sienta genial y permite que mi mente funcione bien tanto en la zona de aprendizaje como en la zona de ejecución. He aprendido a identificar y preparar alimentos nutritivos que me parecen deliciosos, lo que aporta a mi cuerpo y mi mente lo que necesitan. La mayoría de los días, no tomo café, pero cuando tengo que acostarme tarde y el rendimiento del día siguiente es importante, encuentro que el café de la mañana proporciona a mi mente un estímulo adicional que me ayuda a rendir bien.

Comparto mis rituales solo como ejemplos. A cada persona le funcionará una estrategia distinta, porque todos somos diferentes en cuanto a preferencias, situaciones y actividades. Cada uno de nosotros debe encontrar y desarrollar una sinfonía de hábitos que le resulte armoniosa.

Cuando reflexiones sobre tus hábitos, ten en cuenta el ritmo al que trabajas a lo largo del día. A algunas personas les gusta poner un temporizador cuando realizan un trabajo profundo y concentrarse en una sola cosa durante un período prolongado de tiempo.[29] Cuando suena el temporizador, se toman un breve descanso y se estiran. Yo practico una versión modificada de esto. Cada mañana configuro alarmas para todos los momentos del día en los que tendré que dejar de hacer lo que estoy haciendo y mirar la agenda para ver la próxima cita. Luego, cuando empiezo un bloque de trabajo profundo, escribo la hora más temprana en que detendré la tarea en cuestión, silencio todos los dispositivos y evito todas las fuentes de distracción. Utilizo una aplicación que reproduce música instrumental especial de fondo para ayudarme a concentrarme. Por lo general, estoy tan absorto en lo que estoy haciendo que me mantengo en un estado de *flow*\* mucho más allá de la hora que tenía anotada. Después, cuando estoy en un punto de parada natural en el trabajo, me tomo un descanso, me muevo, dejo que mi mente divague o hago un tipo diferente de trabajo o actividad.

Esto me funciona a mí; puede que a ti te venga bien otra cosa.

Periódicamente, podemos probar una nueva estrategia, ver si funciona y repetirla durante un tiempo para asegurarnos de que seguimos evolucionando. Sin cambio, no puede haber mejora.

Jean Monnet, empresario y diplomático francés considerado uno de los pioneros de la Unión Europea, escribió en sus memorias que sus paseos matutinos por la naturaleza eran fundamentales para resolver problemas.[30] Era entonces cuando se le ocurrían las ideas, aunque, por supuesto, las semillas estaban en su cerebro por todo lo que leía y hacía el resto del día. No podría haber logrado todo lo que consiguió simplemente caminando por el bosque sin contacto con el mundo exterior. Tanto la soledad como la estimulación fueron esenciales para su genialidad.

Dado que gran parte de nuestro comportamiento es inconsciente, tenemos que ser proactivos con los hábitos que fomentamos.

Para el gran físico Albert Einstein, la música era un hábito que no solo disfrutaba en gran medida, sino que también enriquecía su trabajo. Hay pruebas considerables de que su genio se enriqueció significativamente gracias a la inmersión en la música. Era un violinista consumado y en algún momento dijo que si no hubiera sido científico, habría sido músico.

Según *The Conversation*, su segunda esposa, Elsa, recordaba un momento en que Einstein parecía estar «totalmente perdido en sus pensamientos». Iba y venía de su estudio al piano, tocaba algunos

---

\* N. de la T.: El término *flow* (fluir) es introducido por Mihály Csikszentmihályi y se relaciona con la creatividad, el talento y la felicidad: «El estado de *flow* es un estado subjetivo que las personas experimentan cuando están completamente involucradas en algo hasta el extremo de olvidarse del tiempo, la fatiga y de todo lo demás, excepto la actividad en sí misma».

acordes y luego tomaba notas. Al cabo de dos semanas, «tenía un borrador de trabajo sobre la teoría de la relatividad general».[31]

## ESTRATEGIA 6 DE LA ZONA DE APRENDIZAJE: DETERMINAR EL PORQUÉ

Para aprender con eficacia y motivación tenemos que:[32]

- creer que podemos mejorar (mentalidad de crecimiento);
- saber cómo mejorar (a través de la zona de aprendizaje);
- tener un porqué, una razón para esforzarnos por mejorar (puede ser un sentido de propósito, encontrar la actividad interesante o divertida, o sentirse parte de una comunidad de aprendizaje sólida).[33]

Esto es lo que yo llamo las *piedras angulares del cambio*.

En ocasiones perdemos de vista nuestro *porqué*. Incluso en la zona de aprendizaje, a veces nos quedamos atrapados haciéndonos preguntas sobre el *cómo*: «¿*Cómo* puedo describir mejor las características del producto?», «¿*Cómo* puedo dirigir mejor las reuniones?», «¿*Cómo* puedo convertirme en un mejor jugador de tenis?».

Si bien las preguntas sobre el *cómo* son cruciales, las preguntas sobre el *porqué* pueden ayudarnos a encontrar formas completamente diferentes de lograr nuestros objetivos de más alto nivel.

*¿Por qué* quiero describir mejor las características del producto? Tal vez sea para que la gente se entusiasme con él. *¿Por qué* quiero hacer eso? Tal vez sea para que lo vean como algo imprescindible. *¿Por qué?* Para que decidan obtener el producto que les será útil. Bien, ese es un objetivo más importante y de mayor nivel, así que ¿cómo puedo hacerlo mejor? Tal vez habría que empezar por hacerles preguntas sobre los problemas que tienen en lugar de hablar sobre las características del producto.

*¿Por qué* quiero dirigir mejor las reuniones? Tal vez sea para fomentar equipos más efectivos. ¿Cómo puedo hacerlo mejor? Tal vez formando a otros para que dirijan las reuniones.

*¿Por qué* quiero convertirme en un mejor jugador de tenis? Tal vez sea para tener una forma de eliminar el estrés de la jornada laboral y pasar tiempo con amigos. Quizá pueda encontrar formas adicionales de desestresarme y disfrutar del tiempo con amigos mientras practico actividades relajadas.

De igual manera que podemos cometer el error de realizar la misma actividad durante todo el día, podemos cometer el error de mantenernos demasiado enfocados en perseguir metas de nivel inferior. Hacer preguntas sobre el *porqué* nos desbloquea. Lo ideal es ser muy persistentes y centrarnos en la mentalidad de crecimiento cuando se trata de nuestros objetivos de más alto nivel, en lugar de perseguir obstinadamente cosas que pueden no ser efectivas de entrada (no quiero decir que las cosas mencionadas antes no sean valiosas, pero no lo sabremos hasta que nos preguntemos el *porqué* y reflexionemos).[34]

## UN UNIVERSO DE ESTRATEGIAS

Es posible que algunas de estas estrategias ya formen parte de tu día a día, pero al ritualizarlas intencionadamente, te aseguras de crear el hábito de pasar más tiempo sistemáticamente en la zona de aprendizaje.

Algunas estrategias funcionarán en tu caso, otras no. La clave es experimentar para encontrar lo que te sirve y seguir mejorando a partir de ahí.

Aunque he destacado algunas de las estrategias más poderosas y universales de la zona de aprendizaje, hay muchas otras. Algunas de ellas son específicas de un área, como practicar escalas musicales o analizar una posición en el tablero de ajedrez en una partida entre ajedrecistas expertos y comprender por qué un gran maestro hizo un movimiento. Otras estrategias de aprendizaje son más generales y se pueden aplicar a cualquier ámbito, tales como experimentar, aprender con alguien que tiene más experiencia u observar cómo trabaja un colega o un amigo.

Algunas estrategias de la zona de aprendizaje requieren tiempo, como la práctica deliberada, la lectura o la investigación en Internet. Otras son rápidas, como prestar atención a las sorpresas o los errores, fijar nuevas ideas para no olvidarlas o escuchar un pódcast mientras paseamos al perro.

Determinadas estrategias nos ayudan a fomentar el crecimiento de manera proactiva, como tomarnos el tiempo para identificar en qué área es necesario mejorar, consultar con otros sobre cómo mejorar y solicitar comentarios sobre nuestro rendimiento. Otras consisten en responder a las sorpresas de una manera que genere aprendizaje en lugar de consternación o arrepentimiento. El siguiente gráfico muestra diferentes estrategias de la zona de aprendizaje en estas dos dimensiones.[35]

Independientemente de la habilidad que estés tratando de mejorar, esta es una fórmula universal:

1. Identifica qué habilidad quieres mejorar.
2. Lee o escucha a expertos que expliquen cómo desarrollar esa habilidad.
3. Prueba lo que recomiendan.
4. Recopila comentarios con regularidad y reflexiona sobre cómo evolucionar en tu práctica. Cuando te estancas, ¿qué nuevo ejercicio, experimento o estrategia podría ayudarte a salir del bloqueo?

## PREGUNTAS PARA REFLEXIONAR

- ¿Qué habilidad quiero mejorar pero nunca abordo? ¿Qué estrategias puedo utilizar para crecer en esa área?
- ¿Tengo una manera de recordarme diariamente qué es lo que estoy tratando de mejorar? ¿Cuál?
- ¿Las personas que me rodean saben en qué estoy trabajando y solicito regularmente sus comentarios?
- ¿Realmente estoy creciendo y mejorando con el tiempo? Si no es así, ¿qué podría estar interponiéndose en el camino y qué estrategia diferente podría probar?

## DE CARA AL PRÓXIMO CAPÍTULO

¿Cuándo y cómo saco partido de los errores?, ¿los aprovecho al máximo o los evito?

# Capítulo 5

# CÓMO DESVELAR EL PODER
# DE LOS ERRORES

**GRAN IDEA** *En un sentido absoluto, los errores no son ni buenos ni malos. Para mejorar el aprendizaje y la ejecución, debemos tener claro cómo y cuándo aprovechar, tratar de evitar y responder a diferentes tipos de errores.*

El profesor de la Universidad de Texas Robert Duke y sus colegas se propusieron estudiar la mejor manera de mejorar la ejecución técnica de los pianistas.[1] Pidieron a los estudiantes avanzados que aprendieran un pasaje del *Concierto n.º 1* de Dmitri Shostakovich y les indicaron que lo practicaran todo el tiempo que necesitaran hasta que pudieran tocar con confianza en el tempo deseado sin el metrónomo.

Al día siguiente, se pidió a los estudiantes que interpretaran la pieza. Las sesiones de práctica se analizaron de cerca y las actuaciones se clasificaron de forma independiente.

¿La conclusión?

Los investigadores descubrieron que las estrategias que los estudiantes usaron durante la práctica marcaron una diferencia mucho mayor en la calidad de su ejecución que «cuánto o durante cuánto tiempo practicaron». También averiguaron que «las diferencias más notables entre las sesiones de práctica de los pianistas mejor clasificados y el resto de los participantes están relacionadas con la gestión de los errores».

Los pianistas mejor clasificados cometieron inicialmente el mismo número de errores que los demás participantes; la diferencia estaba en que usaban estrategias para no seguir cometiéndolos. Los estudiantes identificaron la fuente específica de su error y practicaron el ajuste necesario repetidamente hasta que corrigieron el problema.

Como ilustra este estudio, los errores, por desagradables que sean, son herramientas importantes y poderosas. Los errores son fundamentales para la mejora continua. También son una parte esencial de la innovación, que implica identificar problemas que aún no se han resuelto y encontrar nuevas soluciones. Este proceso requiere que observemos de cerca el mundo, desarrollemos hipótesis sobre lo que podría funcionar mejor y probemos ideas. La mayoría de esas ideas no funcionarán, por lo que reflexionaremos sobre por qué, generaremos aprendizaje, haremos intentos más inteligentes y, finalmente, crearemos innovaciones viables.

Con una mentalidad fija, los errores molestan porque se interpretan como defectos personales; incluso podemos usar nuestros errores como excusa para renunciar. Pero, con una mentalidad de crecimiento, podemos examinar los errores para aprender de ellos y desarrollar una mayor competencia en cualquier habilidad con la que se relacione el error.

Creo que, en algún nivel, muchos de nosotros entendemos que podemos aprender de los errores y que pueden hacernos más fuertes. Sin embargo, la realidad es aún más convincente: incluso a nivel biológico, los errores son *cruciales* cuando se trata de moldear el cerebro y desarrollar habilidades.

En su pódcast, el neurocientífico de la Universidad de Stanford Andrew Huberman señala que, después de los veinticinco años, las únicas circunstancias detonantes en las que se desencadena la neuroplasticidad (cambios en las conexiones cerebrales que modifican los patrones de pensamiento) son cuando algo realmente nos sorprende, cuando nos sucede algo muy malo o cuando cometemos errores. Los errores hacen que el cerebro entre en estado de alerta y preste atención: *aquí está sucediendo algo nuevo.*[2]

Dado que nadie quiere buscar activamente tragedias, y debido a que es difícil provocar sorpresas de manera proactiva, la forma más efectiva de impulsar nuestra propia neuroplasticidad es participar en actividades desafiantes que no podemos realizar a la perfección y aprender de los errores que cometemos en el proceso.

Vamos a profundizar un poco más en la parte científica para entender cómo funciona esto.

Cuando estamos tratando de aprender algo nuevo, las dificultades que presentan los errores hacen que el sistema nervioso libere una sustancia química llamada epinefrina, que aumenta el estado de alerta, y otra llamada acetilcolina, que aumenta la concentración.

Con estas sustancias químicas en acción, el cerebro comienza a dilucidar cómo corregir el error.

Cuando experimentamos algún éxito, se libera otra sustancia química, la dopamina, que permite que se produzca la plasticidad, el aprendizaje. Como señala Huberman, renunciar a la frustración y alejarse de un nuevo desafío es lo peor que podemos hacer, porque ese sentimiento de frustración es en realidad una señal de que la neuroplasticidad está a punto de producirse.

*La incomodidad significa que el cerebro está al borde del cambio.*

Si soportamos la incomodidad hasta que experimentamos un poco de progreso, la dopamina le dice al cerebro que este nuevo enfoque está funcionando mejor que el anterior. Esto es lo que inicia el proceso de reconexión neuronal.

Si no lo intentamos, el cerebro nunca se reconfigura para mejorar.

Si nos rendimos, el cerebro mejorará en abandonar.

Si seguimos adelante, el cerebro mejorará en persistir.

Tenlo en cuenta la próxima vez que sientas la tentación de volver a meter la guitarra en la funda o renunciar a la fórmula de la hoja de cálculo con la que tienes dificultades.

Incluso si por lo general te apresuras a tirar la toalla, anímate: Huberman señala que, en realidad, podemos entrenar el cerebro para ver la frustración como *algo bueno*. Podemos cambiar nuestros modelos mentales para apreciar e incluso *disfrutar* el proceso de lidiar con los errores y el crecimiento que se deriva de ellos.

En este capítulo, veremos cómo.

## EL PODER DE LA REFLEXIÓN

Para aprender y mejorar, no solo debemos cometer errores: también tenemos que prestar atención y reflexionar sobre ellos. Darse cuenta de un error debe ser una señal para entrar en la zona de aprendizaje, observar o debatir el error y explorar lo que se puede aprender de él. Podemos preguntarnos:

- ¿Qué puedo aprender del error?
- ¿Qué haré diferente en el futuro?
- Si mi error dañó a alguien, ¿hay alguna manera de reparar el daño causado?

Investigadores de la Universidad del Estado de Míchigan descubrieron que, después de cometer un error, las personas con una mentalidad de crecimiento prestaban mucha más atención a sus errores y mostraban una precisión superior en los problemas subsiguientes en comparación con aquellas cuya mentalidad era más fija. Los investigadores concluyeron que «la conciencia de los errores y la atención a ellos están íntimamente relacionadas con la capacidad de las personas con mentalidad de crecimiento para [aprender y] recuperarse de los errores».[3]

No son los errores en sí mismos lo que conduce al aprendizaje, sino reflexionar sobre ellos.

¿Cómo podemos reflexionar sobre los errores? No obsesionándonos con ellos ni dejando que nos consuman cosas que están fuera de nuestro control. Simplemente hay que identificarlos y tomar nota de lo que podemos hacer de manera diferente en el futuro.

Siempre hay margen de mejora. Nunca haremos nada a la perfección. El mundo es demasiado complejo para eso. Si aceptamos los errores como una parte necesaria de la vida y el aprendizaje, no hay necesidad de enojarse cuando los cometemos. Los examinamos, identificamos qué cambiar y seguimos adelante con más sabiduría.

Rara vez hay una sola explicación para las cosas. Si algo sale mal, generalmente se debe en parte a algo que hicimos y en parte a otros factores. Cuanto más asumamos la responsabilidad y nos centremos en nuestra parte, la que podemos cambiar, más aprenderemos de nuestras acciones y mejoraremos los resultados futuros. Los demás nos lo agradecerán.

Marcelo Camberos, director general y cofundador de Beauty for All Industries, que creó las marcas de belleza de suscripción BoxyCharm e Ipsy, de la que hablamos un poco en el capítulo tres, señala que casi todas las decisiones importantes que hicieron que su empresa tuviera éxito comenzaron como errores.[4] Por ejemplo, la forma en que repartía el tiempo en los comienzos de su empresa.

«Pensé que sabía de forma instintiva a qué dedicaba mi tiempo, pero [...] Pasaba aproximadamente el cuarenta por ciento del tiempo contratando —me contó—. Si me hubiera detenido por un segundo y hubiera planificado a qué dedicar el tiempo en lugar de confiar siempre en mi instinto, creo que podría haberlo resuelto antes».

Al final, Marcelo se dio cuenta de que sería beneficioso para la empresa buscar a alguien con experiencia en procedimientos de contratación eficaces y delegar tanto la configuración como la ejecución de la contratación a esa persona. Eso es lo que hizo cuando contrató a Jennifer Goldfarb y la convirtió en cofundadora.

«Esta era mi primera *startup* a escala completa, por lo que no sabía lo que estaba haciendo –explicó–. Así que aprendía todas las semanas, a marchas forzadas». Marcelo se dio cuenta de que si hubiera
prestado más atención a qué hacía con su tiempo, «me habría ahorra-
do una gran cantidad de tiempo y consternación».

Las respuestas de Marcelo a sus errores le permitieron identificar grandes oportunidades de mejora e implementar cambios. Fomentó el análisis de errores y la corrección del rumbo como norma
cultural, prácticas que se convirtieron en clave para el extraordinario
éxito de la empresa.

## DESENTRAÑAR LOS ERRORES EN COMUNIDAD

Podemos reflexionar sobre los errores por nuestra cuenta, pero los
resultados son aún más poderosos cuando lo hacemos en colaboración con otros.

Algunas organizaciones médicas han hecho grandes avances en
los últimos años al reunir a profesionales para hablar sobre cómo reducir los errores comunes y mejorar los resultados de los pacientes.
Tomoe Musa trabajaba, como encargada de seguridad de los pacientes, para un proveedor de servicios de gestión de riesgos enfocado
en grandes centros médicos que emplean colectivamente a miles de
facultativos.[5] Su trabajo es compartir las prácticas recomendadas con
los médicos y ayudarlos a identificar las áreas en las que podrían estar
en riesgo de dañar a un paciente. Cuando una investigación de la empresa reveló que la cirugía de columna vertebral era una de las principales áreas con reclamaciones por negligencia, Tomoe formó un
grupo conjunto de ortopedistas y neurocirujanos para evaluar casos y
descubrir juntos qué estaba fallando.

«Los neurocirujanos y los ortopedistas no suelen trabajar juntos –me dijo Tomoe–. En cierto sentido, casi compiten entre sí por
estos pacientes».

Tomoe reunió a los médicos en un restaurante, un entorno có-
modo y no competitivo, fuera de los hospitales, donde no estaban

sometidos a las prisas habituales. Los médicos habían seleccionado algunos de sus casos de estudio para revisarlos en grupo.

«Cada uno pensaba que su caso era único pero, sorprendentemente, después de un rato vimos que todos se parecían y pensamos: "Madre mía, estamos cometiendo los mismos errores una y otra vez". De repente, empezaron a revelarse las principales áreas de mejora: "Vaya, tal vez no deberíamos operar a personas con ciertos perfiles de lesiones, porque no sirve de nada"».

Los cirujanos son especialistas expertos en resolver problemas específicos mediante cirugía, por lo que tienden a pensar que su solución es la óptima. Pero esa es una tendencia humana que no es exclusiva de la profesión médica, de acuerdo con el antiguo dicho: «Si la única herramienta que tienes es un martillo, todo parece un clavo».[6]

Del mismo modo, a medida que los vendedores interactúan con los clientes, es posible que no sopesen o compartan ideas que podrían ser útiles para los equipos de *marketing* o desarrollo de productos. O el servicio de atención al cliente puede estar tan centrado en resolver problemas concretos que es posible que no identifique cómo otras partes de la organización podrían evitar que se produzcan ciertos problemas de entrada.

Como señaló el profesor del Instituto de Tecnología de Massachusetts (MIT) Peter Senge en su influyente libro *La quinta disciplina*, una de las competencias clave que diferencian a las organizaciones de aprendizaje continuo es el *pensamiento sistémico*.

Fomentar una mayor comunicación y colaboración interfuncional ayuda a desarrollar la capacidad de pensar más en términos de sistemas, de modo que podamos encontrar mejores soluciones que vayan más allá de nuestros entornos aislados. Algunas empresas han creado foros para comunicarse y colaborar no solo de forma interna, sino también con sus proveedores, clientes y socios.

Muchas empresas utilizan retrospectivas o revisiones posteriores a la acción, ya sea dentro de los departamentos o entre ellos, para reflexionar sobre los proyectos que no van bien, no solo para encontrar la solución inmediata para el caso en cuestión, sino también para identificar mejoras en los procesos.

Para acelerar el aprendizaje, algunas organizaciones han instituido formas de provocar errores. Los empleados practican situaciones desafiantes y examinan los fallos que se producen. Clear-Choice Dental Implants creó un espacio físico para simulaciones de consultas, de modo que sus asesores de educación de pacientes pudieran practicar actuando en distintos escenarios, probar diferentes estrategias y aprender de los errores y los comentarios en un entorno de bajo riesgo. Incluso los equipos de la NFL recurren ahora a simulaciones de realidad virtual para entrenar a los *quarterbacks*. Esto les permite enfrentarse a retos y luego hablar sobre sus errores con un entrenador en una situación que parece un juego real, pero que en realidad es un vídeo de trescientos sesenta grados, un entorno de muy bajo riesgo.

Los errores pueden ser una fuente de asombro, exploración, relaciones más profundas, risas y alegría en la vida, pero es posible que necesitemos transformar nuestra mentalidad para verlos de esta manera.

Ya sea individualmente o como miembros de equipos u organizaciones, a menudo nos enfrentamos a un dilema cuando se trata de errores: podemos ser conscientes de que los errores pueden ayudarnos a aprender, pero también queremos que nos vean como personas de alto rendimiento en las que se puede confiar.

Esto puede crear sentimientos encontrados, ansiedad y falta de claridad y armonía dentro de nosotros mismos y en las relaciones con los demás. Por ejemplo, podemos animar a nuestro equipo a asumir riesgos y cometer errores, pero ¿qué ocurre cuando alguien asume un riesgo que acaba haciendo que los clientes clave se vayan a otra empresa?

Al crear un lenguaje compartido y comprender los errores, podemos aumentar el rendimiento actualmente y allanar el camino para el crecimiento en el futuro. Eso significa que debemos ponernos de acuerdo sobre cuándo centrarnos en lo que sabemos y cuándo asumir riesgos al servicio del aprendizaje.

En el siguiente apartado aprenderemos cómo hacerlo.

## LOS CUATRO TIPOS DE ERRORES

Los errores pueden ser útiles, pero ¿no son algunos menos deseables que otros? ¿Y el alto rendimiento, algo a lo que la mayoría de nosotros aspiramos, no significa cometer menos errores? En lugar de hacer afirmaciones absolutas sobre que los errores son todos buenos o malos, es útil diferenciar entre los diferentes tipos de errores y aclarar cuáles queremos perseguir y cómo, y cuáles debemos tratar de evitar.

### ERRORES POR DESCUIDO

El corazón te da un vuelco cuando te das cuenta de lo que acaba de suceder.

Has pulsado el botón para «responder a todos» y has enviado un mensaje a toda la empresa, cuando en realidad solo querías escribirle a tu colega Laura para compartir un vídeo de gatos adorables.

Una a una, empiezan a llegar las respuestas. Incluida una de tu jefe.

¡Felicidades! Acabas de cometer un *error por descuido*.

Los errores por descuido ocurren cuando estás haciendo algo que ya sabes hacer, pero lo haces de forma incorrecta, generalmente porque pierdes la concentración o estás enfocado en lo que no debes. Todos cometemos errores por descuido de vez en cuando porque todos somos humanos. Sin embargo, cuando cometes demasiados de estos errores, especialmente en una tarea en la que pretendías centrarte, es una oportunidad para mejorar tu enfoque, tus procesos, tu entorno o tus hábitos.

Me gusta tomar la mayoría de los errores por descuido a la ligera y reírme de ellos, incluso tengo un blog donde los comparto con otras personas.[7] Mis errores por descuido con frecuencia se deben a que me concentro intensamente en una tarea, lo que resulta en daños colaterales en la periferia. Esto podría implicar romper un cristal ocasionalmente porque estoy demasiado concentrado en resolver un problema de trabajo y no presto suficiente atención a mi entorno. No pasa nada.

Podríamos sentirnos tentados a concluir que los errores por descuido ofrecen pocas oportunidades de aprendizaje; a fin de cuentas, no queremos preocuparnos por cada pequeño error. Pero dado que incluso los errores por descuido pueden tener graves consecuencias, cada vez que cometemos uno tiene sentido hacer una pausa y reflexionar.

Al liderar reuniones de equipo, un error por descuido pero significativo que he cometido es no prestar suficiente atención a la dinámica dentro del grupo, el equilibrio en cuanto a quién habla o las tensiones interpersonales. Cuando me di cuenta de que eso sucedía una y otra vez, tuve que identificar qué debía probar de manera diferente. Comencé a tomarme dos minutos antes de las reuniones para pensar en las personas con las que me iba a reunir y mis objetivos en la reunión, y para recordarme a mí mismo que, como líder, mi trabajo era facilitar el desarrollo de un equipo efectivo, en lugar de concentrarme intensamente en resolver el problema en cuestión.

La próxima vez que cometas un error por descuido, pregúntate: «¿Esto es importante para mí? ¿Quiero cambiar algo para que esto no vuelva a suceder? Si es así, ¿cómo puedo ajustar mi enfoque para evitar cometer este tipo de error en el futuro?».

## ERRORES MOMENTO-AJÁ

David Damberger, un ingeniero y emprendedor social que anteriormente fue uno de los directores de Ingenieros Sin Fronteras, compartió las poderosas lecciones que la organización aprendió cuando estuvo construyendo sistemas en África y la India.

En una charla TED, Damberger contó la historia de Owen, uno de los miembros del personal de la organización en Malawi, quien descubrió que ochenta y uno de los ciento trece sistemas de agua alimentados por gravedad que el Gobierno canadiense había financiado en una comunidad ya no funcionaban, apenas un año y medio después de que se construyera el sistema.[8]

«Esta situación es típica», comentó Damberger. Según él, parte del problema es que quienes donan a organizaciones benéficas, se sienten mejor cuando el dinero se destina a algo tangible, como la construcción de un pozo o una escuela, en lugar de a piezas de repuesto y necesidades de mantenimiento.

Cuando Owen descubrió los puntos de agua inoperativos, también vio que había un sistema más antiguo a menos de diez metros de distancia, construido por el Gobierno de Estados Unidos. Cuando preguntó acerca de eso, se enteró de que además se había averiado aproximadamente un año y medio después de su instalación.

«¿Cómo es posible —se preguntó Damberger—, que un proyecto que fracasó hace diez años fuera reconstruido casi con la misma tecnología, el mismo proceso, y tuviera exactamente el mismo fallo diez años después?».

Ingenieros Sin Fronteras también trabaja con escuelas de escasos recursos en la India. Algunos escolares pasaban dos o tres horas diarias buscando agua para beber o para asearse. Damberger trabajó con las comunidades para instalar un sistema que recogiera el agua de lluvia de los tejados.

Sin embargo, un año después, cuando hizo una revisión para ver cómo iba todo con las instalaciones, se enteró de que ni una sola seguía funcionando porque no se había establecido un programa de mantenimiento.

«Cometí exactamente el mismo error que había criticado antes —cuenta—. Cuando pensaba en mis amigos y familiares en casa que creían que yo era un héroe, me sentía como un impostor».

En Ingenieros Sin Fronteras se dieron cuenta de que, para resolver este problema generalizado, todo el sistema de la ONG debía ser más transparente y reflexivo. Un gran paso en esa dirección fue empezar a admitir los fracasos, hablar sobre ellos y aprender de ellos.

«Admitir los fracasos es en realidad bastante difícil, y no le conté el episodio a mucha gente —afirma Damberger—. Una de las pocas cosas que me ayudaron a sentirme mejor al respecto, y es un poco vergonzoso decirlo, fue que comencé a descubrir que otras personas en Ingenieros Sin Fronteras también habían fracasado [...] Y gracias a que unos cuantos de nosotros hablamos sobre los fracasos, pudimos ver que realmente estábamos cometiendo muchos errores, que a veces eran similares, y que podíamos aprender de ellos. Y empezamos a innovar y a cambiar».

Ahora, una década después, Ingenieros Sin Fronteras publica un informe anual de errores en el que se citan los mayores fracasos de la organización. También ha creado un sitio web llamado admittingfailure.org, donde invita a otras organizaciones a compartir sus fracasos para contribuir al aprendizaje en el sector. Esto ha ayudado a los profesionales del desarrollo internacional a estar más dispuestos a compartir los errores y las lecciones aprendidas, y está contribuyendo a que el sector mejore.[9]

Los *errores momento-ajá* son aquellos que se producen cuando haces algo como pretendías, pero te das cuenta de que no era lo correcto. En ese momento, se produce un gran descubrimiento, una visión nueva y poderosa que expande la comprensión y la conciencia.

Instalas un sistema de recogida de agua de lluvia según lo previsto, pero luego te das cuenta de que tales proyectos necesitan mecanismos de mantenimiento.

He cometido muchos errores de este tipo en mi carrera. Hace años, en mis clases magistrales y talleres, comencé a llamar la atención de la gente sobre el valor de la diversidad y la inclusión. Las organizaciones me contratan para aprender sobre la mentalidad de crecimiento porque quieren fomentar una cultura de mejora continua e innovación. Una forma de avanzar en su objetivo general, además de la mentalidad de crecimiento, es fomentar la diversidad y la inclusión, así que comencé a aprovechar las oportunidades para dejar esto claro.

En ese momento, participaba en reuniones quincenales de un grupo de trabajo sobre raza y privilegios con unos compañeros. Nos asignábamos una lectura o un vídeo que debíamos analizar antes de cada encuentro. Un día, después de una de esas reuniones, estaba preparando las diapositivas para una clase magistral cuando me di cuenta de que las imágenes de mi presentación reforzaban los estereotipos que estaba tratando de combatir, en lugar de ayudar a eliminarlos.

Observé que cuando estaba preparando las diapositivas, buscaba imágenes que comunicaran de manera efectiva cualquier idea que estuviera tratando de transmitir, sin considerar características demográficas como la raza o el género. El resultado fue un conjunto de imágenes que retrataban a hombres blancos como profesionales y líderes, y a personas de color como atletas, mientras que las mujeres estaban subrepresentadas. Debido a que recientemente había estado en la zona de aprendizaje con mis compañeros y habíamos examinado el poder de las imágenes, pude ver mis imágenes con otros ojos. Me di cuenta de que tenía que pensar en la raza y el género al seleccionar las imágenes de la presentación, ya que las elegidas serían una oportunidad para ayudar a la gente a hacer diferentes asociaciones en sus cerebros, para contribuir a eliminar estereotipos y sesgos inconscientes.

En general, las oportunidades de aprendizaje en materia de diversidad, equidad e inclusión a menudo se derivan de errores momento-ajá. A veces ofendemos o provocamos a otras personas o actuamos de manera sesgada sin querer. Podemos aprender de forma proactiva sobre las experiencias de personas de otros grupos sociodemográficos leyendo libros y artículos, escuchando pódcast y haciendo conscientemente el trabajo de tomar conciencia. Pero, además, ayuda enormemente crear un espacio seguro para que otros se expresen —si tienen la energía para hacerlo— cuando cometemos errores momento-ajá. Esto permite aprender de ellos y aumentar nuestra autoconciencia y comprensión de la dinámica social. A continuación, es importante que realicemos un cambio.

Los errores momento-ajá suelen ser difíciles de detectar y pueden pasar desapercibidos, incluso durante toda la vida. ¿Cuántos líderes continúan haciendo algo que frustra a los miembros del equipo que dirigen, a veces durante años, mientras no son conscientes del efecto de sus acciones porque nunca solicitan ni reciben comentarios?

Solía tener la costumbre de enfatizar los comentarios importantes que hacían mis colegas repitiéndolos con mis propias palabras y explicando por qué pensaba que eran significativos. Con el tiempo, al hacer trabajo en la zona de aprendizaje para expandir mi conocimiento sobre las experiencias comunes de los grupos subrepresentados, me di cuenta de que quizá había hecho que mis colegas sintieran que estaba tratando de atribuirme el mérito de sus ideas o insinuando que sus voces no serían escuchadas a menos que un hombre en una posición de poder repitiera lo que decían. Podría haber hecho un mejor trabajo solicitando comentarios y fomentando la seguridad psicológica para que otros pudieran haber hablado, y habría aprendido la lección antes.

Cuando aquellos de nosotros que formamos parte de grupos con poder y ventaja, como yo me considero a mí mismo, cometemos errores momento-ajá relacionados con sesgos inconscientes, tendemos a dejarlo pasar. Creemos que el tema es demasiado complicado y es un campo de minas.[10] Por tanto, lo ignoramos, con el resultado de que perdemos la oportunidad de crecer y efectuar un cambio.

En su lugar, podemos aprender a reconocer los pasos en falso como valiosos errores momento-ajá que pueden ayudarnos a comprendernos mejor a nosotros mismos, a los demás y los sistemas de los que formamos parte, y a ser más efectivos a la hora de promover equipos, organizaciones y comunidades más fuertes y equitativos.

Estos momentos ajá o *momentos ¡eureka!* pueden ocurrir en una amplia variedad de situaciones de trabajo. Parece que un vendedor no puede cerrar un trato, hasta que un colega que lo escucha le sugiere bajar el ritmo y tomarse el tiempo para comprender las necesidades de su cliente. Un gerente de proyecto se da cuenta de que su equipo sigue incumpliendo las fechas de entrega, por lo que crea un paso de confirmación del cronograma para cada hito y se asegura de dar a los miembros del equipo la oportunidad de pedir más tiempo si lo necesitan.

La señal para prestar atención y reflexionar llega cuando te sorprende el efecto de tus acciones. Haces algo esperando X, pero en su lugar sucede Y. Esa es una señal para entrar en la zona de aprendizaje e identificar lo que te ha sorprendido y las lecciones que podrías incorporar. Las sorpresas son fuentes de aprendizaje valiosas y hacen que la vida sea más interesante.

### ERRORES DE EXPANSIÓN

Si trabajas para expandir tus habilidades actuales y probar algo nuevo, es probable que cometas algunos errores en el camino. Este tipo de *errores de expansión* son positivos, una oportunidad para crecer. Si nunca cometes errores de expansión, significa que nunca te desafías a ti mismo.

Dona Sarkar es una ingeniera de *software* que lidera el equipo de promoción de Microsoft Power Platform. Anteriormente, trabajó en el desarrollo de HoloLens, unas gafas de sol holográficas, y fue jefa del programa Windows Insider, de Microsoft, que ofrece a los usuarios actualizaciones previas al lanzamiento del sistema operativo a cambio de comentarios.[11] Cuando dirigía el programa Insider, quería crear conexiones más fuertes entre los usuarios (Insiders) que vivían en la misma comunidad.

Se le ocurrió la idea de crear eventos de Insiders para organizaciones sin ánimo de lucro: invitaban a estas organizaciones a compartir un problema comercial o tecnológico que estaban experimentando, y los Insiders colaboraban para desarrollar soluciones.

Dona decidió probar los eventos de Insiders durante tres meses, y los organizó en tiendas de Microsoft en Nueva York, Boston, Phoenix y Seattle.

«En primer lugar, aprenderemos a usar nuestra tecnología de forma práctica. En segundo lugar, la organización sin ánimo de lucro se beneficiará –explicó–. Y en tercer lugar, se crearán lazos fuertes entre personas que viven cerca unas de otras».

Parece buena idea, ¿no?

«Fue un completo fracaso», reconoció.

Las organizaciones sin ánimo de lucro carecían de la capacidad técnica para hacer frente a las soluciones proporcionadas por los Insiders en los eventos. Aunque a menudo podían implementar la nueva tecnología, no tenían los recursos para mantenerla.

«A menos que haya alguien en la organización dedicado al mantenimiento de la tecnología –explica Dona–, todo se desmorona muy rápido». Aunque el programa de eventos fue un fracaso, este error de expansión proporcionó a Microsoft información valiosa que la empresa pudo utilizar posteriormente.

«A partir de ahí, aprendí que introducir la tecnología y luego irse no sirve de nada –en palabras de Dona–. Tenemos que formar a las personas antes de presentarles cualquier tecnología nueva».

Cuando cometas y luego repitas un error de expansión, es una buena oportunidad para explorar si estás haciendo las cosas sin pensar o realmente estás enfocado en mejorar tus habilidades. Si practicas lanzando un *frisbee* y sigue cayendo en picado, es hora de cambiar tu técnica o buscar algunos consejos para hacer que vuele por el aire.

Otras veces, la estrategia de aprendizaje que estás usando puede ser ineficaz. Es posible que estés experimentando cuando la práctica deliberada sería más efectiva para adquirir la habilidad deseada. Si es el caso, podrías preguntarte cómo otros han adquirido competencia en esa misma área o en otra similar. Si estás enfocado y sigues sintiéndote bloqueado, podría ser el momento de acudir a un *coach*, un mentor u otra fuente de orientación y comentarios objetivos.

También podría ser que simplemente hayas establecido un objetivo demasiado alto. ¿Podrías aspirar en su lugar a alguna meta intermedia entre donde estás hoy y el objetivo final?

Supongamos que intentas organizar una conferencia y fracasa estrepitosamente. Podrías, después de reflexionar, recopilar las lecciones aprendidas y volver a intentarlo, tal vez incorporando al equipo personas con experiencia en áreas donde hubo deficiencias. O podrías reconocer que sabes muy poco sobre demasiados aspectos de lo que implica y, en su lugar, establecer la meta de organizar una reunión interna más pequeña que no involucre tantas actividades que no hayas realizado antes. De esa manera, puedes concentrarte en aprender algunos de los elementos que te prepararán para pasar más adelante a una conferencia.

Debes buscar errores de expansión asumiendo nuevos desafíos. Pero cuando te encuentras bloqueado y parece que no puedes progresar, es hora de reflexionar, identificar una estrategia diferente y luego ajustar el enfoque para practicar.

Cuando alcances el objetivo, es el momento de identificar una nueva área de desafío y continuar esforzándote.

## ERRORES DE ALTO RIESGO

Como señala Matthew Syed en su libro *Pensamiento caja negra*, en 1912, ocho de cada catorce pilotos del Ejército de Estados Unidos morían en accidentes, mientras que las tasas de mortalidad temprana en las escuelas de aviación del Ejército rondaban el veinticinco por ciento.[12] Avancemos hasta 2019, antes de que el tráfico aéreo se interrumpiera debido a una pandemia mundial; de los 38,8 millones de vuelos realizados en todo el mundo, solo hubo seis accidentes mortales (con un resultado de doscientos treinta y nueve fallecidos de un total de cuatro mil millones de pasajeros).[13]

¿Qué sucedió para que la seguridad aumentara de manera tan significativa?

En poco más de un siglo desde que los seres humanos volaron por primera vez, el sector de las aerolíneas ha logrado avances impresionantes en el aprendizaje sobre cómo mejorar la seguridad en torno a una actividad en la que un simple error puede significar la diferencia entre la vida y la muerte.

Esto nos lleva al cuarto y último tipo de error: los *errores de alto riesgo*.

Si bien los errores pueden ayudarte a crecer, algunos son innegablemente peligrosos. Al fin y al cabo, nadie quiere que la persona encargada de la seguridad de una central nuclear o el comandante de un avión cometan errores por descuido. Tampoco quieres obligar a los empleados a realizar una actividad de trabajo en equipo que pueda provocar lesiones.

Afortunadamente, puedes poner en marcha procesos para tratar de minimizar los errores de alto riesgo y, con el tiempo, desarrollar una comprensión intuitiva de cuándo asumir riesgos y cuándo ir a lo seguro.

Aparte de las situaciones potencialmente peligrosas o que ponen en peligro la vida, hay muchas actividades en la zona de ejecución que se podrían considerar de alto riesgo. Una final de campeonato ciertamente puede considerarse un evento de alto riesgo para un equipo deportivo que ha entrenado durante años. O si perder una relación importante con un cliente podría resultar en una caída significativa en los ingresos, es posible que quieras ir a lo seguro en las reuniones con ese cliente en lugar de experimentar con ideas arriesgadas.

Está bien ver estos eventos como momentos para acceder a la zona de ejecución en lugar de oportunidades de aprendizaje y tratar de minimizar los errores y maximizar el rendimiento a corto plazo. Estos son los momentos en los que es posible que desees concentrarte en recoger los frutos del tiempo que pasas en la zona de aprendizaje.

Incluso en esos momentos, a menudo podemos insertar miniexperimentos de bajo riesgo que no impliquen problemas de seguridad dentro de eventos de alto riesgo. Por ejemplo, si estás haciendo una presentación con un cliente importante al que le encanta la música clásica, podrías incorporarla de alguna manera a tu presentación y luego reflexionar sobre si surtió efecto. Eso podría significar cualquier cosa, desde incluir música de violonchelo durante los descansos hasta usar metáforas de música clásica en la presentación en sí.

Las posibilidades son infinitas en cuanto a lo que podrías probar. Estos son algunos ejemplos:

- Céntrate más en hacer preguntas para que el cliente pueda identificar con claridad el problema.
- Céntrate más en ofrecer soluciones.
- Céntrate más en las historias.
- Enfoca la interacción de manera más formal.
- Enfoca la interacción de manera *menos* formal.

En un evento de alto riesgo, si no logras tu objetivo de hacerte con el campeonato o con el cliente, puedes reflexionar sobre el progreso que has logrado con el tiempo, sobre los enfoques que te han ayudado o no te han ayudado a crecer y sobre lo que puedes hacer para evolucionar de manera más efectiva en la zona de aprendizaje.

Por otro lado, si consigues tu objetivo, ganar un campeonato o conseguir nuevos proyectos, genial. Celebra el éxito y cuánto progreso has logrado. Luego, hazte las mismas preguntas para seguir esforzándote. Continúa entrando en la zona de aprendizaje, desafiándote a ti mismo y desarrollando tus habilidades.

Esto es lo que hizo el sector aéreo para que los vuelos fueran más seguros: se embarcó en un esfuerzo incansable para analizar los errores y reflexionar sobre ellos, lo que resultó en cambios constantes en los equipos y procedimientos para mejorar la seguridad. En *Pensamiento caja negra*, Syed describe los enfoques de este sector para examinar los errores. La llamada caja negra es el ejemplo más notable de este pensamiento. Cada avión contiene dos cajas fabricadas con materiales resistentes, tales como acero inoxidable o titanio (ya no son negras; actualmente suelen ser de color naranja chillón para que resulten más fáciles de encontrar). Una caja almacena información sobre el vuelo, como la velocidad y la altitud. La otra graba las conversaciones desde la cabina. Como describe Syed, estos datos se analizan para detectar el motivo del accidente y realizar cambios con la esperanza de evitar incidentes similares en el futuro.

Inspirados por el sector aéreo, algunos hospitales están empezando a utilizar cajas negras en los quirófanos.[14] Bridgewater Associates, el fondo de cobertura más grande del mundo, graba todas las reuniones para que la gente aprenda de ellas.[15] De manera similar, ClearChoice Dental registra todas las interacciones con los pacientes que dan su consentimiento para que el personal pueda aprender de ellas. Cualquiera de nosotros puede implementar prácticas similares.[16] No tenemos que grabar literalmente los eventos. Podemos recopilar comentarios durante un momento de ejecución de alto riesgo o después y utilizarlos para examinarlos posteriormente y aprender. Un amigo mío se asegura de tener un *aliado de observación* en las reuniones que lo observa y toma notas para compartirlas con él más tarde. A menudo realizo entre los participantes en las conferencias o talleres una breve encuesta al final de la sesión para poder aprender de sus puntos de vista.

Dipo Aromire, antiguo ejecutivo de ventas de Thomson Reuters (un proveedor internacional de datos e infraestructura para el mercado financiero), me contó las consecuencias de uno de los mayores errores de su carrera: perder un acuerdo con uno de los clientes más importantes de la empresa, que representaba el veinte por ciento de los ingresos administrados por el equipo de Dipo.[17] Se han producido muchos despidos por errores menos significativos. Todo comenzó cuando el cliente indicó que estaba interesado en un nuevo y lucrativo servicio.

«Era algo muy, muy importante para mi empresa, pero fuimos sumamente arrogantes al respecto —me dijo Dipo—. Teníamos una actitud muy autocomplaciente porque llevábamos quince años trabajando para ese cliente. Y esa actitud se mantuvo durante todo el proceso, que duró entre seis y nueve meses. Al final, perdimos el trato. Nos quitaron la cuenta y se la dieron a otros». La pérdida fue dolorosa para todo el equipo, pero como Dipo era el ejecutivo sénior de ventas, asumió toda la responsabilidad. Con el fin de averiguar qué había sucedido, invitó al cliente a comer para que se lo detallara. «¿Qué hicimos mal? ¿Por qué perdimos la cuenta? –preguntó–. Escribí unos quince puntos sobre lo que fue mal. El más importante era nuestra actitud. Teníamos una mentalidad equivocada [...] Pensábamos que ya lo teníamos todo ganado porque conocíamos muy bien esa empresa».

La experiencia proporcionó a Dipo lecciones de vida que aún conserva. La más importante es nunca dar nada ni a nadie por sentado solo porque los conoces desde hace mucho tiempo. Incluso se llevó la lección a casa y la aplicó en la relación con su esposa. La historia terminó teniendo un final feliz: dos años después, recuperó al cliente, con un volumen de negocio superior al de antes.

## LOS ERRORES SON OPORTUNIDADES PARA ENTRAR EN LA ZONA DE APRENDIZAJE

Muchos errores de la vida real combinan aspectos de los cuatro tipos de errores. Algunos pueden ser de alto riesgo y, al mismo tiempo, momento-ajá o por descuido. No se trata de categorías mutuamente excluyentes, sino de características de errores que nos ayudan a reflexionar mejor sobre situaciones, enfoques e implicaciones. Comprender mejor los errores nos ayuda a darnos cuenta de que son una parte temporal y necesaria del crecimiento, para que cuando ocurran podamos mantener la calma y aprender de ellos.

La siguiente matriz de errores ilustra las distinciones clave de los cuatro tipos de errores.

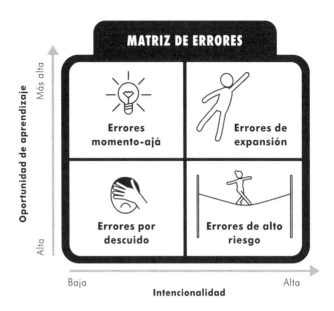

Como ilustra la matriz, los errores momento-ajá y de expansión tienden a ser los más valiosos, ya que se puede aprender más de ellos sin daños significativos. Puedes aplicar la máxima intencionalidad a la hora de asumir desafíos para generar errores de expansión. Estos son los que se producen en la zona de aprendizaje, mientras que los otros tres suelen ocurrir en la zona de ejecución. Los errores momento-ajá son aquellos con los que te encuentras sin planificarlos, por lo que tienen una intencionalidad baja. Lo que puedes hacer con respecto a ellos es solicitar información para tratar de descubrirlos y, cuando los detectes, valorarlos y reflexionar sobre lo que puedes aprender.

Cuando se producen errores por descuido, puedes preguntarte si son motivo de risa o algo sobre lo que reflexionar y trabajar para evitar que se repitan. En el caso de los errores de alto riesgo, lo mejor es tener la intención de evitarlos pasando a la zona de ejecución.

Independientemente del error que cometas, puedes usarlo como una señal para entrar en la zona de aprendizaje. Esto te permitirá aprender y crecer, gestionar mejor tus emociones y ser más ingenioso y resiliente.

Tomer Cohen, director de productos de LinkedIn, incorpora la conciencia de los diferentes tipos de errores a la hora de guiar a las personas que dirige.[18] En una pizarra, dibuja tres círculos concéntricos. El círculo interior es la zona de ejecución, donde «no estás aprendiendo, estás haciendo cosas que ya sabes». El círculo central es la zona de expansión, donde «debes sentirte incómodo, debes sentir que estás haciendo un esfuerzo y que, por definición, no estás seguro de si lo que estás haciendo va a funcionar». Y el círculo exterior es la zona de peligro, el área donde los errores serían costosos, por ejemplo el bloqueo del sitio web. Pide a los miembros de su equipo que piensen qué porcentaje de tiempo pasan en la zona de expansión.

**¿CÓMO DIVIDES TU TIEMPO?**

Aprender haciendo (Zona de expansión)

Zona de ejecución

Zona de peligro

«Comparto el mío y luego trato de asegurarme de que al menos un tercio de su tiempo estén en la zona de expansión. Y para algunas personas, es el cuarenta o el cincuenta por ciento, lo cual es maravilloso», me dijo.

Al principio, puede ser difícil averiguar cuándo reflexionar sobre los errores. Estas son algunas estrategias:

- Reflexiona por tu cuenta o comenta con tu equipo si acceder regularmente a la zona de aprendizaje es importante, cómo quieres hacerlo y las implicaciones de los errores.
- Reserva tiempo en tu agenda en consecuencia. Establece citas recurrentes en el calendario y escribe recordatorios de lo que deseas hacer y las preguntas que quieres formular durante ese tiempo.
- Incorpora la reflexión en los procesos de trabajo recurrentes. Por ejemplo, después de cada discurso de apertura que doy, solicito comentarios. También dedico unos minutos a escribir notas sobre lo que ha salido bien, lo que he aprendido y lo que podría hacer de manera diferente en el futuro.
- Piensa si las reuniones periódicas podrían incorporar mejor la zona de aprendizaje. Tal vez una reunión semanal podría incluir un espacio para que los miembros del equipo compartan lecciones aprendidas importantes.
- Si hay una crisis que requiere la participación de todos, puedes omitir estos momentos de zona de aprendizaje para superar la crisis. Pero en su lugar haz que sigan vigentes las estructuras de la zona de aprendizaje para que se mantengan los hábitos deseados.
- Cuando cometas un error en la zona de ejecución y no sea el momento adecuado para entrar en la zona de aprendizaje, toma nota del problema para poder trabajar en él más tarde. Envíate un correo electrónico rápido con el recordatorio, agrégalo a tu calendario o a un documento que revises regularmente, o graba una nota de voz. Darte cuenta de los errores en la zona de ejecución con la intención de trabajar en ellos no solo te ayuda a aprender, sino que también te ayuda a rendir más en el momento al recordarte que tus deficiencias no son inamovibles.

## NO USES LOS ERRORES COMO ARMAS

Ten cuidado de no caer en la posible trampa de dejar que tu percepción de los errores por descuido y de alto riesgo se convierta en un motivo para culpar y castigar a otros por los errores que cometen. Lo que tú ves como un error por descuido, para otra persona puede ser un error de expansión o un error momento-ajá. Si usas los errores como armas, los demás evitarán riesgos, ocultarán sus fallos y volverán a la ejecución crónica, lo que conducirá al estancamiento.

Ten en cuenta que todos somos humanos y todos cometemos errores, incluso cuando no queremos y tratamos de no hacerlo. Cuando alguien cometa un error que te enoje, recuerda que no conoces toda la historia ni entiendes completamente lo que estaba pensando o haciendo. Puedes hacer preguntas para comprender las perspectivas de los demás, cómo perciben la situación, qué están aprendiendo de ella, qué planean hacer de manera diferente y, por supuesto, qué puedes hacer tú de manera diferente en el futuro.

## «EL MEJOR TRATO DE MI VIDA»

¿Recuerdas a Gino Barbaro, el dueño de una pizzería que conocimos al principio del libro con años de ejecución crónica a sus espaldas?[19]

Ansioso por liberarse de la rutina, Gino se sintió intrigado cuando se enteró de los ingresos pasivos que pueden generar los bienes raíces.

«Tienes que hablar con mi amigo Jake», le dijo su hermano, Marcos, después de plantearle la idea de emprender un negocio inmobiliario. Jake Stenziano era vendedor de productos farmacéuticos y también había estado pensando en un cambio hacia el sector inmobiliario.

A Gino le gustó la idea.

En cuanto a Jake, digamos que estaba un poco menos que entusiasmado con la idea de reunirse con Gino. Había estado en el restaurante antes y no estaba muy seguro sobre el hermano de Marcos. Gino siempre parecía estar de mal humor, refunfuñando constantemente sobre un problema u otro.

Jake superó su reticencia inicial a conocer al hermano gruñón de su amigo. Los dos decidieron mantenerse en contacto cuando Jake y su esposa se mudaron a Knoxville (Tennessee), para comenzar a investigar oportunidades de inversión inmobiliaria allí. Finalmente, Jake y Gino decidieron asociarse.

Antes de conocer a Jake, Gino tuvo una experiencia difícil con una propiedad de inversión que no resultó bien. Un amigo le habló de un negocio inmobiliario que un conocido estaba organizando para comprar un parque de casas móviles en Florida. Gino tenía exactamente ciento setenta y dos mil dólares en su cuenta de ahorro, había trabajado duro dedicando muchas horas a su restaurante para reunir esa cantidad. Se sintió atraído por la idea de la inversión pasiva y de poner su dinero a trabajar para que aumentara con el tiempo. Sin investigar nada sobre la propiedad o el encargado de dirigir el proyecto, invirtió todo lo que tenía en el parque de casas móviles. El proyecto fracasó y lo perdió todo.

Pero lo curioso es que actualmente Gino dice que fue «el mejor trato de mi vida», porque la pérdida le enseñó que, para convertirse en un inversionista inmobiliario efectivo, también tenía que invertir en su propio desarrollo. Antes, pensaba que sabía instintivamente lo que sería una buena inversión inmobiliaria, al igual que pensaba que conocía la mejor manera de dirigir un restaurante.

Pero obtener pruebas contundentes de que estaba equivocado le hizo darse cuenta de lo mucho que tenía que aprender.

Después de asociarse con Jake, se propusieron aprender a invertir de manera efectiva. No bastaba con buscar propiedades hasta que encontraran algo que pareciera genial; también tenían que comprometerse regularmente a pasar tiempo en la zona de aprendizaje. Comenzaron a leer libros, a hacer cursos y a estudiar con dedicación lo que constituía una buena inversión.

Se pusieron en contacto con otros inversores y les pidieron consejo. Aprendieron qué tipo de reformas de casas tendían a generar rendimientos de la inversión. Establecieron relaciones con agentes inmobiliarios y obtuvieron sus perspectivas sobre los mercados locales. Estuvieron dos años en la zona de aprendizaje y buscando una oferta atractiva antes de encontrar lo que finalmente se convirtió en su primera inversión exitosa. Eso les proporcionó dinero y credibilidad para comenzar a crecer a partir de ahí.

La zona de aprendizaje fue tan importante para Jake y Gino que el aprendizaje continuo es ahora un valor fundamental en las empresas que poseen y dirigen, entre las que se cuentan una empresa de inversión inmobiliaria, otra de gestión inmobiliaria y otra de financiación inmobiliaria. También crearon una empresa dedicada a brindar oportunidades educativas para quienes deseen convertirse en inversionistas en inmuebles multifamiliares. A esa empresa la llamaron Jake & Gino. Han tenido tanto éxito que han acumulado una cartera de más de doscientos veinticinco millones de dólares en activos gestionados, que abarcan más de mil seiscientas unidades.[20]

Gino ha aprendido a ver los desafíos y los contratiempos como oportunidades. Cuando surgen, responde entrando en la zona de aprendizaje. Si se produce una crisis económica, o una pandemia, ayuda a los demás a ver la situación no como un incendio que nos consumirá a todos, sino como una oportunidad para aprender y evolucionar. Después de todo, si no hubiera sido por los desafíos que la recesión de 2008 trajo a su restaurante, no habría aprendido esas valiosas lecciones que dieron a su vida un nuevo rumbo. Y si no hubiera sido por su error de ciento setenta y dos mil dólares, cuando perdió los ahorros de toda su vida en una mala inversión, no habría descubierto el poder de la zona de aprendizaje para cambiar su trayectoria.

## HAZ QUE LOS ERRORES TRABAJEN PARA TI

Para aprovechar el poder de los errores, enfréntate a desafíos más allá de lo conocido y solicita comentarios con frecuencia. Los desafíos generan errores de expansión y los comentarios sacan a la luz todo tipo de errores, incluidos los preciosos momentos ajá.

Cuando algo sale mal, pregúntate si podría ser una oportunidad de transformación.

Si temes los errores o te resistes a ellos, recuerda que siempre hay margen de mejora en todo lo que se hace. Los errores son parte de la vida y una poderosa fuente de aprendizaje. A medida que adquieras el hábito de asumir desafíos, solicitar comentarios y reconocer lo que puedes aprender, tus sentimientos sobre los errores cambiarán gradualmente. Comenzarás a valorar lo que aportan a tu vida, lo que te permitirá alcanzar mejor tus objetivos.

Involucra a aquellos que te rodean. En lugar de reflexionar sobre los errores en tu propia burbuja, habla de ellos con los demás. Eso fomentará una comunidad en la que las personas se sientan más conectadas y puedan colaborar mejor, tanto para aprender como para rendir.

## PREGUNTAS PARA REFLEXIONAR

- ¿Cómo tiendo a responder a mis errores y a los de los demás? ¿Cómo puedo influir en la forma en que mis colegas abordan los errores?
- ¿Qué error significativo he cometido en el último año? ¿Cómo lo utilicé para generar lecciones valiosas y un cambio positivo?
- ¿Estoy asumiendo desafíos importantes que puedan generar errores de expansión de los que aprender?

## DE CARA AL PRÓXIMO CAPÍTULO

¿Qué significa para mí la mentalidad de crecimiento?

# Capítulo 6

# SEIS MALENTENDIDOS SOBRE EL APRENDIZAJE

**GRAN IDEA** *Abundan los tópicos y los malentendidos sobre la mentalidad de crecimiento y el aprendizaje. Para superar la paradoja del rendimiento y alcanzar nuevas metas, debemos aclarar qué significan estos motores del crecimiento y cómo fomentarlos.*

Una vez en una conferencia se me acercó una mujer que me dijo que, durante años, había estado tratando de inspirar a otros a adoptar una mentalidad de crecimiento. Pero, a pesar de sus esfuerzos, no lo conseguía, así que necesitaba ideas sobre cómo inspirar mejor a los demás.

Luego, de pasada, añadió: «Por supuesto, la inteligencia no se puede cambiar, pero el trabajo duro es fundamental para el éxito, y eso es lo que trato de que los demás entiendan».

No es de extrañar que tuviera tantos problemas. Este comentario reveló que no entendía realmente lo que era una mentalidad de crecimiento, y ella misma no parecía tenerla, al menos no en lo relativo a la inteligencia. Tampoco se daba cuenta de que el trabajo duro se presenta de diferentes formas y que el trabajo duro en la zona de aprendizaje es lo que conduce al crecimiento.

Esta conversación me recordó la fábula de Esopo «La tortuga y la liebre».[1] Cuenta la historia de una tortuga que gana una carrera contra una liebre arrogante que se detiene a mitad de la carrera para echar una siesta. Muchos educadores y padres bien intencionados conectan con esta historia por su mensaje de perseverancia y muchos de ellos piensan que, al contarla, están fomentando una mentalidad de crecimiento y un aprendizaje efectivo.

Pero profundicemos un poco más en el mensaje de la fábula. Dado que ningún personaje entra en la zona de aprendizaje ni desarrolla sus capacidades, nadie se vuelve más rápido o mejor. Esta narrativa sirve para reforzar una creencia que es típica de una mentalidad fija: solo las personas sin talento innato necesitan trabajar duro y esforzarse. Los talentos innatos, por otro lado, solo necesitan hacer un esfuerzo mínimo y no volverse demasiado arrogantes.

Pero no podemos vivir la vida esperando que la liebre se relaje.

Y nuestro objetivo no debería ser avanzar en el camino sin transformarnos también.

En los últimos quince años, me he encontrado con muchos individuos, equipos y organizaciones que piensan que están mucho más avanzados en el desarrollo de una cultura de aprendizaje de lo que realmente están. De hecho, varias veces he escuchado de líderes de alto rango que los ejecutivos en sus empresas hablan con frecuencia sobre la «mentalidad de crecimiento», pero realmente no entienden qué es o qué implica.

Lamentablemente, se ha convertido en una expresión de moda.

También he escuchado una buena cantidad de mitos y malentendidos sobre el aprendizaje y el crecimiento cuando las personas quedan atrapadas en la ejecución crónica, y he visto cómo los intentos equivocados de fomentar culturas de mentalidad de crecimiento pueden ser contraproducentes. Tomemos la experiencia de Anjali, a quien conocimos al principio del libro. Su gerente, Salma, la vio como una integrante valiosa del equipo y quería apoyar su crecimiento, darle más responsabilidades y hacer crecer su equipo. Salma ofrecía comentarios bien intencionados destinados a ayudar a Anjali a crecer, pero los comentarios a menudo iban de la mano de insinuaciones sobre que sabía que Anjali era más una «persona carismática» que una «teórica de sistemas». Esto, sin que Salma se diese cuenta, enviaba el mensaje de que había cosas que Anjali no podía desarrollar. Salma tampoco explicaba por qué hacía estos comentarios, y no era consciente de que Anjali interpretaba sus sugerencias como una forma de señalar deficiencias y como una señal de que estaba fallando y de que su trabajo estaba en peligro. Anjali y Salma tenían ideas diferentes sobre para qué sirven los comentarios.

Crear una cultura de mentalidad de crecimiento no se reduce a simplemente hacer comentarios, instar a las personas a trabajar duro o pedirles que cambien de mentalidad. Se trata de embarcarse en un viaje interminable de desarrollo personal, haciéndolo visible para los demás e invitándolos a unirse. Una verdadera cultura de mentalidad de crecimiento crea estructuras y rituales que apoyan el aprendizaje continuo y alienta a aplicar esas lecciones para lograr un impacto cada vez mayor.

Si realmente queremos aprender a crecer, y fomentar el crecimiento en nuestras organizaciones, necesitamos claridad. Tenemos que enfrentarnos a los malentendidos más comunes. Algunos de estos son tan frecuentes y dañinos que he dedicado un capítulo completo para comenzar a desmantelarlos.

**Malentendido 1. La mentalidad de crecimiento es lo mismo que el pensamiento positivo, el trabajo duro o la perseverancia, y mágicamente fomenta el crecimiento.**
**Realidad 1. La mentalidad de crecimiento es la creencia de que nuestras habilidades y cualidades pueden cambiar si entramos en la zona de aprendizaje.**

La gente suele equiparar la mentalidad de crecimiento con el pensamiento positivo. Incluso me han preguntado si la mentalidad de crecimiento coincide con las ideas del libro *El secreto,* que afirma que, al pensar positivamente, atraerás cosas positivas a tu vida.[2]

Pero es muy diferente. La mentalidad de crecimiento no es un pozo de los deseos.[3]

La mentalidad de crecimiento tampoco es la creencia de que el trabajo duro es importante, o que la perseverancia da sus frutos, o que todo es posible. Es la creencia de que nuestras habilidades y cualidades, incluida la inteligencia, no son inamovibles y que, a través del esfuerzo continuo en la zona de aprendizaje, podemos crecer y cambiar. Si abogamos por el trabajo duro pero nunca transmitimos que una persona puede llegar a ser más capaz a través de ese trabajo duro, le estamos haciendo un flaco favor.

La mentalidad de crecimiento tampoco implica que cualquiera pueda hacer cualquier cosa. Más bien, sugiere que nadie puede saber lo que una persona podría llegar a ser capaz de hacer. Como afirma Microsoft en sus principios culturales, «el potencial se nutre, no está predeterminado».[4]

La mentalidad de crecimiento tampoco insinúa que los genes no desempeñan ningún papel. Nuestras habilidades son en parte el resultado de la naturaleza y en parte del desarrollo, pero tendemos a sobrestimar lo primero y subestimar lo segundo. Y cuanto más nos centremos en el hecho de que podemos cambiar y desarrollarnos, más nos beneficiaremos de los efectos psicológicos de la mentalidad de crecimiento.

Las investigaciones muestran que, cuando creemos que podemos cambiar, tendemos a ver el esfuerzo como algo positivo, como algo de lo que todos pueden beneficiarse. Asumimos más desafíos, vemos las dificultades y los errores como parte del proceso, perseveramos frente a los contratiempos, colaboramos de manera más efectiva, realizamos comentarios más constructivos y participamos en la resolución de conflictos. Estos diferentes comportamientos conducen a mejores resultados: tendemos a desarrollar relaciones más positivas, experimentamos menos estrés y ansiedad, y logramos un mayor rendimiento.

Creer que las personas pueden cambiar es necesario para que se produzcan comportamientos efectivos, pero eso no es todo.

Son nuestras *acciones* lo que conduce a la mejora, no solo la creencia.

Si queremos mejorar, tenemos que esforzarnos. Ahí es donde entran en juego las estrategias de la zona de aprendizaje, como la indagación, la práctica deliberada y los comentarios.

La mentalidad de crecimiento es una base poderosa: prepara el escenario para la transformación personal y organizativa. Pero no podemos detenernos ahí si queremos mejorar nuestras habilidades o el rendimiento de las organizaciones: también necesitamos comprender las estrategias efectivas para mejorar.

Es decir, si queremos mejorar, tenemos que combinar la mentalidad de crecimiento y la zona de aprendizaje: deben colaborar y reforzarse mutuamente.

**Malentendido 2.** La trampa de la paradoja del rendimiento: tanto énfasis en el aprendizaje y el crecimiento obstaculiza el rendimiento.
**Realidad 2.** El aprendizaje impulsa un mayor rendimiento e impacto si asumimos la responsabilidad.

Es muy fácil y común dejarse engañar por la paradoja del rendimiento y preocuparse de que todo este enfoque en el aprendizaje perjudique al rendimiento. Las investigaciones nos dicen lo contrario. Los individuos, los equipos y las organizaciones que entran en la zona de aprendizaje logran aumentar el rendimiento y el impacto.[5]

Pero eso no significa que vayas a ver una transformación inmediata de la noche a la mañana. La realidad es que un enfoque en el aprendizaje y el crecimiento puede tener un efecto negativo en el rendimiento a muy corto plazo y puede conducir a menores logros si perdemos de vista lo que estamos tratando de mejorar o lograr.

Es por eso por lo que debemos hacernos responsables de mejorar realmente: los resultados sí importan. Si no vemos una mejora en el rendimiento, nos preguntamos por qué, investigamos posibles ajustes y probamos diferentes estrategias de aprendizaje.

Para fomentar la responsabilidad, algunas empresas establecen objetivos medibles en torno a aspectos como el tiempo de espera o la satisfacción de los clientes y las tasas de utilización de activos. Realizan un seguimiento de estas métricas para cada interacción con el cliente e investigan qué salió mal en los peores casos para llegar a la causa raíz y encontrar soluciones. Esto los lleva a generar cambios innovadores en el sistema. A continuación, utilizan las métricas globales para determinar si realmente están logrando el progreso deseado.

Pero hay que tener en cuenta que centrarse en mejorar solo las métricas de clientes y activos puede tener consecuencias involuntarias para el bienestar y la felicidad de la plantilla. Al fin y al cabo, son las personas, no las máquinas, las que determinan el éxito de una organización. Los empleados sanos y felices se involucran en el trabajo de una manera más profunda que les permite agradar y servir mejor a los clientes. Así que no olvides medir también las métricas del lugar de trabajo.

**Malentendido 3.** Todos los elogios y ánimos son buenos.
**Realidad 3.** Algunas formas de elogio y aliento pueden ser útiles si no se dirigen mal o se exageran.

Mi amigo Rajeev me preguntó qué podía hacer para ayudar a su hija pequeña a superar el miedo a correr riesgos. Estaba desconcertado porque a él y a su esposa les gustaban los deportes extremos, como el esquí de travesía, el *kitesurf* y el *wakeboard*… Les encantaban los desafíos. Y en las raras ocasiones en que su hija intentaba algo difícil, por lo general lo hacía bien.

«¿Ves? —le decía—. ¡Si lo intentas, puedes hacerlo!».[6]

Los niños necesitan refuerzo positivo, ¿verdad? Entonces, ¿cómo va a ser contraproducente elogiarlos si hacen algo bien?

Pero Rajeev no se había dado cuenta de que estaba elogiando el *logro*, no el hecho de correr el riesgo. Su hija seguía temiendo que si intentaba algo y fallaba, su padre se decepcionaría.

Así que dejó de intentarlo.

Una vez que se dio cuenta de esta dinámica, Rajeev comenzó a observar cuándo su hija tomaba decisiones valientes y la animaba en esas decisiones, independientemente de si esos intentos tenían «éxito» o no. El hecho de ir más allá de lo conocido y aprender de ello era un éxito. El temor de su hija a decepcionar a su padre desapareció.

En su famoso estudio, Claudia Mueller y Carol Dweck demostraron las consecuencias involuntarias de los elogios bien intencionados.[7] Descubrieron que elogiar a los niños por ser inteligentes era contraproducente. Cuando se los elogiaba por su inteligencia después de hacer algo bien y se les preguntaba si querían probar un rompecabezas difícil o uno fácil, la mayoría de ellos elegían el fácil. Por otro lado, los niños que habían sido elogiados por su proceso, sus comportamientos, *sus elecciones*, cosas que podían controlar, eran mucho más propensos a asumir el desafío del rompecabezas más difícil. También mostraban un mejor desempeño cuando se enfrentaban a dificultades.

Podría parecer que elogiar la inteligencia de los niños aumentará su confianza y les permitirá asumir mayores desafíos y perseverar, pero es habitual que suceda lo contrario. La lección que los niños tienden a aprender es que las personas tienen éxito porque son inteligentes y talentosas, por lo que a menudo comienzan a enfocarse en probarse a sí mismos en lugar de mejorar, iniciándose así en el camino hacia la ejecución crónica que atrapa a tantos jóvenes ansiosos por complacer.

Cuando mis compañeros y yo empezamos a enseñar al mundo la mentalidad de crecimiento, compartíamos con frecuencia esta investigación sobre los elogios. Después de todo, queríamos que los padres se dieran cuenta de las consecuencias no deseadas de etiquetar a sus hijos como inteligentes.

Pero no dejamos suficientemente claro que la conclusión clave de estos estudios no era tanto que debíamos elogiar el esfuerzo, sino que elogiar a alguien por ser inteligente, por ser un genio o por tener talento natural es contraproducente. La gente comenzó a equiparar la mentalidad de crecimiento con simplemente *elogiar el esfuerzo*. Este malentendido tuvo consecuencias:

1. Al llegar a la conclusión de que se trataba de elogiar el esfuerzo, la gente estaba obviando una idea clave de la investigación sobre la mentalidad de crecimiento: animar a trabajar duro no suele funcionar si las personas a las que se anima creen que no pueden cambiar.
2. La gente terminó elogiando a los demás solo por trabajar duro. Sin embargo, hay diferentes tipos de trabajo duro: la zona de aprendizaje y la zona de ejecución. Cuando alguien se esfuerza pero no progresa, debe cambiar de estrategia.
3. El elogio constante condiciona a las personas a operar para obtener aprobación, en lugar de ayudarlas a desarrollar sus intereses y motivaciones. Y necesitamos esa motivación interna, porque nos ayuda a ser aprendices más serios, nos da más control sobre nuestras acciones y fomenta la resiliencia necesaria frente a la adversidad.

En pocas palabras: los elogios no son lo más importante, seas niño o adulto.

De hecho, puede ser mucho más efectivo hacer preguntas que inciten a la reflexión, tales como: «¿En qué estás trabajando?», «¿Cómo lo estás haciendo?», «¿Está funcionando?», «¿Qué estás aprendiendo?» o «¿Qué podrías intentar de manera diferente?».

Cuando hacemos preguntas y trabajamos en nuestro propio crecimiento, inspiramos un compromiso con el aprendizaje constante y predicamos con el ejemplo.

Cuánto debemos elogiar a alguien depende de la relación con esa persona, de la cultura de la que formamos parte y de la opinión y la necesidad de elogio del destinatario. A Marcelo Camberos, el director ejecutivo de Beauty for All Industries, le dijeron una vez que era demasiado directo en sus críticas y no reconocía las cosas bien hechas.[8]

Esto hacía que sus colegas creyeran que no se preocupaba por los demás ni se daba cuenta de sus contribuciones positivas.

Le dolió, porque Marcelo *sí* se preocupaba por los demás y realmente valoraba su trabajo. Solo estaba ofreciendo comentarios de la forma en que había aprendido: de un padre que no se andaba con paños calientes.

A Marcelo nunca le importó el estilo de comunicación de su padre. Entendía que había cariño detrás de sus sugerencias. Pero este estilo contundente no siempre funciona con los demás. Al darse cuenta de esto, puso mucha más intención no solo en compartir críticas constructivas, sino también en decir explícitamente a las personas lo que hacían bien. Este cambio en su estilo de comunicación le permitió apoyar y guiar mejor a los demás de maneras que conducían a relaciones más cercanas, un aprendizaje más profundo y un mayor rendimiento.

En resumen, reflexiona sobre tu lenguaje: cuando te comunicas con los demás, ¿mencionas que las habilidades y cualidades humanas son maleables, o etiquetas a las personas como inteligentes o con talento natural? ¿Utilizas tus juicios sobre los demás como premio o castigo, o colaboras con ellos para aprender y producir juntos?

**Malentendido 4. O tienes una mentalidad de crecimiento o no la tienes.**
**Realidad 4. La mentalidad existe en un espectro continuo; es contextual, fluida y puede cambiar con el tiempo.**

Todos experimentamos la mentalidad fija de vez en cuando: es parte del ser humano. Si no hemos identificado momentos en los que tendemos a tener una mentalidad fija, no hemos reflexionado lo suficiente.

Es posible que estemos completamente dispuestos a crecer en algunas áreas de nuestras vidas, mientras que los prejuicios, las suposiciones o las verdades nos mantienen fijos en otras áreas. Como señala mi mentor Ron Berger, un educador legendario y uno de los dirigentes de la red de escuelas EL Education: «Todos tenemos una mentalidad de crecimiento para ciertas habilidades y una mentalidad fija para otras. No creo que exista tal cosa como una "persona con mentalidad de crecimiento" o una "persona con mentalidad fija"».[9]

El problema es que la mayoría de las habilidades que vemos como fijas tienden a basarse en suposiciones incorrectas. «No soy un buen escritor»,[10] «No soy bueno con los números»[11] o «No soy una persona sociable»[12] son ejemplos habituales. A veces vemos estas habilidades como fijas cuando, en realidad, se pueden desarrollar. Las suposiciones equivocadas se convierten en profecías autocumplidas porque nos impiden entrar en la zona de aprendizaje.

Al igual que podemos tener una mentalidad de crecimiento sobre una habilidad y una mentalidad fija sobre otra, también podemos tener una mentalidad de crecimiento sobre una persona y una mentalidad fija sobre otra. Por ejemplo, podemos vernos a nosotros mismos como dispuestos a aprender y a un colega como incapaz de cambiar. La mentalidad fija crea una profecía autocumplida porque nos lleva a retener información que podría ayudar a la otra persona a aprender y crecer.

Por eso es importante desafiar continuamente nuestras creencias, especialmente cada vez que nos sorprendamos afirmando una certeza absoluta sobre cualquier tema o creyendo que alguien no puede mejorar.

Las mentalidades son fluidas. Podemos caer en una mentalidad fija por situaciones desafiantes: después de recibir comentarios críticos, cuando estamos estresados por un plazo ajustado o en los momentos en que nos sentimos intimidados por la posición o los logros de otra persona. En estos casos, es posible que nos descubramos pensando: «No sé trabajar en equipo», «No soy bueno en las crisis» o «No creo que esté hecho para este trabajo».

Afortunadamente, podemos cambiar a una mentalidad de crecimiento si observamos cómo nos estamos hablando a nosotros mismos y nos damos cuenta de que siempre podemos cambiar el guion. Si sentimos frustración por no ser capaces de hacer algo, podemos recordarnos a nosotros mismos que no podemos hacerlo *aún* e identificar las estrategias de la zona de aprendizaje que nos ayudarían a desarrollar nuestras habilidades.

**Malentendido 5. La mentalidad de crecimiento tiene que ver con responder a contratiempos y errores.**
**Realidad 5. El crecimiento proactivo tiene mucha más fuerza que actuar de forma reactiva.**

*Doy la bienvenida a los errores porque me enseñan a mejorar.*
Suena como una mentalidad bastante poderosa. ¿Qué podría tener de malo?

Si bien es prudente aprender de los errores, no es necesario esperar a que impulsen nuestro crecimiento. Aunque una *mentalidad de crecimiento reactiva*, en la que nos enfocamos solo en aprender de los errores y contratiempos imprevistos, es mucho más deseable que una mentalidad fija, no es tan potente como una *mentalidad de crecimiento proactiva*, es decir, que *continuamente impulso mi propio cambio y evolución*. Para ello, podemos asumir desafíos más allá de lo que conocemos y adoptar hábitos de la zona de aprendizaje para avanzar constantemente en nuestras habilidades.

La cuestión radica en lo que haces por defecto: ¿sigues siendo igual a menos que el fracaso te empuje a hacer algo diferente o impulsas tu propio desarrollo constante?

El segundo enfoque es mucho más eficaz.

Por esta razón, creo que el hábito más poderoso para fomentar una mentalidad de crecimiento y cultivar la zona de aprendizaje es recordarte a ti mismo cada mañana lo que estás trabajando para mejorar. Es lo que hago todos los días cuando enciendo el ordenador: me recuerdo a mí mismo dónde quiero enfocar mi esfuerzo en la zona de aprendizaje. Esto también prepara el terreno para la mentalidad de crecimiento.

Una vez que esta estrategia se tornó un hábito diario, se convirtió en algo automático y que no requiere esfuerzo.

**Malentendido 6.** Podemos animar a seres queridos, a los miembros de nuestro equipo o a los jóvenes a crecer, pero solo ellos pueden actuar para lograr resultados.

**Realidad 6.** Si queremos que las personas crezcan, también debemos fomentar entornos que sean propicios para el crecimiento.

Como profesores, gerentes, padres o líderes, es nuestra responsabilidad promover entornos que fomenten la mentalidad de crecimiento y la zona de aprendizaje, y que apoyen a las personas en su desarrollo.

Los entornos de aprendizaje allanan el camino para una mentalidad de crecimiento. También aceleran el crecimiento porque permiten que se aprenda en colaboración, lo cual es más efectivo que aprender de forma aislada.[13]

Para que todos puedan prosperar, también necesitamos promover sistemas equitativos que mitiguen los prejuicios inconscientes que todos tenemos, ya sea sobre personas de color, mujeres, ancianos, *millennials*, gente de derechas/izquierdas o cualquier otro grupo.

Deberíamos darnos cuenta de cuándo damos a alguien por perdido porque pensamos que tiene una mentalidad fija o cuándo animamos a alguien a trabajar en su mentalidad sin preguntarle qué le interesa y cómo podemos apoyarlo. Se trata de cultivar deliberadamente culturas, sistemas y hábitos que respalden el aprendizaje para todos.

La segunda parte de este libro trata sobre cómo cultivar estos sistemas, culturas y hábitos en equipos y organizaciones.

## AVANZAR CON CLARIDAD

Entender que podemos cambiar nos permite examinar *cómo* hacerlo. Cuanto más aplicamos estas estrategias efectivas, más profundamente comprendemos nuestra maleabilidad. Es un ciclo que se potencia a sí mismo cada vez con más fuerza.

Por lo tanto, en tu búsqueda por mejorar, recuerda cultivar una mentalidad de crecimiento (la creencia de que las personas pueden cambiar) y la zona de aprendizaje (el estado mental y los comportamientos que realmente conducen al cambio y el crecimiento).

Si obviamos cualquiera de las dos, nos quedamos bloqueados. Al adoptar ambas, podemos embarcarnos en un viaje para moldearnos a nosotros mismos y desarrollar poderes que nunca imaginamos. Cómo hacerlo es el tema del próximo capítulo.

## PREGUNTAS PARA REFLEXIONAR

- ¿Qué situaciones tienden a provocar en mí una mentalidad fija? ¿Cómo podría trabajar en el desarrollo de la capacidad de darme cuenta en tiempo real? (Tomar conciencia es el primer paso).
- ¿Qué habilidades y cualidades valoro en mí y en mis colegas, amigos y seres queridos? ¿Creo que estas habilidades son innatas o que se pueden desarrollar?
- ¿Estoy haciendo preguntas para fomentar la reflexión y el acceso a la zona de aprendizaje?

## DE CARA AL PRÓXIMO CAPÍTULO

¿Qué necesito desarrollar en mí para brillar en las dos zonas?

Capítulo 7

# LA HÉLICE DEL CRECIMIENTO: CINCO ELEMENTOS CLAVE QUE LO ESTIMULAN

**GRAN IDEA** *Para llegar a ser un experto en el aprendizaje y la ejecución, trabaja en el desarrollo de tu identidad, propósito, creencias, hábitos y comunidad. Estos elementos funcionan juntos como una hélice que te permite avanzar con confianza hacia tus ambiciones más audaces.*

Lizzie Dipp Metzger, la agente de seguros y planificadora financiera novata que conocimos en el capítulo dos, siempre había estado interesada en trabajar para hacer del mundo un lugar mejor.[1]

Pero... ¿vendiendo seguros de vida?

No lo veía como la vocación de su vida, es más, le incomodaba llamar a compradores potenciales para tratar de venderles algo. Pero pronto comenzó a escuchar historias de sus nuevos colegas sobre cómo su trabajo había marcado una gran diferencia en la vida de algunos de sus clientes, así que se aferraba a esas historias como motivación.

Un día, Lizzie se encontró teniendo una conversación sobre planificación financiera con Emilio,[*] el padre de una de las amigas más cercanas de su hija. Estaba considerando la posibilidad de contratar un seguro de vida y le apetecía seguir hablando. Lizzie configuró un recordatorio para devolverle la llamada y continuar la conversación, pero siempre lo posponía. No quería actuar como «vendedora» ante los amigos de la familia.

En algún momento, llamar a Emilio era el único recordatorio que quedaba en su lista de tareas, pero aun así no se atrevía a hacer la llamada.

Unos meses más tarde, recibió la noticia de que Emilio, de apenas cuarenta y tantos años, había muerto repentinamente, dejando esposa e hijos y mucha incertidumbre financiera, ya que la familia dependía de sus ingresos.

Lizzie estaba devastada. Llamó a la viuda de Emilio, que también era su amiga, para darle el pésame y disculparse por no haber llamado antes. Se enteró de que la pareja había decidido involucrar a Lizzie en su planificación financiera y suscribir con ella una póliza de seguro de vida, pero habían estado ocupados y no llegaron a hacerlo. Pensaron que tenían tiempo de sobra.

Este fue un punto de inflexión para Lizzie. Le enseñó a no retrasar los seguros de vida (que se pueden obtener rápidamente antes de poner en marcha un plan financiero completo) y reafirmó su sentido de propósito. Desde entonces, no ha dejado que su temor a parecer agresiva le impida hacer llamadas telefónicas. Sabe que la mayoría de las llamadas de ventas resultarán en rechazo, pero otras cambiarán la vida de las generaciones venideras.

Lizzie ha seguido aprendiendo más sobre sus clientes y el impacto que puede tener en ellos. Aunque suele ser habladora, ha aprendido a hacer pausas, realizar preguntas y escuchar, especialmente durante las primeras etapas en las que está conociendo a la gente.

---

[*] El nombre real se ha cambiado para proteger su anonimato.

Inicialmente, en esas conversaciones se sentía presionada para demostrar que sabía lo que hacía. Pero con el tiempo aprendió, en parte de compañeros más experimentados, que para servir mejor a los clientes antes tenía que conocer sus necesidades.

En otras palabras, tenía que entrar en la zona de aprendizaje.

Pero fue un fuerte sentido de *propósito* lo que le proporcionó la energía y la dirección necesarias para el tiempo que pasó en ambas zonas. Este sentido de propósito, combinado con su fuerte inclinación a aprender, sirvió como base alrededor de la cual construyó las creencias, los hábitos y la comunidad que le permitieron tener éxito.

En este capítulo, entenderemos cómo las personas comprometidas que aprenden continuamente como Lizzie Dipp Metzger impulsan su propio crecimiento explorando un marco que yo llamo la hélice del crecimiento: los cinco elementos que nos permiten superar la paradoja del rendimiento y alcanzar nuestras aspiraciones.

## CÓMO MANTENER EL COMPROMISO CON EL APRENDIZAJE Y EL CRECIMIENTO

¿Cómo podemos acceder constantemente a la zona de aprendizaje y hacer cosas en la zona de ejecución? ¿Cómo evitamos pasar semanas, incluso meses, en la zona de aprendizaje pero sin progresar tanto como nos gustaría? ¿Cómo nos mantenemos motivados y eficaces?

La respuesta es desarrollar una potente *hélice del crecimiento* que abarque los cinco elementos clave necesarios para sobresalir en las dos zonas. Imagínate una hélice de avión con tres aspas. En el centro de la hélice, en el eje, se encuentran la identidad y el propósito, que proporcionan la energía básica y la dirección que alimentan nuestros esfuerzos. Las tres aspas llevan el nombre de los elementos que nos impulsan hacia delante: creencias, hábitos y comunidad, que determinan la eficacia y la armonía con la que nos involucramos en las zonas.

Vamos a explorar cada uno de estos elementos con más detalle.

## IDENTIDAD

Cuando el marido de Linda Rabbitt empezó a maltratarla emocional y físicamente, lo dejó para protegerse a sí misma y a sus hijas, como le contó a Mahan Tavakoli en su pódcast, *Partnering Leadership*.[2] Su ex no tardó en llevarse todos sus activos al extranjero, dejando a esta ama de casa y a sus hijas sin nada. Cuando se vieron obligadas a mudarse al pequeño apartamento de una amiga, se sintió como una fracasada. Fue el peor momento en la vida de Linda.

Decidida a ganarse la vida y mantener a sus hijas, comenzó a trabajar como asistente ejecutiva en KPMG, una de las cuatro mayores empresas de contabilidad del mundo. No sabía nada de contabilidad ni de asistencia ejecutiva, pero sabía que podía aprender.

Linda trabajó duro en KPMG y se ganó el respeto de su jefe. Pero su objetivo era convertirse en ejecutiva, algo que sería difícil de lograr en esa empresa sin un título en contabilidad.

Mientras Linda pensaba en su futuro, una mujer que había conocido a través de la Cámara de Comercio local le propuso una oportunidad única: iba a crear la primera empresa de construcción propiedad de una mujer y estaba buscando una socia. Linda mostró interés y las dos mujeres se asociaron.

Cuando le dijo a su jefe que iba a fundar una empresa de construcción, él le preguntó:

—¿Qué sabes tú de construcción?

—Absolutamente nada, pero puedo aprender —le respondió.[3]

A lo largo de los años, Linda se enfrentó a muchos desafíos, y finalmente tuvo que romper los lazos con su socia original, pero su identidad de aprendizaje la ayudó a convertirse finalmente en fundadora y propietaria de Rand Construction, la empresa de construcción comercial más grande de Estados Unidos creada por mujeres y propiedad de mujeres.

Si bien su identidad de aprendizaje se ha mantenido a lo largo de toda su carrera, también ha evolucionado de otras maneras. Ahora se ve a sí misma como líder empresarial, filántropa, mentora y asesora, algo que no era así al principio de su carrera.

Puedes pensar en ti como si tuvieras varias identidades (por ejemplo, madre, corredora y artista) o una identidad integrada con diversos aspectos.[4] Lo importante cuando se trata de superar la paradoja del rendimiento es que tus diversas identidades, o los aspectos de tu identidad única, sean todos coherentes con el afán de aprender, de ser alguien que evoluciona y crece con el tiempo. Varios estudiosos y teóricos han llamado a esto *identidad de aprendizaje*, incluidos Stanton Wortham y Alice y David Kolb.[5]

Presta atención a tu lenguaje y a las etiquetas que te pones a ti mismo y a los demás. Cuando llamas a alguien un «líder nato» o piensas en ti de esa manera, sin darte cuenta envías el mensaje de que el liderazgo es un rasgo fijo y que no hay que trabajarlo.[6] Del mismo modo, etiquetarse como extravertido puede evitar que participes en actividades potencialmente útiles como la introspección, la atención plena o la escucha atenta. Identificarte demasiado rígidamente como introvertido puede inhibirte de buscar formas de conectarte y colaborar con los demás, lo cual es clave para el crecimiento y el alto rendimiento.

Esta visión de la identidad como maleable y cambiante no es igual que no tener sentido de uno mismo. A pesar de que Linda Rabbitt abrazó su identidad como persona que aprende y evoluciona, se mantuvo arraigada en los valores que aprendió de sus padres, inmigrantes: la importancia de ser disciplinada, mejorar continuamente, perseverar, forjar una comunidad, marcar la diferencia y vivir la vida plenamente. Pero si se hubiera identificado demasiado rígidamente como ama de casa, es posible que no hubiera desarrollado la aspiración de convertirse en una dirigente empresarial pionera. Más tarde, si se hubiera identificado de manera demasiado inflexible como directora ejecutiva, es posible que no hubiera decidido centrarse más en la tutela y el apoyo a los demás.

Como dijo el renombrado psiquiatra Thomas Szasz: «El yo no es algo que se encuentra, es algo que se crea».[7]

## PROPÓSITO

Cuando era niña, Meirav Oren solía fingir estar enferma para poder faltar a la escuela y pasar el día con su padre, contratista general, en su lugar de trabajo, donde podía pasar el rato con los trabajadores de la construcción.[8]

Pero descubrió que le gustaba estudiar cuando llegó a la universidad, donde tenía más control sobre su tiempo y la selección de clases. Pudo centrar sus estudios en las materias que le interesaban, lo que la llevó a cursar un máster en Administración de Empresas y una licenciatura en Derecho.

Luego pasó a trabajar para Intel, donde algunos de sus proyectos favoritos involucraban iniciativas filantrópicas de la empresa. Meirav pudo dedicar mucho tiempo a dos de las cosas que más le gustaban: aprender y ofrecer algo al mundo a cambio.

Varios años después, su hermano, mientras trabajaba como gerente de proyecto en una obra, perdió a uno de sus trabajadores cuando este cayó de un andamio. Meirav estaba profundamente afectada por la tragedia y por la angustia de su hermano al respecto. Posteriormente, fundó Versatile, una empresa de tecnología que ayuda a que la vida de los trabajadores de la construcción sea más segura y los proyectos más eficientes. Versatile proporciona un dispositivo que, cuando se conecta entre las grúas y las cargas, escanea el lugar de trabajo y utiliza inteligencia artificial para contribuir a coordinar el trabajo y señalar cualquier peligro. La eficacia del producto ha ayudado a esta empresa de rápido crecimiento a ampliar vertiginosamente su base de clientes y a recibir de los inversionistas más de cien millones de dólares.

El interés de Meirav por tener un impacto siempre la había llevado a oportunidades de trabajo significativas a lo largo de su carrera, pero las dificultades de su hermano, combinadas con sus lazos emocionales con los días de infancia en las obras de construcción de su padre, le abrieron los ojos a su nuevo propósito: hacer que las obras de construcción fueran más seguras y eficientes.

En lugar de pensar en *encontrar* tu propósito, lo que refleja más una mentalidad fija, ya que implica que el propósito está predeterminado, es más útil pensar en *desarrollarlo*. Paul O'Keefe, Carol Dweck y Greg Walton descubrieron que quienes utilizan este enfoque son más efectivos a la hora de expandir sus intereses y más resilientes cuando se enfrentan a desafíos.[9]

Entonces, ¿qué tienes que hacer para desarrollar tu propósito? Al principio, simplemente explora, juega y prueba cosas, mientras al mismo tiempo desarrollas tus conocimientos y habilidades a través de la zona de aprendizaje. Al ir más allá de lo conocido, te liberas de la ejecución crónica y, en el proceso, evolucionas.

Es posible que algunas de tus incursiones no provoquen una chispa en tu interior. No pasa nada. Otras lo harán. Profundiza en la exploración de lo que podrías disfrutar a largo plazo, en lugar de perseguir algo que todo el rato te parece una tarea tediosa.

No todo el mundo tiene el privilegio de poder elegir sus actividades, y la suerte siempre es parte del viaje, pero si estás atento a las cosas que te parecen interesantes y te arriesgas, es más probable que termines haciendo algo que te encante. Cuando ves que puedes desarrollar tus intereses, eres más activo en tu exploración y más capaz de alcanzar tus objetivos.

Desarrollar un propósito también tiene relación con ver con nuevos ojos. Piensa en por qué tu trabajo y tus intereses son importantes. ¿Cómo contribuyen a la vida de otras personas?

Ahora que hemos examinado el eje de la hélice del crecimiento, tu identidad y tu propósito, que te dan una base sólida para los esfuerzos en la zona de aprendizaje y la zona de ejecución, es hora de pasar a las aspas, que determinan tu efectividad en ambas zonas.

## CREENCIAS

Un año y medio después de comenzar su carrera como agente de seguros y asesora financiera, Lizzie Dipp Metzger estaba en Nueva Orleans en un evento de New York Life cuando fue invitada a un restaurante especializado en ostras por un grupo de agentes experimentados, miembros del prestigioso consejo de dirección de la empresa (un reconocimiento otorgado a un porcentaje comprendido entre el seis y el ocho por ciento de los mejores agentes de New York Life por su excelencia en ventas).

Inmediatamente congeniaron y, durante la cena, uno de sus colegas le dijo: «Deberías convertirte en agente del consejo de dirección este año para que podamos vernos más».

Al ir a comer con estos agentes de gran éxito, Lizzie se dio cuenta de que no eran tan diferentes a ella y de que podría convertirse en uno de ellos. Se tomó muy en serio ese comentario y, cuando llegó a casa, escribió en una nota adhesiva: «Seré una agente permanente del consejo de presidencia a partir del año 2012». Tenía la nota en su escritorio como motivación para hacer lo que tenía que hacer, como realizar esas temidas llamadas de ventas.

Cumplió esa promesa consigo misma y llegó a ser parte del consejo de presidencia en 2012 y, en el momento de escribir este libro, todos los años posteriores, durante once años consecutivos y hasta la fecha.

«Nunca he mirado atrás. La clave son tus creencias —dijo a los miembros del consejo de dirección en un discurso de apertura al que asistí–.[10] Cuando nos liberamos de nuestros propios confinamientos, las posibilidades son ilimitadas».

Como señala Lizzie, las creencias son cruciales, no porque funcionen como magia, sino porque hacen posible que nos comportemos de manera diferente. En lugar de estar atrapada en la ejecución crónica, trabaja duro en la zona de aprendizaje para descubrir cómo lograr una nueva meta cada año y desarrolla los hábitos necesarios para alcanzarla.

«Mirando hacia atrás a ese momento clave en Nueva Orleans, se podría decir que fueron simplemente una serie de circunstancias afortunadas, estar en el sitio correcto en el momento adecuado –dice–. Pero debido a que me había estado preparando y estudiando, cuando esos fantásticos agentes entraron en mi vida, estaba lista para confraternizar con ellos».

Muchas creencias afectan a la forma en que nos comportamos. La paradoja del rendimiento en sí misma tiene sus raíces en la creencia errónea de que la mejor manera de tener éxito es producir tanto como sea posible. Al reemplazar esa creencia por otra (que combinar la ejecución con el aprendizaje nos permite rendir mucho más), podemos comenzar a superar la paradoja.

En particular, nuestras creencias sobre la *competencia*, la *agencia* y la *transparencia* pueden apoyar o socavar el crecimiento y el rendimiento en cualquier área. Podemos examinar cada una de esas creencias: ¿nos impulsa hacia delante o nos detiene?

Comencemos por las creencias en torno a la *competencia*, la capacidad de hacer algo bien.

Cuando el jefe de Linda Rabbitt le preguntó qué sabía sobre la construcción y ella respondió: «Absolutamente nada, pero puedo aprender», estaba demostrando que, si bien aún no tenía conocimientos sobre el sector, *sí* creía en su competencia para *aprender*. Esto le dio la confianza para dejar su trabajo y crear una nueva empresa. Sabía que podía resolver cosas en el camino y crecer en el proceso.

Piensa lo siguiente la próxima vez que te encuentres con un nuevo desafío en el trabajo o en tu vida personal: es posible que nunca antes hayas dirigido un equipo grande, reformado el baño o entrenado a un perro, pero *has* aprendido muchas habilidades nuevas a lo largo de la vida. ¿Qué ha funcionado y qué no? ¿A qué expertos puedes recurrir para hacer el trabajo —si quieres dividir y conquistar— o para que te apoyen a medida que desarrollas tu competencia en esta nueva área, si es algo que quieres aprender?

Al centrarnos en el desarrollo de nuestra competencia como personas versadas en el aprendizaje a través de las muchas estrategias descritas en este libro, podemos apoyarnos en la incertidumbre de lo nuevo.

A continuación, *agencia* es, según la descripción de la profesora de la Universidad de Pensilvania Angela Duckworth, «la convicción de que eres tú quien da forma a tu propio futuro».[11] Es la creencia de que navegas por la vida haciendo cosas, ya sean grandes o pequeñas, para trazar tu camino e influir en los sistemas que te rodean. Es lo opuesto a sentirse como una víctima indefensa.

Alex Stephany, un emprendedor del sector tecnológico residente en Londres, se encontraba en un momento entre un proyecto y otro, reuniéndose con muchas personas para explorar lo que haría a continuación.[12] Mientras se movía por la ciudad, conoció a un hombre sin hogar llamado Lucas en la estación de metro de su vecindario. Solía llevarle un café o algo de comer y charlaban.

A los pocos meses, Lucas desapareció durante algún tiempo. Cuando volvió a aparecer, Alex se enteró de que había sufrido un ataque al corazón y había estado en el hospital. Tenía muy mal aspecto y parecía diez años mayor. Alex se dio cuenta de que llevarle comida a Lucas no lo había ayudado. De hecho, su situación y su panorama no habían hecho más que empeorar.

Ante la situación de Alex, muchos de nosotros podríamos sentirnos impotentes y, sin saber qué hacer, simplemente seguir adelante con nuestras vidas. Pero Alex creía firmemente en su propia agencia.

Se preguntó qué necesitaba realmente Lucas. La respuesta no fue café y comida, sino recursos y apoyo para aprender habilidades valiosas y poder conseguir un trabajo. Alex se sumergió en su zona de aprendizaje, reuniéndose con otras personas sin hogar y sus representantes en organismos gubernamentales y organizaciones sin ánimo de lucro.

Con el tiempo, fundó Beam, una plataforma de *crowdsourcing*\* que pone en contacto a personas necesitadas con personas que quieren ayudarlas a cambiar sus vidas. A través de la aplicación, cualquiera puede donar y enviar mensajes de apoyo. Beam colabora con organizaciones sin ánimo de lucro para ayudar a los clientes que están listos para desarrollar habilidades y comenzar una carrera. En el momento de escribir este libro, la organización ha permitido que más de tres mil setecientas personas cambien sus vidas.

Todo aquel que aprende y actúa para efectuar un cambio, que hace que algo suceda, tiene un sentido de agencia. Sin él, las personas tienden a permanecer paralizadas.

Una estrategia para fomentar la agencia es centrarse en el progreso más que en la perfección. No podemos chasquear los dedos para crear un mundo perfecto, pero podemos hacer esfuerzos sistemáticos en la zona de aprendizaje y la zona de ejecución para mejorar el mundo.

Por último, tengamos en cuenta nuestras creencias sobre la *transparencia*: compartir nuestros pensamientos y sentimientos con los demás. Aquellos que tienen más éxito saben que la transparencia impulsa el aprendizaje y la ejecución, y permite que otros colaboren mejor con nosotros y nos apoyen.

Muchos años después de convertirse en directora ejecutiva de Rand Construction, Linda Rabbitt se reunía regularmente con otros

---

\* N. de la T.: Literalmente podría traducirse como 'convocatoria masiva' o 'convocatoria multitudinaria'. El *crowdsourcing* consiste en reunir información, opiniones, conocimiento o fuerza de trabajo a partir de acciones desarrolladas por una gran cantidad de personas. Estos datos o tareas ejecutadas son compartidas a través de aplicaciones móviles, páginas webs, redes sociales y plataformas especialmente diseñadas para este fin.

cinco directores ejecutivos del sector de la construcción. Un día, uno de ellos le dijo: «Sabes, Linda, con todo el respeto, tu discurso sobre sentirte desamparada casi suena falso en este momento. Tienes mucho éxito. Deberías cambiar la forma de expresarte: ya no estás desamparada». Reflexionando sobre ese momento, Linda dice: «Fue un acto de amistad decirme eso, porque no soy falsa, pero parecía que sí. Eso era lo que me había motivado durante mucho tiempo, el sentirme desamparada».[13]

Linda se dio cuenta de que ya no era una recién llegada y que tenía que adoptar una nueva identidad que se ajustara mejor a su realidad actual. Pero, antes, tenía que ser transparente sobre cómo se veía a sí misma y su compañero tenía que ser transparente sobre cómo se presentaba Linda. Cuando vemos la transparencia como un medio para aumentar el aprendizaje y la efectividad, terminamos teniendo conversaciones más abiertas y sinceras, lo que conduce a un mejor aprendizaje y rendimiento, y a relaciones más cercanas.

Con frecuencia, ya sea en relaciones, amistades o lugares de trabajo, tendemos a guardarnos las frustraciones, impresiones o ideas por temor a parecer ignorantes o complicados.

Pero al compartir nuestro ser interior y trabajar a través del conflicto, llegamos a comprender mejor a los demás y encontramos formas más armoniosas de interactuar.

Por supuesto, no quiero decir que debamos compartir todo lo que nos pasa por la mente. Tenemos que discernir e inhibir algunos de nuestros impulsos. Antes de compartir cualquier cosa que pueda tener un efecto importante, tómate un momento para preguntarte si ayudará a la otra persona o al equipo a lograr mejor los objetivos compartidos.[14] A continuación, pregúntate cuál es la mejor manera de transmitir la información.

Por ejemplo, puedes:

- preguntar si la persona quiere recibir comentarios;

- comunicar *por qué* compartes la información (porque te preocupas por la persona/equipo, compartes tus impresiones por si pueden resultar de utilidad);
- centrarte en los comportamientos observables y su efecto en ti, en lugar de hacer suposiciones sobre las intenciones o sentimientos de alguien, que son fáciles de malinterpretar.

Para reflexionar sobre tus creencias, pregúntate:

- ¿Hasta qué punto me veo a mí mismo como una persona que aprende continuamente que está en un proceso de devenir de por vida?
- ¿Qué circunstancias de mi vida tiendo a tomar como fijas cuando realmente podría influir en ellas?
- ¿De qué manera el hecho de ser más transparente podría llevar a otros a colaborar conmigo de manera más efectiva a fin de adquirir aprendizaje y mejorar la ejecución?

## HÁBITOS

Ahora examinemos la segunda aspa de la hélice del crecimiento: los hábitos. A lo largo de este libro, hemos analizado diversas estrategias de la zona de aprendizaje pero, a menos que las incorporemos a nuestra rutina, no nos beneficiaremos de ellas.

Al habituarnos a estas acciones, nos programamos para el crecimiento.

Podemos dividir los hábitos en tres categorías.

1.  Los *hábitos proactivos* son aquellos que adoptamos para desarrollar una habilidad o un conjunto de conocimientos concretos. Los expertos en rendimiento no esperan simplemente que aparezcan contratiempos o desafíos para embarcarse en iniciativas de aprendizaje. Siempre están trabajando de manera proactiva para ir más allá de sus capacidades actuales.

Linda Rabbitt tiene el hábito de leer a diario. «Leo o escucho pódcast, charlas TED o lo que sea, y cada vez que hay algo que me llama la atención, se lo envío a quien creo que podría beneficiarse. Así que, todas las mañanas, desde las seis y media hasta las siete y media, estoy leyendo. No tengo estudios de negocios, pero he estudiado negocios y he leído todo lo que se puede leer sobre planificación de sucesiones y otros temas».

2. Los *hábitos receptivos* derivan de los eventos que nos rodean. Si bien queremos ser personas proactivas abiertas al aprendizaje, también debemos aprender de los contratiempos, los pasos en falso, las sorpresas y la información que nos llega.

Durante un período de mucho trabajo para Rand Construction, el equipo directivo estuvo bajo una presión significativa y terminó nombrando a un miembro del personal relativamente nuevo como gerente del proyecto para un cliente. Pero el nuevo empleado no estaba listo para representar adecuadamente a Rand. Reaccionó a la defensiva a las críticas del cliente, lo que provocó que este acabara insatisfecho.

¿Cómo reaccionó Linda?

«Llamé al cliente y le dije: "Estoy muy avergonzada, podemos hacerlo mucho mejor. Quiero escuchar desde su perspectiva lo que hicimos mal, para que todos podamos aprender de esto". Y el cliente dijo: "Sabes, todo el mundo comete errores. Pero lo que no soportamos es que la gente se ponga a la defensiva cuando hacemos una crítica. Gracias por no ponerte a la defensiva"».

Los hábitos receptivos tienen que ver con la forma en que actúas cuando cometes un error, recibes comentarios, te sorprendes por algo o te encuentras con una situación desafiante. Puedes reflexionar sobre cómo sueles responder, identificar los eventos que desencadenan comportamientos indeseables, elegir la respuesta que te gustaría tener y establecer un hábito para recordarte cómo quieres responder cuando surja una situación en particular.

3. Por último, los *hábitos troncales* son hábitos estables que garantizan nuestra evolución constante. Si bien los hábitos proactivos cambian de vez en cuando a medida que desarrollamos diferentes habilidades, los hábitos troncales no lo hacen en su gran mayoría. Se trata de hábitos tales como establecer tus intenciones de aprendizaje al comienzo de cada semana, mes o año, y revisarlas todas las mañanas, llevar un diario o asistir a una reunión regular para aprender con otras personas.

Un hábito troncal que me encanta es recordarme a mí mismo todas las mañanas, cuando enciendo el ordenador, qué hábito estoy trabajando para mejorar o cambiar. Todas las mañanas abro un documento que tengo con recordatorios. Este hábito fijo potencia mi evolución constante y prepara el camino para una mentalidad de crecimiento y para entrar en la zona de aprendizaje a diario.

Pregúntate lo siguiente:

- ¿Estoy haciendo algo de manera proactiva en la zona de aprendizaje diaria o semanalmente para mejorar en lo que sea que quiera mejorar?
- ¿Solicito regularmente comentarios o críticas para generar constantemente información para mi crecimiento continuo?
- ¿Tengo un hábito que me prepara para impulsar continuamente mi propia evolución?

## COMUNIDAD

Todos somos capaces de aprender solos. Sin embargo, podemos aprender más rápido y lograr más en cualquier área si tenemos acceso a otras personas que interactúen con nosotros y nos ayuden a pensar, hacer las cosas, acceder a recursos y conectar con nuevos aliados. Por este motivo, la *comunidad* es la tercera aspa de la hélice del crecimiento.

Las personas que te rodean también influyen profundamente en el resto de los componentes de tu hélice del crecimiento: tus creencias, hábitos, identidad y propósito.

Para crear una comunidad eficaz, piensa con quiénes quieres desarrollar relaciones cercanas y fomenta la *confianza*, la *pertenencia* y la *colaboración* con ellos. Puedes desarrollar confianza compartiendo de manera transparente algunos de tus pensamientos y sentimientos, profundizando gradualmente a medida que las personas compartan más de sí mismas a su vez. Puedes cultivar la pertenencia, el sentimiento de que tu comunidad es tu hogar, generando confianza, identificando objetivos comunes y valorando a los demás por lo que aportan a tu relación y a actividades comunes.[15] Puedes fomentar la colaboración solicitando y ofreciendo ayuda, de modo que la interdependencia te permita aprender y lograr más cosas. Analizaremos estos importantes conceptos con más profundidad en los capítulos siguientes. La segunda parte de este libro trata sobre la creación de comunidades, equipos y organizaciones fuertes.

Cuando reflexiones sobre tus relaciones, ten cuidado con los estereotipos que tengas y que puedan estar impidiéndote acercarte a personas que son diferentes a ti. La diversidad aporta fuerza, creatividad e inteligencia colectiva. Queremos fundar comunidades que reconozcan los beneficios de la diversidad, en las que los individuos de cualquier origen se sientan valorados y seguros.

A medida que conoces a las personas y trabajas con ellas en las dos zonas, avanzas aún más en la confianza, la pertenencia y la colaboración, lo que a su vez fortalece tu capacidad para relacionarte con ellas en las dos zonas. Es un ciclo que se refuerza a sí mismo.

Pregúntate:

- ¿Las relaciones que tengo son beneficiosas o podría avanzar y mejorar si creara relaciones nuevas o favoreciera la evolución de las que tengo?

- ¿Cómo puedo hacer que esta comunidad sea más como un hogar para mí y para los demás?

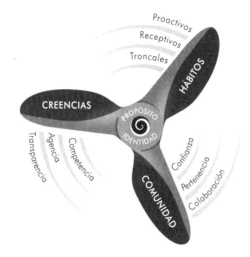

## DISEÑAR TU HÉLICE DEL CRECIMIENTO

Ahora que has examinado los componentes de una hélice del crecimiento sólida, te recomiendo que dibujes tu propia versión. ¿Cómo te gustaría que fueran los aspectos clave de tu identidad, propósito, creencias, hábitos y comunidad?*

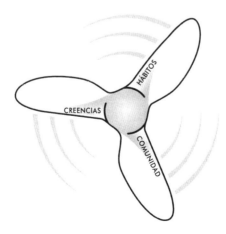

---

* Puedes descargar una versión más grande de esta imagen para trabajar con ella en briceno.com/paradox/resources/.

Dedica un tiempo a reflexionar sobre lo que has descubierto:

- ¿Qué partes de la hélice son más fuertes?
- ¿A qué partes deberías dedicar más atención?
- ¿Qué acción podrías llevar a cabo ahora mismo para reforzar un área de tu hélice del crecimiento?

Ten en cuenta que los componentes de una hélice del crecimiento están interconectados, por lo que hay que trabajar en ellos de forma simultánea, no sucesiva. En otras palabras, no tenemos que crear la *identidad* o el *propósito* antes de trabajar en las *creencias,* los *hábitos* y la *comunidad*. Trabajar en cualquiera de estos componentes ayuda a crear y fortalecer los demás, porque todos se refuerzan entre sí.

Cuando todas las partes de la hélice están alineadas, nos sentimos «centrados» o arraigados, lo que nos hace estar más seguros y mejor equipados para enfrentarnos a la vida y al trabajo.

Como dice Linda Rabbitt: «Al fin y al cabo, puedes ser quien quieras ser. Y puedes decidir cómo quieres comportarte, quiénes quieres que sean tus amigos, cómo quieres vivir tu vida, cómo quieres que piensen en ti cuando te jubiles. Y todos tenemos la oportunidad de tomar esas decisiones».

Puedes pensar en los componentes de tu hélice del crecimiento en relación con cualquier área de la vida, ya sea la diversión, la atención plena, la salud, el descanso, la alegría o cualquier otra cosa. Si quieres que un pensamiento, una emoción o un comportamiento tengan más presencia en tu vida, esfuérzate por fortalecer la hélice del crecimiento en consecuencia.

Por ahora, después de reflexionar sobre tu hélice del crecimiento, identifica en qué quieres trabajar durante el próximo mes o los próximos dos meses, y establece un recordatorio en el calendario para pensar sobre cómo estás avanzando y en qué pasos trabajar a partir de ahí. Mejor aún, conviértelo en un recordatorio recurrente del calendario.

## PREGUNTAS PARA REFLEXIONAR

- Cuando reflexiono sobre cómo quiero desarrollarme, ¿cuáles de los cinco elementos de mi hélice del crecimiento son más fuertes y cuáles más débiles? ¿Cuáles necesitan más práctica deliberada en la zona de aprendizaje?
- ¿He desarrollado hábitos de la zona de aprendizaje proactivos, receptivos y troncales para continuar desarrollando mis conocimientos y habilidades? ¿Cómo puedo progresar aún más como persona hábil versada en el aprendizaje?
- ¿Soy un agente de cambio activo dentro de mi ámbito de influencia?
- ¿Me he puesto en contacto con otras personas proactivas en el aprendizaje para conectar y colaborar?

## DE CARA AL PRÓXIMO CAPÍTULO

¿Cómo crees que se podría desarrollar una organización de aprendizaje continuo?

Segunda parte

# CÓMO SUPERAR LA PARADOJA DEL RENDIMIENTO EN EQUIPOS Y ORGANIZACIONES

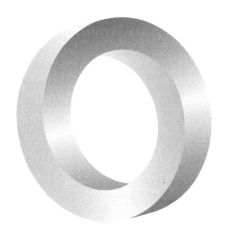

# Capítulo 8

# PILARES DE UNA ORGANIZACIÓN DE APRENDIZAJE CONTINUO

**GRAN IDEA** *Las organizaciones más fuertes son maestras del aprendizaje. Sus estructuras y sistemas hacen que el desarrollo de sus integrantes y equipos sea lo normal, lo que las hace ágiles, resilientes e impactantes.*

Cuando ascendieron a Satya Nadella a director ejecutivo de Microsoft en 2014, la empresa tenía una cultura de sabelotodo. Contrataba a personas competentes, pero los nuevos empleados pronto se daban cuenta de que la forma de obtener un ascenso era ser la persona más inteligente de la sala y ayudar a su equipo a ser el mejor en comparación con otros equipos de la organización. Como describe Nadella en su libro, *Pulsa actualizar*, a veces la empresa parecía una confederación de feudos.[1] La cultura laboral no animaba a los empleados a ser curiosos, a seguir desarrollando sus conocimientos y habilidades, ni a colaborar para aprender y hacer las cosas. La falta de atención al desarrollo les daba la sensación de que la dirección consideraba que las habilidades humanas eran en gran medida fijas. Esto puede hacer que se eviten los riesgos, se retenga información y, a veces, incluso se sabotee a los compañeros de trabajo. Como resultado, a pesar de ser la empresa de *software* más grande del mundo, Microsoft perdió oportunidades gigantescas ciclo tras ciclo en relación con la búsqueda en Internet, los sistemas operativos móviles, las redes sociales y la tecnología en la nube. Google, Apple, Facebook y Amazon tomaron la delantera en estas nuevas categorías.

Microsoft se había dejado engañar por la paradoja del rendimiento. Atrapados en la ejecución crónica, los empleados continuaban haciendo las cosas lo mejor que sabían, sin desafiarse realmente a sí mismos en territorio desconocido. He visto esto en muchas empresas, y probablemente tú también.

Aunque nadie pretende crear una cultura así ni trabajar en ella, adquirimos malos hábitos que se refuerzan a sí mismos porque:

- Hemos aprendido en escuelas, comunidades, medios de comunicación y lugares de trabajo que se supone que debemos saber cómo hacer nuestro trabajo y concentrarnos en hacer las cosas, y que cuando las cosas se ponen difíciles la solución es trabajar más duro.
- Nos hemos acostumbrado a crear listas de tareas pendientes que nos mantienen ocupados todo el rato, en lugar de tomarnos el tiempo para identificar qué es lo más importante y cómo ser más efectivos en eso. Y esto no solo sucede a nivel individual, sino también en lo que se refiere a los equipos y las organizaciones.
- Hemos interiorizado la suposición generalizada en la sociedad de que el alto rendimiento se basa en la competencia y no en la colaboración. Esto nos lleva a trabajar de forma independiente y a retener información en lugar de trabajar juntos para aumentar las capacidades y los resultados colectivos.

- El sesgo humano de sobrevalorar el presente e infravalorar el futuro, además de las estructuras que lo refuerzan (como el enfoque de Wall Street en las ganancias del próximo trimestre), nos lleva a renunciar a realizar inversiones en la zona de aprendizaje que producirían grandes beneficios en cuanto a rendimiento más adelante.

- No vemos las oportunidades de trabajar de manera diferente porque llevamos puestas anteojeras. Hacemos la mayor parte del trabajo de la manera en que estamos acostumbrados, puramente en la zona de ejecución, en lugar de aprender mientras ejecutamos.

En esta segunda parte, examinamos cómo Microsoft y muchas otras organizaciones han superado la paradoja del rendimiento mediante la creación de estructuras y rituales que hacen que la participación en las dos zonas sea la opción cotidiana predeterminada.

El objetivo no es que apliques todo lo que hacen otras organizaciones, sino que comprendas lo que se necesita para mejorar el rendimiento e identificar un pequeño subconjunto de estrategias en las que trabajar. Ten en cuenta que todos los enfoques que comparto se basan en dos principios. En primer lugar, considerar siempre las habilidades y cualidades humanas como maleables. En segundo lugar, establecer hábitos, estructuras y herramientas que sustenten tanto la zona de aprendizaje como la zona de ejecución.

En este capítulo, examinaremos específicamente estructuras que abarcan toda la organización y permiten que equipos e individuos accedan a las dos zonas. Estas estructuras son necesarias para transformar las «culturas de sabelotodo» en organizaciones de aprendizaje continuo, es decir, lugares más propicios para que las personas se alineen, se comuniquen, colaboren, profundicen en su conocimiento de los clientes, innoven, se adapten y sean resilientes para impulsar el cambio y lograr resultados sobresalientes.

Para evitar perder más oportunidades en sectores emergentes como inteligencia artificial, realidad mixta, informática cuántica, etc., Nadella (junto con la directora de personal Kathleen Hogan, entre otros) necesitaba inspirar y dirigir una transformación cultural. Los más de cien mil empleados de Microsoft tenían que desarrollar diferentes creencias, hábitos y comunidades centrados en hacer más preguntas, idear con más frecuencia, colaborar entre departamentos, asumir más riesgos y superar los límites. Para superar la paradoja del rendimiento, tenían que pensar más allá de la ejecución impecable y abrazar las dos zonas.

## MIS PROPIOS PASOS EN FALSO COMO DIRIGENTE EMPRESARIAL

En 2007, me gradué en Stanford Graduate School of Business con una misión.

Quería utilizar todo lo que estaba aprendiendo de la investigación de Carol Dweck sobre la mentalidad para ayudar a otras personas a poner en práctica esas ideas transformadoras. Así que cofundé una empresa llamada Mindset Works para ayudar a las escuelas a fomentar creencias y comportamientos de aprendizaje permanente en el personal y los estudiantes, influyendo de paso también en los padres y las comunidades.

Al principio, teníamos muy claro que queríamos predicar con el ejemplo. Eso significaba crear una *cultura de mentalidad de crecimiento* que debería distar mucho de la forma en que funcionaban la mayoría de las organizaciones.

Dado que éramos el equipo pionero en este nuevo tipo de organización, queríamos modelarla de la manera más sólida posible. Nos inspiramos en empresas como Patagonia y Zappos, conocidas por crear culturas totalmente únicas y conectadas con sus misiones. Con sede en la costa del sur de California, Patagonia vende ropa para deportes al aire libre. Cuando hay buenas olas, los empleados tienen libertad para dejar la oficina y salir a surfear. La empresa incluso publica la previsión de olas para mantener a todos informados.[2]

Si bien Patagonia ha creado una cultura única en torno a su pasión por la naturaleza y las actividades de ocio al aire libre, Zappos se ha centrado profundamente en el servicio al cliente: esta empresa busca personalidades sociales y anima a los empleados a conectarse realmente con los clientes, aunque eso signifique permanecer al teléfono mucho más tiempo que en una llamada típica de servicio al cliente. Según *Business Insider*, un representante de Zappos batió récords con una llamada de más de diez horas con un cliente.

«A veces la gente solo necesita llamar y hablar –explicó el miembro del equipo de fidelización de clientes de Zappos–. No juzgamos, solo queremos ayudar».[3]

¿Qué podrían enseñarnos estas organizaciones sobre la creación de una cultura verdaderamente nuestra? Desarrollaron culturas que defendían rotundamente aquello por lo que apostaban. Como resultado, atrajeron a empleados apasionados por su propósito y que fueron embajadores de la causa.

Nosotros queríamos hacer lo mismo. Seríamos extremistas en lo que respecta al desarrollo individual.

¿Qué podría salir mal?

## UN PLANTEAMIENTO ERRÓNEO

En ese momento, muy pocas personas habían oído hablar de la mentalidad de crecimiento. Cuando hablábamos con clientes potenciales les despertaba curiosidad, pero ya tenían una larga lista de prioridades, y la mentalidad de crecimiento no era una de ellas.

No nos importaba, puesto que veíamos nuestro trabajo para lograr el cambio como un maratón, no como una carrera de velocidad. Teniendo en cuenta que nuestro objetivo implicaba un esfuerzo durante toda la vida, y que los inversores pueden ser impacientes, no alzamos dinero. Decidimos emprender por nuestra cuenta.

Como medio para establecer nuestra singular cultura de desarrollo extremo, pasé una cantidad de tiempo considerable durante ese primer año aprendiendo a programar por mi cuenta. Esto, con la ayuda de mi socio Steve Goldband, nos permitiría desarrollar un sitio web y publicar en línea el programa que ya teníamos en CD. Era un buen punto de partida y se ajustaba a nuestro inexistente presupuesto.

En lugar de contratar a gente con mucha experiencia, buscábamos la pasión por el aprendizaje y por nuestra misión. Pensábamos que, al crear la cultura de la mentalidad de crecimiento más sólida del planeta, nuestro personal desarrollaría sus habilidades a un ritmo sin precedentes, incluyéndome a mí en mi primera experiencia como director ejecutivo.

Un día, fui a la sucursal local de la peluquería Supercuts para cortarme el pelo. Sentado en la silla a mi lado había un recién graduado de la Universidad de Berkeley que le estaba contando a su peluquero lo que quería en un trabajo. Buscaba algo con significado, algo que pudiera cambiar vidas.

Cuando agregó que tenía experiencia trabajando con jóvenes, intuí pasión por el tipo de trabajo que estábamos haciendo. Cuando ambos terminamos de cortarnos el pelo, me presenté, le hablé de nuestra empresa y lo invité a almorzar. Más tarde me dijo que realmente no sabía qué pensar de ese extraño que lo abordó sin más. Pero, por suerte para mí, accedió al almuerzo.

Cole Turay no solo se convirtió en nuestro primer empleado, sino que él y yo fuimos los únicos integrantes del equipo durante nuestro segundo año de existencia y trabajamos juntos durante cinco años a medida que el equipo se expandía. Nos ceñíamos a la misma filosofía de contratación (pasión por aprender y contribuir), aunque íbamos más allá de buscar gente en Supercuts.

Comenzamos a encontrar escuelas y educadores que, de inmediato, entendieron el poder de la mentalidad de crecimiento y contrataron nuestros servicios, y cometimos el error de aceptar a tantos como pudimos. Crecimos rápidamente durante varios años, pero llegó un momento en que nos estancamos. Más allá de los primeros usuarios, no logramos persuadir a los clientes potenciales para que hicieran de la mentalidad de crecimiento una prioridad fundamental, y nuestro equipo tuvo problemas para lidiar con las políticas y los procesos de toma de decisiones de los distritos escolares.

Sabíamos poco de ventas. También nos costaba trabajar juntos de manera efectiva. Siguiendo nuestra estrategia de buscar solo la pasión, habíamos creado una organización exclusivamente remota con personal que vivía diseminado por Estados Unidos y en tres continentes. Pero habíamos subestimado los desafíos que esta estructura conllevaba para desarrollar relaciones y colaborar, especialmente en la época previa al COVID, cuando el mundo aún no estaba acostumbrado.

También habíamos pasado por alto algo importante: el aprendizaje y la mejora, aunque cruciales, llevan tiempo.

La verdad es que la pasión por nuestro trabajo y por aprender no era suficiente para crear una empresa: las habilidades previas de los candidatos a un puesto de trabajo también son muy importantes. Habíamos contratado a grandes personas con mucho potencial, pero teníamos tiempo y recursos limitados para respaldar su desarrollo. Independientemente de cuánto nos importaran el crecimiento y el aprendizaje, al ser una organización con poca liquidez teníamos que centrarnos en *hacer* las cosas con demasiada frecuencia. Nos habíamos dejado engañar por la paradoja del rendimiento.

Cometimos un error que el multimillonario inversor en capital de riesgo Marc Andreessen ve todo el tiempo. «Creo que el mito arquetípico del fundador de veintidós años es completamente desproporcionado.[4] Pienso que la adquisición de habilidades, es decir, aprender a hacer cosas, está sumamente subestimada —dijo a los estudiantes de ingeniería de la Universidad de Stanford en un evento compartido en *a16z Podcast*—. La gente sobrestima el valor de saltar sin más a la parte más profunda de la piscina, porque la realidad es que quienes saltan a la parte más profunda de la piscina se ahogan».

Nos debatíamos en lo más profundo, con un personal escaso e inexperto para atender a demasiados clientes con muy pocos recursos. Esto nos forzaba a un modo permanente de gestión de crisis. Finalmente, solicitamos una subvención, lo que nos permitió contratar a más gente y desarrollar programas más sólidos. De esa manera, adquirimos mayor capacidad y tiempo para entrar en la zona de aprendizaje en lugar de tener que estar en ejecución crónica en todo momento.

Con el tiempo, Mindset Works creció, a través del boca a boca, y dábamos servicio a miles de escuelas. También lideramos la creación de un ecosistema que hizo de la mentalidad de crecimiento un término común y un enfoque deseado en muchas escuelas de todo el mundo. Pero, mirando hacia atrás, podríamos haber llegado ahí mucho más rápido si hubiéramos entendido mejor lo que se necesita para mejorar y rendir. Aprendí que tener una mentalidad de crecimiento, aunque es necesario, no es suficiente. Y la pasión y el deseo de aprender, por sí solos, tampoco bastan: las estructuras organizativas que respaldan el trabajo tanto en la zona de aprendizaje como en la zona de ejecución son cruciales.

Después de cinco años con nosotros, Cole se trasladó a Salesforce, donde pudo acceder a más recursos y estructuras para desarrollar sus habilidades de ventas. Ahora es un director de ventas de gran éxito.

En cuanto a mí, seguí desarrollando mis conocimientos y enfoques sobre el liderazgo. Actualmente, cuando quiero contratar a alguien, además de la auténtica pasión también busco competencia en el área y competencia en el aprendizaje: alguien que tenga las habilidades específicas necesarias para comenzar a trabajar relativamente rápido y luego crecer a partir de ahí.

En mi trabajo a lo largo de los años desde entonces, he visto a muchas empresas de todos los tamaños caer en la misma trampa que nosotros, pero también he visto grandes empresas con estructuras poderosas para un crecimiento efectivo. En este capítulo, comparto muchas de ellas. Recuerda que la idea no es implementarlo todo, sino desarrollar una visión de cómo son las organizaciones de aprendizaje continuo e identificar los próximos pasos de tu viaje.

## CÓMO ES REALMENTE UNA ORGANIZACIÓN DE APRENDIZAJE CONTINUO

Cuando Kevin Mosher se unió a ClearChoice Dental Implant Centers como director ejecutivo, se dio cuenta de que entre el cinco y el diez por ciento de los centros de la empresa vendían procedimientos dentales de manera mucho más efectiva que el resto.[5]

Llamó a Andy Kimball, un antiguo colega, y le pidió ayuda como consultor para estudiar lo que esos centros estaban haciendo de manera diferente.

Andy se sumergió en la zona de aprendizaje, observando y haciendo preguntas, con curiosidad por descubrir qué podría explicar la diferencia.

Descubrió que la mayoría de los vendedores de la empresa utilizaban la técnica de venta denominada en inglés *spray and pray*.* «Lanzaban información sobre nuestros procedimientos a un paciente y rezaban para que alguno coincidiera con una necesidad», me contó. Lo que hacían era presionar en cuanto a los tratamientos y la efectividad de los médicos, sin escuchar lo que pasaba en realidad en la vida de los pacientes.

Mientras tanto, los vendedores destacados escuchaban mucho más que hablaban. No se veían a sí mismos solo como vendedores, sino también como *solucionadores de problemas*. Se había convertido en parte de su identidad. Andy, quien finalmente se unió a ClearChoice como director de rendimiento, observó que los profesionales de ventas con mejores resultados conocían las historias de los pacientes y se

---

* N. de la T.: Una posible traducción sería 'lanzar y rezar'.

daban cuenta de que algunos sentían mucha vergüenza por lo que percibían como dientes imperfectos. «También intentaban averiguar de sus pacientes la visión que tenían sobre cómo sería su vida con la sonrisa de sus sueños. ¿Cuál sería el final feliz para su historia dental?».

La empresa proporcionó formación a todos los vendedores y médicos para que aprendieran de esas prácticas exitosas y estableció sistemas de aprendizaje continuo. ClearChoice instaló cámaras de vídeo en todas las consultas. Cada semana, el personal de ventas y los médicos seleccionan una habilidad relacionada con la comunicación con los pacientes para trabajarla y, con el consentimiento de estos, graban las interacciones. Entre consulta y consulta, los profesionales revisan un breve segmento del vídeo y evalúan cómo lo han hecho o cómo podrían haber respondido mejor a una pregunta. Alternan rápidamente entre la zona de ejecución (tiempo con los pacientes) y la zona de aprendizaje (revisiones en vídeo). El personal también puede compartir vídeos con un formador o con colegas para solicitar comentarios, aunque no se puede acceder a los videos sin permiso y solo se pueden usar con fines de desarrollo, no para la evaluación del trabajo. En las reuniones semanales, los profesionales comentan con sus compañeros las cosas que están intentando mejorar. Desde que la empresa comenzó con esta práctica, los que tienen un mejor rendimiento son aquellos que revisan y analizan con mayor frecuencia sus propios vídeos.

Andy Kimball explicó por qué el vídeo es una herramienta tan esencial. «Normalmente, cuando te hacen comentarios, puedes desestimarlos. Puedes decir: "Bueno, a esas personas obviamente no les gusto, o no me conocen, o no me ven en la sala de consulta". Pero cuando te ves a ti mismo en vídeo, no puedes obviarlo. El vídeo te pone en tu lugar. El vídeo siempre dice la verdad».

Los trabajadores de ClearChoice reciben regularmente comentarios de diversas fuentes para continuar desarrollando sus habilidades. Como resultado, la empresa ha prosperado: ha superado una cuota de mercado principal de más del cincuenta por ciento.

En ClearChoice, los vídeos se utilizan para proporcionar tres elementos necesarios destinados a desarrollar una habilidad. En primer lugar, aportan un modelo de éxito que emular. Desde el momento en que los empleados se unen a la organización, se emplean vídeos de profesionales cualificados para explicar prácticas efectivas, pero también para mostrar que incluso los profesionales más capacitados pueden seguir mejorando. En segundo lugar, los vídeos se utilizan como una oportunidad para practicar en la zona de aprendizaje. Los vendedores participan en sesiones de formación grabadas en las que participan en un juego de roles con sus formadores, y luego el grupo analiza los vídeos. Y en tercer lugar, los médicos y el personal de ventas observan sus propias interacciones diarias y las de los demás con los pacientes en vídeo, para reflexionar y hacer comentarios. El resultado es un conjunto de estructuras sólidas para acceder a la zona de aprendizaje, con el claro objetivo de mejorar en la zona de ejecución.

Cuando ClearChoice introdujo por primera vez los vídeos como herramientas de aprendizaje, aproximadamente una cuarta parte del personal de ventas mostró una verdadera pasión por el aprendizaje y analizaba las grabaciones religiosamente. Alrededor del sesenta por ciento veía los vídeos porque se suponía que había que hacerlo, pero no lo hacía con las mismas ganas; entre el quince y el veinte por ciento final tenía una seria aversión a verse en vídeo.

«En este negocio, cuando intentamos formar a mucha gente, se trata de desviar la curva normal —afirmó Andy—. No llegamos a todo el mundo, pero si podemos hacer que esa curva típica se mueva hacia la derecha, de forma que en lugar de un veinticinco por ciento de las personas con pasión por aprender, tengamos un treinta o un cuarenta por ciento, eso marca una gran diferencia».

Ver vídeos no es la única forma en que aprenden los empleados de ClearChoice. Entre mis estrategias favoritas está un juego colaborativo en el que un miembro del personal da la vuelta a una tarjeta y lee una descripción del caso de un paciente. Cada uno de los otros jugadores comparte cómo respondería, y el grupo debate las ideas. Luego, la persona que inicialmente leyó la tarjeta se la da a quien proporcionó el enfoque favorito. La persona con más cartas al final gana el juego.

También hay sistemas que permiten a los empleados acceder a recursos de aprendizaje para progresar en sus caminos de desarrollo personal, y ganan insignias y recompensas financieras cuando alcanzan ciertos niveles. Quienes se encuentran en la mitad de una progresión de aprendizaje deben formar o asesorar a alguien en una etapa más temprana de su proceso para avanzar, por ejemplo supervisando el rendimiento o viendo un vídeo de consulta y proporcionando comentarios. Esto fomenta el aprendizaje colaborativo.

ClearChoice es una organización de aprendizaje continuo: todos van a trabajar todos los días en parte para crecer, y se les ofrecen recursos, oportunidades y relaciones para hacerlo. Como dice Andy: «Se trata de impulsar la pasión por el aprendizaje y luego dar a las personas apasionadas por él las herramientas que necesitan para satisfacer esa pasión».

Como resultado de los sistemas de aprendizaje continuo, ClearChoice continúa batiendo sus propios récords. Durante los primeros diecisiete años de existencia de la empresa, ningún vendedor había recaudado más de un millón de dólares en un solo mes. Luego uno de ellos lo hizo, así que se creó un club del millón de dólares para homenajear a aquellos que alcanzan ese hito. Al año siguiente, otros siete vendedores llegaron a esa misma cifra.

Cuando la empresa organizó un evento para celebrarlo, y los ocho miembros del club compartieron sus prácticas recomendadas con los demás, alguien les preguntó qué hacían cuando tenían un mal día, semana o mes. Todos ellos respondieron que recurren a la revisión de sus vídeos.

En otras palabras, para los que presentan un alto rendimiento, los problemas son una señal para entrar en la zona de aprendizaje.

Hemos visto muchos otros ejemplos de eso en este libro y veremos más. Cuando perdió una oportunidad de venta importante, Dipo

Aromire organizó un almuerzo con el cliente para saber qué había hecho mal su equipo. Cuando a Traca Savadogo le resultaba complicado mantenerse al día con los pedidos en Starbucks, experimentó con nuevas ideas. Cuando un proyecto salió mal, Linda Rabbitt llamó al cliente para pedirle su opinión. Cuando los nuevos restaurantes de Luke's Lobster tuvieron malos resultados, la dirección recopiló datos y determinó cómo planificar las aperturas de manera diferente en el futuro. Usar los problemas como una señal para entrar en la zona de aprendizaje es la norma en las organizaciones de aprendizaje continuo.

## DE CULTURAS «SABELOTODO» A CULTURAS DE APRENDIZAJE

Un grupo de investigadores dirigido por Elizabeth Canning y Mary Murphy se propuso explorar si se puede considerar que las organizaciones tienen una mentalidad.[6] Encuestaron a más de quinientos empleados de siete empresas de la lista Fortune 1000 y descubrieron que los empleados de todas ellas generalmente estaban de acuerdo entre sí sobre si su empresa consideraba que el talento era fijo o maleable. Empresas como ClearChoice, que hacen de la zona de aprendizaje un aspecto vital de su funcionamiento, son percibidas por su personal como promotoras de una mentalidad de crecimiento. Las organizaciones que se centran en la selección y la evaluación destinadas a eliminar a los incompetentes y mantener a los talentosos, sin dedicarse al desarrollo continuo del personal, se perciben como promotoras de una mentalidad fija.

Canning, Murphy y sus colegas descubrieron que los trabajadores que creían que sus organizaciones apoyaban una mentalidad de crecimiento también mostraban niveles más altos de colaboración, innovación, integridad, confianza y compromiso en sus lugares de trabajo. En esas empresas, los empleados estaban más dispuestos a trabajar de forma interdependiente, a lanzarse a lo desconocido y a ser sinceros consigo mismos y con los demás.

Es decir, estas organizaciones tenían más probabilidades de tener culturas de aprendizaje en lugar de culturas de «sabelotodo». Cuando las organizaciones enfatizan el desarrollo individual y de equipos, los empleados pueden crear con más facilidad hélices del crecimiento sólidas que les permitan sobresalir en las dos zonas.

El camino para convertirse en una organización de aprendizaje continuo implica una combinación de esfuerzos descendentes y ascendentes. Cualquiera puede empezar desde el punto donde se encuentre. En lugar de frustrarnos si algunas personas dudan, podemos centrarnos allí donde haya un gran interés y avanzar a partir de ahí. Concéntrate en lo más fácil de controlar, comenzando por tu propio comportamiento, y sigue ampliando los límites de aquello en lo que podrías influir.

En el resto de este capítulo, examinaremos las estructuras adicionales utilizadas por las organizaciones de aprendizaje continuo para fomentar el crecimiento. Si bien analizaremos las estructuras de toda la organización, muchas de estas estrategias se pueden implementar en el nivel de equipo o incluso individual.

## DEJAR CLARO EL LENGUAJE ORIENTATIVO

Cuando Jake y Gino crearon su empresa inmobiliaria, ninguno de los dos pensó que tener una declaración de misión o valores fundamentales era importante.[7] El restaurante familiar de Gino nunca había tenido nada parecido y la empresa anterior de Jake tenía una misión y valores fundamentales impresos en carteles en las paredes, pero nadie les hacía caso y no afectaban al comportamiento de los empleados.

Pero después de leer libros y asistir a talleres sobre prácticas empresariales recomendadas, los dos llegaron a comprender por qué crear la cultura intencionalmente es fundamental para el éxito.

En realidad, se trata de diseñar y cultivar hélices del crecimiento potentes.

La misión de su empresa es «crear comunidades que permitan a las personas convertirse en la mejor versión de sí mismas». Sus valores fundamentales son *mentalidad de crecimiento*, *convertir en realidad*, *las personas primero*, *ética inquebrantable* y *responsabilidad extrema*. Dieron nombre a los valores fundamentales e identificaron qué comportamientos implicaba cada uno y por qué era importante. Jake y Gino hacen referencia a los valores fundamentales con regularidad e indican cuándo los empleados los ponen en práctica o se desvían de ellos, al igual que los demás. El personal se comporta de acuerdo con estos valores de forma cotidiana.

Esto se puede hacer a cualquier escala. Una de las empresas para las que trabajo, Procter & Gamble, se asegura de que sus más de cien mil empleados estén íntimamente familiarizados con lo que la empresa llama PVP: propósito, valores y principios.[8] En el curso del trabajo diario, los integrantes de toda la empresa se refieren regularmente a los PVP. Cuando alguien no actúa de acuerdo con ellos, es un problema grave que debe abordarse. Esto crea un entorno seguro para aquellos que adoptan los principios, que es algo que cualquiera puede hacer.

Además del beneficio directo de apoyar la cultura deseada, tener valores y comportamientos claros y estables que forman la base de tu organización ofrece el beneficio adicional de facilitar el cambio. Esto se debe a que la gente necesita una sensación de estabilidad y previsibilidad. Cuando la empresa se reestructura o gira, puede generar ansiedad entre su personal. Sin embargo, en estos casos, cuando los líderes también enfatizan lo que permanece sin cambios –como nuestros valores y expectativas mutuas– esto ayuda a las personas a calmarse y sentirse seguras, sabiendo que el comportamiento de sus colegas seguirá siendo predecible.

Nuestras declaraciones de misión, valores fundamentales y comportamientos clave no deben ser exhaustivas, sino simples, fáciles de recordar y centradas en los atributos deseados más importantes. Esto es necesario para que todos los miembros de la organización puedan recordarlas fácilmente y referirse a ellas diariamente cuando ofrecen y reciben comentarios, o cuando notan la presencia o ausencia de comportamientos deseados. Si la gente no puede recordar cuáles son los principios clave, lo cual es común en las organizaciones que eligen demasiados, en la práctica no ayudan a orientar el comportamiento de las personas.

Con un lenguaje orientativo claro para toda la organización, los líderes y el resto de los integrantes tienen más herramientas a su disposición para desarrollar la cultura deseada.

## REPENSAR LOS SISTEMAS DE EVALUACIÓN DEL RENDIMIENTO

Muchas organizaciones tienen procesos de gestión del rendimiento a través de los cuales los gerentes evalúan y ofrecen comentarios a sus subordinados directos, además de realizar un seguimiento de la evolución profesional. Pero, engañados por la paradoja del rendimiento, estos rituales anuales suelen centrarse únicamente en el rendimiento y no en el aprendizaje.

Las empresas con las que he trabajado que están logrando el mayor éxito en el fomento de las dos zonas han cambiado sus sistemas de gestión del rendimiento para:

- **Deshacerse de las clasificaciones forzadas para calificar a los empleados en función de su rendimiento individual.**[9] En una cultura de aprendizaje funcional, todo el personal puede prosperar. Al colaborar en ambas áreas en lugar de competir, los empleados pueden crecer y lograr más cosas. Podemos fomentar esto evaluando a las personas en función de estándares en lugar de compararlas entre sí.
- **Incluir objetivos de aprendizaje, no solo objetivos de ejecución.** Pide a los empleados que reflexionen sobre el éxito obtenido en el desarrollo de las habilidades que se propusieron desarrollar durante el último ciclo, qué se propondrán aprender en el próximo ciclo y qué estrategias utilizarán. Animarlos a compartir esta información con los colegas fomenta aún más una cultura de aprendizaje y genera comentarios y apoyo más útiles entre compañeros.

- **Fomentar conversaciones más frecuentes y orientadas al desarrollo.** En lugar de una reunión anual sobre el rendimiento, estas empresas garantizan al menos una charla trimestral sobre el desarrollo, con estímulos y plantillas para un diálogo más frecuente.

Hazte las siguientes preguntas para identificar oportunidades de mejorar la gestión del rendimiento y los sistemas que la respaldan en tu organización. Si tus sistemas tienen algunas lagunas, piensa en cómo cubrirlas personalmente o para tu equipo, y cómo podrías influir en la empresa:

- Cuando se establecen metas, ¿son solo metas de rendimiento o también se identifican las habilidades que se desea mejorar y cómo hacerlo?
- ¿Se reflexiona y habla sobre el aprendizaje y la mejora, y sobre qué hay que ajustar?
- ¿Se evalúa a las personas en relación con otras o en función de su propia eficacia?
- ¿Los objetivos de rendimiento son solo individuales o también de equipo? (Los objetivos de rendimiento de equipo pueden promover la colaboración, tanto para el rendimiento como para el aprendizaje).
- ¿Existen estructuras más allá del proceso de evaluación formal para aprender y recibir comentarios regularmente?

## ESTABLECER SISTEMAS SOBRE CÓMO APRENDER

Una organización necesita estructuras y sistemas para respaldar el desarrollo de habilidades y capacidades, que variarán en función de las necesidades de la organización.

Dona Sarkar, la ingeniera de *software* que dirige el equipo de apoyo de Power Platform de Microsoft, ha observado que el estilo de formación de la empresa ha cambiado drásticamente en los últimos años después de que Satya Nadella se convirtiera en director ejecutivo.[10]

«Nuestra formación solía ser tecnología, tecnología y más tecnología. Ahora, cuando miro mi plan de formación, incluye cosas como "IA ética". Si creas IA (inteligencia artificial) y no piensas en cómo afecta a las personas en Sudáfrica, por ejemplo, lo estás haciendo mal. Por lo tanto, la IA ética es una formación obligatoria importante para todos los trabajadores de la empresa».

Otras formaciones obligatorias en Microsoft incluyen creación de equipos inclusivos, análisis de privilegios y comunicación a través de las diferencias. Se proporcionan muchas otras formaciones y recursos opcionales para aquellos que desean profundizar más.

Estas estructuras para la formación y el crecimiento profesional se utilizan para desarrollar no solo habilidades específicas, sino también la identidad, el propósito, las creencias y los hábitos compartidos que constituyen fuertes hélices del crecimiento.

«Hacemos que personas de todas las generaciones tengan su lugar: generación Z, *millennials*, generación X y los hijos del *baby boom*. Un objetivo es entender los diferentes estilos de comunicación a lo largo de las décadas y las generaciones –afirma Dona–. Había un grupo de personas que no lo entendían y decían: "¿Qué? ¿Para qué hablamos de esto en el trabajo? No tiene nada que ver con lo que hacemos". Sinceramente, para aquellos que no consiguen entender la razón, la respuesta es que a lo mejor esta empresa no es la adecuada. Porque realmente es una empresa que valora llevar todo tu ser al trabajo y convertirlo en un lugar seguro para que todos los demás puedan hacerlo también».

Con el fin de contribuir de manera más amplia, Microsoft ha puesto a disposición de cualquier persona muchos de sus recursos de aprendizaje sobre diversidad e inclusión de forma gratuita en el sitio web Microsoft Inclusion Journey.[11]

Liquidnet es otra empresa que tiene muchas estructuras para apoyar el aprendizaje. Una es muy simple pero poderosa: todos los empleados a tiempo completo pueden recibir un monto de hasta dos mil quinientos dólares por programas de desarrollo profesional y formación continua. Este beneficio no termina con asistir al programa; se espera que los empleados compartan lo aprendido con sus colegas. «El aprendizaje continuo está integrado en el ADN de la organización —afirma Jeff Schwartzman, director global de aprendizaje de la empresa—. Es parte de nuestros procesos empresariales normales. Por ejemplo, alguien regresa de un seminario y les dice a sus colegas: "He hecho un curso excelente sobre pensamiento estratégico. Aprendí que existen cinco tipos diferentes de pensamiento estratégico y cómo aplicarlos a diferentes situaciones"». Si se queda en eso, genial. El equipo se habrá beneficiado de este aprendizaje. A veces, incluso va más allá. Un colega podría decir: "Qué interesante. Voy a inscribirme en ese seminario" o "Voy a probar lo que acabo de aprender de mi colega y compartir mi experiencia". Para nosotros, el aprendizaje debe ser contagioso».[12]

En Telenor, una de las empresas de telecomunicaciones móviles más grandes del mundo, cada empleado recibe cuarenta horas de trabajo remunerado al año para dedicarlas al aprendizaje, dentro o fuera de su lugar de trabajo.[13] Para fomentar su cultura, la empresa una vez desafió al personal a batir el récord Guinness mundial de la mayor cantidad de individuos en completar una lección de desarrollo personal en línea en veinticuatro horas, hazaña que lograron.[14] Para el reto, eligieron un curso sobre la mentalidad de crecimiento. Tuve el honor de participar en un vídeo que invitaba a los miembros del personal a participar en el desafío, que la empresa aprovechó como una oportunidad para aumentar los conocimientos de sus trabajadores sobre el aprendizaje y el crecimiento.

New York Life (NYL) tiene numerosas iniciativas para ayudar a los empleados a crecer y desarrollar habilidades. Una de ellas, llamada Programa de movilidad interna, les ofrece asesoramiento y talleres sobre temas tales como planificación de la carrera, redacción de currículums y entrevistas eficaces.[15]

La empresa también anima a todos los agentes a unirse a un «grupo de estudio», un grupo de compañeros que se reúnen regularmente para apoyarse y aprender unos de otros, como al que se unió Lizzie Dipp Metzger. Como era de esperar, los agentes que participan en grupos de estudio tienen muchas más probabilidades de lograr un mayor rendimiento. De acuerdo con encuestas realizadas entre agentes, NYL estima que el cincuenta y ocho por ciento de sus agentes de mayor éxito pertenece a grupos de estudio, en comparación con solo el siete por ciento de los agentes con menos éxito. A partir de las conversaciones que he tenido con muchos de los agentes de alto rendimiento de esta empresa, sé que muchos de los que no pertenecen a grupos de estudio recurren regularmente a otras estrategias de la zona de aprendizaje.[16]

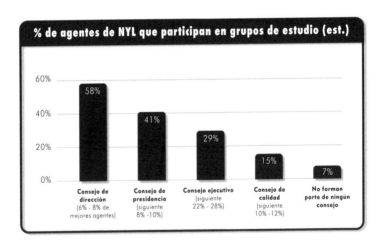

Esta relación entre la zona de aprendizaje y el rendimiento también se ha demostrado mediante investigaciones académicas. Sabine Sonnentag y Barbara Kleine descubrieron que los mejores agentes de seguros dedican tiempo al aprendizaje al menos una vez a la semana. Leen para ampliar sus conocimientos, consultan con colegas o expertos, prueban nuevas estrategias, realizan simulaciones mentales, piden comentarios y reflexionan.[17]

Es como vimos anteriormente en este capítulo con ClearChoice Dental: cuantos más vendedores revisan los vídeos para aprender de ellos, mejores son sus resultados. Vemos este patrón en diversas empresas y sectores. Demuestra que la zona de aprendizaje no resta valor al alto rendimiento, sino que lo hace posible.

Las herramientas y estructuras que abarcan toda la organización pueden respaldar cualquiera de las estrategias de la zona de aprendizaje que hemos examinado hasta ahora: experimentación, revisiones a mitad de ciclo y comentarios, por nombrar algunas. Cuando los dirigentes veteranos ofrecen estas estructuras y herramientas en lugar de depender de gerentes y empleados para desarrollar estos hábitos por su cuenta, se vuelve más fácil para todos participar regularmente en la zona de aprendizaje.

Cualquiera de nosotros puede poner en marcha recursos y programas que ayuden a nuestros colegas a aprender sobre la mentalidad de crecimiento y otras creencias, hábitos y principios fundamentales, o señalar excelentes recursos que ya están disponibles. Puede ser tan simple como proporcionar a cada uno un presupuesto anual para los programas de aprendizaje a los que desea asistir, como hace Liquidnet, u ofrecer orientación y espacios para que los empleados aprendan unos de otros, como hace New York Life. Y si nuestra principal esfera de influencia es el nivel de equipo en lugar de toda una organización, podemos organizarnos con nuestros colegas cercanos para implementar cualquiera de estos enfoques.

A la hora de crear iniciativas para apoyar el desarrollo, debemos tener en cuenta a quién están abiertos estos programas y recursos. Todo el mundo debería tener acceso a recursos para seguir desarrollándose, desde los más novatos hasta los más veteranos. Si elegimos designar algunos programas solo para empleados catalogados como de «alto potencial», deberían existir programas similares para los demás, y debemos tener cuidado de no clasificar para siempre a las personas como de alto potencial o no.

Hazte estas preguntas:

- ¿Cuál es la habilidad más importante en la que tú, tu equipo o tu organización debéis ser excelentes?
- ¿Qué estrategias de la zona de aprendizaje impulsarían el desarrollo de esa habilidad o capacidad? ¿Qué estructuras pueden fomentar el uso de esas estrategias?
- ¿Quién podría ser un patrocinador o aliado para ayudar a fortalecer las estructuras de la zona de aprendizaje?

## ESTABLECER ESTRUCTURAS PARA ASUMIR RIESGOS Y EXPERIMENTAR

Las grandes empresas tecnológicas como IBM o Google tienen equipos de I+D (innovación + desarrollo) cuyo trabajo es explorar territorios inexplorados: expandir los límites de la ciencia, inventar nuevas tecnologías y convertirlas en productos. Estas estructuras han dado lugar a muchos de los inventos sin los que la mayoría de nosotros no podemos vivir, desde ordenadores personales y teléfonos inteligentes hasta aparatos de imágenes médicas y conectividad inalámbrica.

La empresa multinacional de servicios profesionales Deloitte lanzó Deloitte Ventures como un recurso para que cualquier empleado acceda a estrategias, herramientas y comunidades innovadoras.[18] La empresa internacional de fabricación textil Coats creó Innovation Hubs, espacios dotados con equipos especializados para que los empleados ideen y creen prototipos de nuevas ideas de productos junto con clientes y proveedores.[19] Microsoft implementó *hackathones*\* masivos para que cualquier empleado reúna un equipo e idee, prototipe,

---

\* Un *hackathon* es un encuentro de programadores con el objetivo de crear nuevos sistemas de *hardware* o *software* de forma colaborativa. Para tal labor, los participantes se reúnen durante dos o tres días o incluso más para trabajar de forma intensa en su labor, dependiendo de la complejidad del reto. Los términos que conforman la palabra *hackaton* son *hacker* y *marathon*. La palabra *hacker* hace alusión a las soluciones tecnológicas e innovadoras que se persiguen, es decir, a la parte más científica del proyecto, aunque siempre de un modo ameno. Por otra parte, como bien indica el término *marathon*, se trata de una carrera de fondo, larga y en definitiva, de una competición. (Fuente: hackatonspain.com).

pruebe y desarrolle de forma colaborativa cualquier idea nueva en la que quiera trabajar.[20]

Pero ¿necesitamos alta tecnología o presupuestos exorbitados de I+D para ampliar nuestras competencias o innovar?

¡Por supuesto que no! En el nivel de equipo, cuando Brad Willoughby, director de Oracle Cloud Infrastructure, dirigía la organización de gestión de incidentes graves, instituyó pequeños experimentos como una forma de promover una cultura de asunción inteligente de riesgos. Cada trimestre, cada uno de los miembros de su equipo hacía un experimento de su elección y presentaba los hallazgos a sus compañeros. Lo que importaba era participar, asumir riesgos inteligentes e intercambiar lecciones aprendidas.[21]

Con este procedimiento, el equipo realizó muchas mejoras en los procesos, como poner fin a una tarea de comunicación diaria recurrente que consumía mucho tiempo y era mentalmente agotadora y, según la hipótesis planteada, no generaba información útil. Gracias al experimento para eliminar esta tarea, lo que no generó quejas de quienes recibían los informes, los miembros del equipo descubrieron que tenían más poder para influir en su entorno de lo que creían. Y, lo que es más importante, se fomentó una cultura de asunción inteligente de riesgos.

Al pensar en formas de impulsar la experimentación, considera lo siguiente:

- ¿Qué momentos y espacios pueden servir como zonas de bajo riesgo para que las personas se aventuren a aprender, sin causar un daño significativo?
- ¿Cómo se puede reunir a personas diversas, tal vez a través de funciones u organizaciones, para ampliar la gama de ideas, perspectivas y conocimientos?
- ¿Cómo se pueden establecer estructuras que guíen a las personas y les recuerden que el propósito de la experimentación es aprender?

## AMPLIAR LAS PRÁCTICAS QUE FUNCIONEN

No hay ninguna razón por la que los pequeños experimentos trimestrales, o cualquier otra estructura de la zona de aprendizaje, no puedan instituirse en el nivel de departamento o de toda la organización. Eso puede contribuir a promover la cultura, la comunidad, la identidad, las creencias y los hábitos. Pero ten cuidado de no imponer demasiado. Los *hackathones* de Microsoft, los grupos de estudio de New York Life y los programas de Deloitte Ventures son opcionales, lo cual es buena idea.

Tenemos que equilibrar el hecho de generalizar las estructuras y los procesos que funcionan, lo que también facilita que las personas actúen, con no eliminar la capacidad de cada cual para elegir lo que funciona mejor para sí mismo y probar otros enfoques que podrían resultarle más útiles. Una forma es hacer que los programas sean fácilmente accesibles, pero opcionales.

Ten en cuenta ese equilibrio cuando diseñes estructuras para toda la organización a fin de promover una cultura y unos hábitos de aprendizaje, tales como:

- rituales de innovación como *hackathones* o pequeños experimentos trimestrales;
- formas de aprovechar la experiencia externa, como el acceso a LinkedIn Learning, eventos de oradores externos o recursos de asociaciones profesionales;
- herramientas para poder probar nuevas ideas con grupos pequeños antes de lanzarlas a lo grande;
- estructuras para analizar errores y fracasos, transformar los procesos que condujeron a ellos y compartir las lecciones aprendidas.

## CÓMO SELECCIONAR, CONTRATAR E INCORPORAR PERSONAL PARA CRECER

La selección, la contratación y la incorporación pueden ayudarnos no solo a elegir a personas que ya son versadas en el aprendizaje, sino también a impulsar sus transformaciones futuras.

Los nuevos empleados están pasando por una transición en su vida, lo cual es una oportunidad para el cambio. Eso puede incluir partes de su identidad, creencias y hábitos.

Durante las transiciones, las personas saben que necesitan hacer cambios para adaptarse al nuevo contexto. Están muy atentas a cómo se comportan los demás en su nuevo entorno y a lo que valoran, para poder actuar en consecuencia con el fin de ser aceptadas y prosperar.

Esto supone una oportunidad.

Por esta razón, muchas intervenciones de investigación sobre la mentalidad de crecimiento se realizan en tiempos de transición, como cuando se comienza en una nueva escuela, curso, universidad o programa.

Queremos poner en marcha sistemas que dejen claro a las posibles nuevas incorporaciones aquello por lo que aboga nuestra organización como, por ejemplo, aprender, asumir riesgos, hablar sobre los fracasos, solicitar comentarios y abrazar el cambio. Queremos que las personas que se sienten atraídas por esas filosofías se involucren enérgicamente en el proceso de selección y que quienes las rechazan busquen otros lugares más adecuados para ellos. Y queremos que aquellos que se incorporen aprendan más sobre cómo poner en práctica esos valores todos los días en colaboración con otros.

Este mensaje claro no solo ayuda a atraer a las personas con las hélices del crecimiento más potentes, sino que también les aporta mayor claridad y confianza para demostrar los comportamientos deseados desde el principio, en lugar de ser más cautelosas y sentir que tienen que aprender más sobre la cultura antes de asumir riesgos.

En ClearChoice, la incorporación de los nuevos vendedores comienza con una serie de misiones de aprendizaje que completan

LA PARADOJA DEL RENDIMIENTO

durante su «semana de observación». Una de las primeras misiones es una búsqueda del tesoro para aprender sobre la estructura organizativa, entrevistar a colegas clave y reflejar lo que aprenden en una hoja de papel. A continuación, estudian el formulario que los vendedores tienen que rellenar para cada interacción con el cliente y se sientan en las consultas con este para observar y ejercer de asesor con un vendedor más experimentado a medida que aplican el formulario en la vida real. El hecho de asesorar se considera como un proceso de aprendizaje. «Nadie aprende más que quien asesora», según afirma Andy Kimball.

Una vez que completan esos pasos, los nuevos empleados van a la sede de la empresa en Denver para informar sobre lo que han aprendido, estudiar los valores y principios de la empresa, ver vídeos de consultas reales para evaluar prácticas eficaces e ineficaces y, finalmente, practicar en juegos de rol muy realistas.

«El objetivo no es enseñarles un guion. No creemos en los guiones. Creemos en enseñar conceptos y principios para el éxito. Luego, ofrecemos una estructura, una secuencia de prácticas recomendadas en la que aplicar esos principios —explica Andy—. Lo que queremos es que encuentren su propia voz. Practicamos para que recuerden los pasos, luego practicamos para que entretejan su propia voz en esos pasos. Es como ensayar para una obra de teatro: primero tienes que recordar las palabras, luego tienes que hacerlas tuyas, y puedes improvisar una vez que realmente entiendes lo que estás tratando de lograr».[22] En el proceso, los novatos ven claramente que el aprendizaje no termina con la incorporación.

## FOMENTAR LA PERTENENCIA, LA CONFIANZA Y LA COLABORACIÓN

En la hélice del crecimiento, la pertenencia, la confianza y la colaboración son elementos clave del aspa de la *comunidad*. Claramente, los procesos de incorporación que conforman esos elementos preparan a las personas y a los equipos para el éxito, y podemos seguir reforzándolos en el futuro.

Accenture realiza la incorporación de más de ciento cincuenta mil nuevos empleados en todo el mundo cada año en el mismo lugar, llamado One Accenture Park. Se trata de un espacio virtual ubicado en la «planta N» del metaverso de Accenture. Para obtener una experiencia totalmente inmersiva, los nuevos empleados usan un casco de realidad virtual que los lleva de manera efectiva a este espacio. Pueden moverse, conocer a otros nuevos empleados de todo el mundo y hablar con ellos. Al igual que en una habitación real, escuchan a las personas con las que están hablando alto y claro, y a otras cercanas a un volumen más bajo de fondo. Una vez que comienza el programa formal, se teletransportan a réplicas de espacios reales, como el laboratorio de innovación de Accenture en San Francisco. Esto permite que los nuevos empleados aprendan sobre la empresa y se sientan bienvenidos y conectados con los demás. El espacio virtual seguirá estando disponible en el futuro para que se hagan reuniones de trabajo o simplemente para socializar.[23]

Por supuesto, también hay formas que no requieren tecnología avanzada para fomentar la pertenencia, la confianza y la colaboración. Muchas organizaciones reúnen a sus miembros a través de servicios de videoconferencia asequibles o en persona.

El que fuera durante mucho tiempo director ejecutivo de Dale Carnegie & Associates, Peter Handal, fomentaba la confianza y la pertenencia al recordar con frecuencia a todos en reuniones y comunicaciones que la empresa tenía varios directores de ética asignados a los que se podía acudir en relación con cuestiones éticas, incluido cualquier tipo de acoso. Handal proporcionaba regularmente a todos el número de teléfono móvil del abogado externo al que podían recurrir si no se sentían cómodos planteando un problema a un director de ética interno. Esto no solo daba un sentido de agencia y transparencia si surgía algún problema ético o de acoso, sino que también todos tenían la sensación de que eran valorados y estaban protegidos.[24]

Cuando se tiene la intención de promover la pertenencia, la confianza y la colaboración, es importante invertir en la zona de aprendizaje para ser más consciente de las dinámicas que a menudo afectan a los grupos subrepresentados. Por ejemplo, cuando casi todos los miembros pertenecen a un grupo demográfico en particular, es posible que las personas del conjunto mayoritario no discriminen o traten a nadie de manera diferente de forma consciente, por lo que pueden no tomar en consideración características sociodemográficas tales como la raza o el género y verlas como algo que no supone un problema. Pero las personas de los grupos subrepresentados tienden a notar que son los únicos en una habitación. Se preguntan por qué, y pueden ser cautelosos a la hora de asumir riesgos que podrían reforzar los estereotipos negativos sobre su grupo. Claude Steele, profesor de Psicología de la Universidad de Stanford, denominó a este fenómeno *amenaza del estereotipo*. Como describe en su libro *Whistling Vivaldi* [Silbar melodías de Vivaldi], esto afecta negativamente al rendimiento de las personas, y una mentalidad de crecimiento ayuda a mitigarlo.[25]

Cuando tenemos una fuerza laboral diversa y fomentamos el sentido de pertenencia, no solo evitamos que la amenaza de los estereotipos afecte al rendimiento, sino que también aumentamos la inteligencia del grupo. Al existir más variedad de personas que se expresan, nos beneficiamos de más variedad también en cuanto a conocimientos y perspectivas, lo que genera ideas más informadas y creativas. Esto refuerza nuestra efectividad colectiva en cualquier situación, pero especialmente cuando pretendemos dar servicio a una base de clientes diversa. Es compatible tanto con la zona de aprendizaje como con la zona de ejecución.

## ESTABLECER ESTRUCTURAS PARA FOMENTAR LA DIVERSIDAD Y LA INCLUSIÓN

Durante su primer año en Stanford Graduate School of Business, Eugene Baah y Patrick Kann compartieron habitación.[26] A principios de año, los dos salieron a cenar por el vecindario. Hicieron el pedido en el mostrador, pagando por separado, cada uno con su tarjeta de crédito, pero solo le pidieron a Eugene que se identificara. Ambos tenían claro que la razón era la raza: Eugene es un hombre negro de piel oscura, mientras que Patrick parece blanco.

Patrick se sorprendió por el comportamiento del cajero, pero también de que Eugene no pareciera inmutarse. Patrick, que es de Brasil, estaba confundido. Veía a Eugene como un refinado compañero de clase de Stanford, graduado en la Universidad de Princeton, con un sofisticado acento británico. ¿Por qué discriminaron a Eugene y no a él? Para cuando se sentaron a esperar la comida, Patrick había procesado sus pensamientos lo suficiente como para expresar su asombro a Eugene por lo que acababa de ocurrir. Eugene le explicó que ese tipo de cosas le sucedían todo el tiempo. Patrick preguntó qué debían hacer, si debían hablar con el gerente. Eugene le dijo: «Patrick, esto es lo que me gustaría que hicieras. Un día, fundarás tu propia empresa. Quiero que te asegures de que las personas que contrates no actúen así». Fue un momento transformador. Una década más tarde, Patrick cofundó Papaya, la aplicación móvil de pago de facturas. El otro socio fundador, Jason Meltzer, otro hombre blanco, también se preocupaba por la equidad, y se propusieron crear un lugar de trabajo diverso e inclusivo.

Y, sin embargo, dos años después de que Patrick y Jason fundaran Papaya, miraron a su alrededor y se dieron cuenta de que habían reunido un equipo de media docena de hombres blancos. Habían cometido el error de centrarse tanto en la investigación de las necesidades de los clientes, la creación de prototipos y la comprobación de supuestos que habían pasado por alto la creación de estructuras para fomentar la fuerza laboral diversa e inclusiva que buscaban. Aprendieron de su error y comenzaron a poner en marcha sistemas, y desde entonces han logrado un gran progreso. Hoy en día, alrededor del sesenta por ciento de su personal proviene de grupos subrepresentados, lo que consideran una gran fuente de fortaleza para la organización.

Evitan las cuotas de contratación, ya que piensan que establecer procesos para atraer a grupos más diversos de candidatos puede ser más eficaz para aumentar la diversidad. Por ejemplo, Papaya ahora es muy cuidadosa en la forma en que redacta las ofertas de trabajo.

«Sabemos que, en promedio, los solicitantes de empleo subrepresentados tienen menos probabilidades de presentarse para un trabajo si no cumplen con todos los requisitos —señala Patrick—. Por lo tanto, eliminamos todo lo que sea preferible y solo incluimos lo imprescindible. Y nos preguntamos a nosotros mismos cosas como: "¿Necesitan cinco años de experiencia? ¿Podrían ser cuatro, podrían ser tres?". Siempre nos desafiamos a nosotros mismos a poner cosas que son estrictamente necesarias».

También establecen claramente los valores de Papaya con respecto a la diversidad y la inclusión en la parte superior de cada publicación. Esto fomenta la autoselección de gente afín a sus valores y también atrae a personas de grupos subrepresentados. En una ocasión, cuando Patrick estaba entrevistando a una persona de color, le preguntó por qué quería trabajar en Papaya. Sin vacilar, recitó de memoria parte de la declaración de valores de la empresa que aparecía en la parte superior de la oferta de trabajo: «La flexibilidad, la comunicación y la voluntad de aprender son de suma importancia. Papaya cree que la diversidad ayuda a crear una cultura inclusiva en la que todos los miembros del equipo puedan crecer, contribuir y sentirse valorados. Si estás de acuerdo, ¡nos encantaría saber de ti!».

Una vez que los candidatos llegan a la sede para una entrevista, ven una oficina que Patrick describe como «aburrida». La idea es eliminar cualquier decoración o artículo que pueda enviar un mensaje sutil a los candidatos de que no es su lugar.

«No tenemos mesas de *ping-pong* porque podrían desanimar a la gente a la que no le gusta el *ping-pong* —me comentó—. Eliminamos cualquier cosa que pueda estar asociada con algún tipo de grupo demográfico. Es decir, es una oficina aburrida a propósito».

Los empleados pueden personalizar su espacio, pero el espacio común no tiene adornos.

Si el candidato es entrevistado por un grupo de personas, Papaya se asegura de que esté compuesto por empleados que representen una variedad de grupos demográficos. Papaya tampoco es tímida a la hora de contratar a un gran candidato de inmediato, incluso si el puesto que ocupará no va a estar disponible hasta dentro de seis meses o un año.

Al principio, Papaya operaba como muchas empresas emergentes impetuosas, sin formalidades tales como cargos jerárquicos o revisiones anuales de rendimiento. Pero descubrió que las evaluaciones de rendimiento pueden ser muy valiosas para los miembros del personal subrepresentados, ya que les dan una idea de dónde se encuentran y qué deben hacer para avanzar al siguiente nivel. La compañía también descubrió la importancia de los cargos.

«En las empresas emergentes es común decir: "No se trata de cargos, se trata de la actitud, del impacto en la empresa" –afirma Patrick–. Pero la realidad es que si eres un profesional que pertenece a un grupo subrepresentado, puedes verte más afectado por el sesgo inconsciente. Por ejemplo, si eres director o gerente, la forma en que te escuchan es diferente. Hemos aprendido que, en realidad, los cargos son muy importantes en términos de inclusión».

Los avances en cuanto a diversidad e inclusión en Papaya se han producido como resultado de que sus dirigentes continúan entrando en la zona de aprendizaje para perseguir los objetivos que les importan. Y lo hacen no solo para ayudar a personas concretas, sino para mejorar los sistemas de la empresa en beneficio de todo el personal presente y futuro, y de la organización en su conjunto. Su enfoque ha ayudado a Papaya a desarrollar un gran servicio, recaudar más de sesenta y cinco millones de dólares en financiación y ampliar su base de clientes a cientos de miles de organizaciones y muchos millones de usuarios.[27]

Cuando los dirigentes no siguen entrando en la zona de aprendizaje para cuestionar sus suposiciones y descubrir enfoques más efectivos, las culturas aparentemente fuertes de las organizaciones pueden ser un obstáculo importante para el progreso y el crecimiento.

La activista ambiental y emprendedora social Angelou Ezeilo, que es afroamericana, fundó una organización sin ánimo de lucro llamada Greening Youth Foundation para educar a jóvenes de color sobre la importancia vital de cuidar el medioambiente y darles a conocer la amplia gama de carreras en el ámbito medioambiental.[28]

Como escribió Ezeilo en su libro *Engage, Connect, Protect* [Compromiso, conexión, protección], cuando los organismos federales contrataban gente del grupo de solicitantes de GYF, centraban su evaluación en información que era relevante para las habilidades necesarias en el trabajo.[29] Por tanto, esa es la información que GYF estaba acostumbrada a proporcionar, ya que los organismos gubernamentales constituían su base de clientes principal.

Sin embargo, cuando Ezeilo comenzó a dirigirse a empresas privadas, se dio cuenta de que funcionaban de manera diferente.

«Querían mucho más. ¿Qué intereses personales tienen? ¿Cuáles son sus pasatiempos? Estábamos atónitos, tratando de averiguar qué buscaban estas empresas. ¿Por qué se preocupaban por todos estos aspectos intangibles? Con el tiempo nos dimos cuenta de que estaban pensando en su cultura corporativa».

Ezeilo y su equipo observaron que las empresas estaban tratando de evaluar cuáles de los solicitantes de GYF podrían ser «adecuados». Pero cuando las empresas no examinan si su idea de «adecuación» es excluyente, como en el caso de Papaya, es fácil que terminen con una fuerza laboral homogénea. Esto ha contribuido a que el movimiento ecologista sea mayoritariamente blanco.

Los procesos de contratación de las empresas con las que Ezeilo se relacionaba estaban en conflicto directo con su nuevo objetivo de diversificar su fuerza laboral.

Ezeilo señala que fomentar la pertenencia no es solo una cuestión racial. Incluso dentro de su fundación, cuyo personal es todo de raza negra, hubo algunos momentos difíciles, como cuando trató de incorporar prácticas de bienestar como la meditación y el yoga en la cultura de la empresa. Uno de sus empleados se quejó de que se sentía incómodo estando a solas con sus pensamientos porque estaba pasando por algunas dificultades personales.

«Nunca se me habría ocurrido algo así. No dejo de aprender cuando trato con el personal. Se trata de momentos importantes, que demuestran el valor de la diversidad y en los que hay que tener en cuenta muchos puntos de vista diferentes. La diversidad nos empuja a todos a ser empáticos. Y, lo que es igual de importante, a ser flexibles».

Esto significa identificar lo que es verdaderamente esencial y reunir un equipo de personas de todos los ámbitos de la vida que compartan esa pasión y enfoque.

Como ilustran estas historias, el camino para fortalecer la pertenencia, la confianza y la colaboración, especialmente cuando se trata de fomentar la diversidad, la equidad y la inclusión, implica muchos momentos de revelación. Cuando surgen estas sorpresas, debemos reflexionar sobre ellas para extraer sus preciosas enseñanzas.

También podemos participar de manera proactiva en un viaje de aprendizaje para leer o escuchar lo que las personas de grupos subrepresentados tienden a experimentar y lo que los expertos han descubierto. A continuación, podemos cuestionar cualquiera de nuestros sistemas organizativos, tales como las estructuras jerárquicas, la composición de los equipos y quién colabora con quién. Algunas preguntas que puedes tener en cuenta son:

- ¿Cómo puedo saber si todos experimentan una sensación de pertenencia?
- ¿Cuándo podríamos estar excluyendo a personas de conversaciones importantes y cuándo podríamos estar abrumándolas con demasiada información o demasiadas reuniones?
- ¿Todos se sienten apoyados en la búsqueda de áreas de interés más amplias?
- ¿Es posible que a veces tenga expectativas más bajas para algunos grupos de personas, y cómo podría afectar eso a mis interacciones con ellos y cuánto evolucionan como resultado?

- ¿Quiénes interactúan con los clientes? ¿Quiénes *no* lo hacen, y eso les impide aprender directamente de las personas a las que damos servicio?
- ¿Existen rotaciones de puestos de trabajo y otras estructuras interdivisionales para promover el pensamiento sistémico, la colaboración multidisciplinaria y una identidad solidaria en toda la organización?

## LLEVAR A CABO ENCUESTAS DE OPINIÓN

Mediante la participación en conversaciones abiertas y sinceras cuando colaboramos, podemos obtener una buena idea de la fortaleza de nuestra cultura y el grado en que las personas están adoptando comportamientos de la zona de aprendizaje. Pero no debemos detenernos ahí.

La realización periódica de *encuestas de opinión* genera datos más objetivos, lo que ofrece a todos las mismas posibilidades de expresarse y nos ayuda a descubrir puntos ciegos y percepciones sesgadas en las interacciones. Esto nos permite actuar con base en datos y no en suposiciones. Acostúmbrate a medir las experiencias de todos los empleados preguntando en qué medida están de acuerdo con afirmaciones tales como:

- Esta empresa se preocupa por mi desarrollo y lo respalda.
- Mi supervisor me anima a asumir riesgos inteligentes y reconoce que es posible que no resulten según lo planeado.
- Cuando las personas cometen errores o se arriesgan y fracasan, los colegas responden extrayendo lecciones en lugar de culpando.
- Mis compañeros solicitan comentarios con frecuencia y aprenden de ellos en lugar de ponerse a la defensiva.
- Los dirigentes veteranos solicitan comentarios, indican lo que están intentando mejorar, y comparten sus errores y lecciones aprendidas.

Considera también la posibilidad de pedir comentarios para que los empleados tengan la posibilidad de compartir ideas que puedan no estar en tu radar.

## MUCHAS VÍAS HACIA UNA ORGANIZACIÓN DE APRENDIZAJE CONTINUO

Una organización de aprendizaje continuo no tiene como único beneficio una plantilla de empleados comprometidos y felices. Una organización de este tipo que de verdad funcione bien también ofrecerá un mejor rendimiento y un balance final más sustancioso.

Microsoft realmente transformó su cultura, lo cual tuvo resultados. En los ocho años posteriores a que Satya Nadella se convirtiera en director ejecutivo, los ingresos se duplicaron con creces. Las ganancias netas se triplicaron con creces. El precio de las acciones aumentó más del setecientos por ciento. Para un gigante mundial que tenía casi cuatro décadas cuando Nadella asumió el cargo, es algo notable. Esto fue el resultado de identificar los principios clave del éxito, alinearse en torno a ellos y trabajar para cambiar todas las estructuras y comportamientos en consecuencia.

Al evaluar las políticas de tu empresa en el camino hacia una cultura de aprendizaje, ten en cuenta que cualquier política o estructura puede promover inadvertidamente una mentalidad fija, una mentalidad de crecimiento o ninguna de las dos. Nos interesa evitar las estructuras en las que se puede interpretar que las habilidades se consideran fijas, como los sistemas de evaluación que simplemente comparan a las personas entre sí y, por lo tanto, sugieren que el talento es un juego de suma cero.

También nos interesa tener muchas formas claras de respaldar la zona de aprendizaje en las rutinas diarias, de modo que sea evidente que el desarrollo de las personas, los equipos y la organización es una prioridad básica y que se fomenta de manera real.

Eso no significa que debamos tratar de poner en marcha un montón de nuevas estructuras de la noche a la mañana. Podemos partir desde donde estamos, invitando a la gente a experimentar y mejorar desde ahí, centrándonos en aquello en lo que más seamos capaces de influir. Podemos fomentar la realización de pruebas y la iteración, así como la idea de que una gran cultura está en constante evolución.

Ya que tenemos una sólida imagen de organizaciones de aprendizaje continuo, en los próximos capítulos profundizaremos en las formas de fomentar en los equipos la proactividad en lo que respecta al aprendizaje, que son uno de sus elementos clave.

## PREGUNTAS PARA REFLEXIONAR

- ¿Todos tienen un sentido de pertenencia en mi organización? ¿Qué estructuras podrían necesitar modificaciones para ser más inclusivas?
- ¿Hay rutinas establecidas para que todos identifiquen regularmente los objetivos de aprendizaje y cómo perseguirlos, evaluar el progreso e identificar los ajustes deseados?
- ¿Qué estructuras y sistemas podrían respaldar mejor los hábitos de aprendizaje que mis colegas y yo queremos establecer y promover, y qué estructuras podrían estar interponiéndose en el camino?

## DE CARA AL PRÓXIMO CAPÍTULO

¿Cómo puedo inspirar a mi equipo para que acceda a las dos zonas?

# Capítulo 9

# CÓMO HACER QUE LOS EQUIPOS ACCEDAN A LAS ZONAS

**GRAN IDEA** *Unas normas, principios y técnicas potentes pueden permitir a cualquier equipo acceder a las dos zonas. Puedes inspirarte en el* Design Thinking *y adaptar sus técnicas para crear una cultura de aprendizaje auténtica y potente.*

Cuando comencé mis estudios de posgrado en Stanford, la universidad acababa de presentar el Instituto de Diseño Hasso Plattner. La «d.school», como se la conoce, se alojó inicialmente en módulos temporales instalados en el campus. Dieciocho meses después, todavía sin espacio propio, se trasladó a otro departamento. Fiel a la filosofía de la escuela, estaba creando prototipos de sí misma a medida que ofrecía sus clases y programas iniciales, en algunos de los cuales participé. La dirección y los estudiantes aprendían durante la práctica, y fue una maravilla observarlo y experimentarlo.

Un compañero de clase, Razmig Hovaghimian, hizo un curso llamado Design for Extreme Affordability (Diseños para una asequibilidad extrema), apodado *Extreme*. Lo asignaron a un grupo con otros tres estudiantes, todos desconocidos para él, y se les planteó un desafío.[1]

Todos los años, mueren más de tres millones de bebés en los primeros veintiocho días de vida. Una razón importante, especialmente para los que nacen prematuros, es la hipotermia. Aunque el bebé sobreviva, puede causar problemas de salud de por vida, tales como deterioro cognitivo, diabetes de inicio temprano y enfermedad hepática. Para prevenir la hipotermia, los bebés prematuros se colocan en incubadoras que los mantienen calientes. Sin embargo, estos dispositivos son muy costosos, alrededor de veinte mil dólares, y no están disponibles en muchas partes del mundo.

El programa Extreme desafiaba a los estudiantes a encontrar soluciones que costaran un uno por ciento del coste de las alternativas disponibles en ese momento. Esto significaba que el equipo de estudiantes debía diseñar una incubadora que no costara más de doscientos dólares. Además, todos los diseños debían ser lo suficientemente pequeños como para llevarlos en una mochila o bicicleta.

Los estudiantes se sumergieron en la zona de aprendizaje para investigar el problema. Como Tom y David Kelley describen en su libro *Creative Confidence* [Confianza creativa], enviaron a uno de sus compañeros de equipo, Linus Liang, a Nepal para reunirse con médicos, padres y otras personas afectadas por el problema.[2] Se sorprendió al encontrar incubadoras sin usar en los hospitales. Algunas eran donaciones, pero no siempre había un técnico capacitado disponible para utilizar las máquinas o para realizar el mantenimiento regular que requerían. Algunas incubadoras estaban en mal estado.

Linus averiguó que el noventa por ciento de los bebés que morían de hipotermia nacían en aldeas rurales, lejos de los hospitales. Las aldeas a menudo carecen de técnicos cualificados, fondos para comprar máquinas costosas o, en algunos casos, suministro eléctrico fiable. También se enteró de que el ochenta y cinco por ciento de los bebés nacían en casa.

Los estudiantes se propusieron diseñar un dispositivo que funcionara sin electricidad y que fuera económico, portátil, seguro y fácil de usar en casa por parte de la madre o la partera.

Al final del curso semestral, el equipo había diseñado un prototipo, similar a un saco de dormir, que podía proporcionar calor a la temperatura constante requerida de 98,6 grados Fahrenheit (37 °C) durante un máximo de cuatro horas. Era fácil de usar y portátil, y se podía recalentar (y desinfectar) rápidamente colocando uno de sus componentes dentro de una olla con agua hirviendo durante unos minutos. Más tarde, los estudiantes obtuvieron una patente por su invento.

Esta incubadora se podía fabricar por veinticinco dólares.

Los estudiantes hicieron el curso porque querían aprender sobre diseño y trabajar en proyectos en los que pudieran tener un impacto. Pero después de enterarse de una necesidad seria y tener una idea que podría salvar millones de vidas, se sintieron llamados a hacerla realidad tras graduarse. Crearon una organización sin ánimo de lucro, a la que llamaron Embrace, para desarrollar un producto viable y ofrecerlo al mundo.

Inicialmente decidieron centrarse en la India, un gran mercado donde nacen más de dos millones de bebés prematuros cada año, la mayoría en aldeas. Podrían fabricar los dispositivos allí y luego expandirse a países vecinos, como Nepal y Bangladesh.

El equipo se trasladó a Bangalore. Diseñaron un dispositivo que se podía fabricar con un bajo coste y que era reutilizable pero duradero, lo que no era una tarea fácil. El grupo también tuvo que hacer que el dispositivo fuera seguro, intuitivo, culturalmente apropiado y propicio para permitir las interacciones madre-hijo, siguiendo el método «madre canguro», respaldado por la Organización Mundial de la Salud.

Además de diseñar la incubadora, el equipo tuvo que averiguar cómo persuadir a las personas mayores y las parteras de las aldeas rurales para que confiaran en ellos lo suficiente como para colocar a los frágiles recién nacidos en ese nuevo dispositivo. A través de entrevistas, el equipo averiguó que necesitaban convencer a los médicos de las aldeas, quienes, según supieron, pedían consejo a los médicos de los pueblos y las ciudades. Descubrieron formas de trabajar a través de esta línea de acción y, finalmente, realizaron ensayos clínicos que demostraron que el dispositivo era tan efectivo como una incubadora tradicional.

En el momento de escribir esto, Embrace ha salvado más de trescientas cincuenta mil vidas en veinte países de África, Asia y América Latina, y lo ha hecho por menos del uno por ciento de lo que cuesta una alternativa inaccesible.[3]

Embrace es solo una de las organizaciones que han salido del programa Extreme. Otros dos compañeros míos, Sam Goldman y Ned Tozun, hicieron el mismo curso el año anterior, cuando se centró en Myanmar.[4] Al igual que el equipo de Embrace, no se conocían antes de este programa. A lo largo del curso, identificaron una gran necesidad de iluminación y energía asequibles, diseñaron un sistema de energía solar y fundaron d.light, una empresa cuyo nombre rinde homenaje a la d.school. Con el tiempo, desarrollaron una colección de productos que van desde linternas hasta sistemas domésticos completos, así como respaldo local, soluciones financieras y asociaciones con fabricantes de teléfonos, radios y televisores. Actualmente han vendido más de veinticinco millones de productos a familias con bajos ingresos y no conectadas a la red que antes no tenían acceso a energía, dispositivos o financiación fiables.[5] Han tenido un impacto en la vida de más de ciento cuarenta millones de personas en setenta países.[6] En el proceso, están contribuyendo a la transición mundial desde el queroseno, que emite gases de efecto invernadero y puede causar quemaduras e incendios, a la energía solar.

¿Qué poderoso proceso permite a un grupo de extraños sumergirse en un desafío del que no saben nada, convertirse en un equipo versado en el aprendizaje y destacar en las dos zonas para innovar de una manera que afecta a tantas vidas? Los principios y técnicas fundamentales que se enseñan en la d.school, llamados *Design Thinking* o *diseño centrado en el ser humano*, fomentan los equipos versados en el aprendizaje.[7] Este proceso de innovación fue iniciado por la empresa de diseño IDEO, cuyo fundador, David Kelley, también fue uno de los fundadores clave de la d.school, y ahora lo utilizan miles de organizaciones en todo el mundo.[8] Design Thinking puede preparar a cualquier equipo para superar la paradoja del rendimiento y ha dado lugar a innovaciones revolucionarias en empresas de primer nivel, tales como Airbnb, Apple, GE HealthCare, Google, IBM, Intuit, Microsoft, Netflix, Nike, Procter & Gamble, Uber y muchas otras.[9]

La buena noticia es que cualquiera puede aprender técnicas y filosofías de Design Thinking y usarlas para intensificar el aprendizaje en sus equipos de forma que actúen con ingenio e imaginación, todo mientras hacen que la vida y el trabajo sean más satisfactorios y «ligeros».

Design Thinking es solo un ejemplo. Hay muchas otras filosofías, normas y procesos que puedes utilizar para fomentar equipos que aprenden continuamente. Pueden estar inspirados por otros líderes u organizaciones incluidos en este libro o puedes inventar los tuyos propios, como lo han hecho muchas de las personas que estamos conociendo. Ya hemos visto muchos ejemplos de este tipo: «ser audaz», «responsabilidad máxima», «aprender a gran escala experimentando a pequeña escala», «no trabajar más, sino de forma más inteligente», «el cambio es lo predeterminado», «el vídeo siempre dice la verdad» o «progreso en lugar de perfección», y veremos muchos más.

Pero si no estás seguro de por dónde empezar, Design Thinking proporciona un conjunto establecido y sistemático de principios, normas y técnicas simples a los que cualquiera puede recurrir, y está respaldado por una comunidad mundial que contribuye a facilitar el aprendizaje y la práctica. Puede servir para complementar otros principios y técnicas que utilices. Vivir juntos el proceso de Design Thinking ayuda a formar una comunidad con identidad, propósito, creencias y hábitos compartidos para prosperar en las dos zonas.

Un aspecto maravilloso del proceso de Design Thinking es que es flexible. Puedes adaptarlo para que se ajuste a tus necesidades y puedes aplicar algunos de los principios a diferentes aspectos del trabajo para cultivar y fomentar una cultura de aprendizaje y alto rendimiento.

Considera los siguientes pasos, principios y técnicas inspirados en Design Thinking para promover un equipo versado en el aprendizaje.[10] Conocí estos conceptos y ejercicios durante mi estancia en Stanford. Algunos libros excelentes para aprender más sobre Design Thinking son *Creative Acts for Curious People* [Actos creativos para gente curiosa], de la directora ejecutiva de la d.school, Sarah Stein Greenberg,[11] y *Creative Confidence* [Confianza creativa], de los hermanos Kelley.

Como siempre, el objetivo no es que hagas todas estas cosas, sino que pienses cuáles de ellas podrían resultarte útiles. Recuerda también que todas las técnicas se basan en dos principios básicos: presentar las habilidades y cualidades como maleables, y establecer estructuras y hábitos para las dos zonas.

## REUNIR A PERSONAS DE DIFERENTES DISCIPLINAS Y ORÍGENES EN TORNO A UN PROPÓSITO COMÚN

Design Thinking fomenta la creación de un grupo multidisciplinar y un equipo variopinto. El programa Design for Extreme Affordability está abierto a estudiantes de todas las escuelas de Stanford, y la facultad planifica cuidadosamente cada equipo. El equipo de Embrace estaba formado por dos estudiantes de la Facultad de Ingeniería (Rahul Panicker, de Ingeniería Eléctrica, y Linus Liang, de Informática) y dos de la Facultad de Negocios (Jane Chen, que venía del mundo de la filantropía, y mi amiga Razmig, procedente de la consultoría de gestión y el desarrollo internacional).

Personas con diferentes orígenes y especializaciones tienden a ofrecer diferentes conocimientos y formas de pensar, lo que genera un colectivo más inteligente e innovador. En el caso de Embrace, ninguno de los miembros del equipo tenía experiencia en neonatología o dispositivos médicos. Pero incluso quienes no tienen un conocimiento específico del desafío que se está abordando pueden ver las cosas a través de diferentes lentes y aprovechar ideas de diferentes contextos. Algunas de las ideas generadas pueden ser inicialmente ingenuas o problemáticas, pero aun así pueden servir como semillas que hagan brotar soluciones factibles.

Tu equipo debe tener un propósito común. En una empresa de hostelería, podría ser garantizar que un hotel satisfaga las necesidades de los huéspedes con discapacidades. El equipo podría centrarse en la creación de rutas accesibles a través de las instalaciones, la identificación de posibles necesidades en relación con la discapacidad y el rediseño del sitio web para que sea más accesible para las personas con discapacidad. Algunos de los miembros del equipo pueden estar más o menos motivados, pero puedes fomentar la cohesión recordando el propósito más elevado del trabajo y cómo afecta a las vidas de otras personas. Pasar por el proceso de Design Thinking genera propósito y cohesión, porque los miembros del equipo descubren necesidades humanas y acceden a nuevas ideas, y en el proceso refuerzan las conexiones entre sí.

Tener un sólido propósito compartido, un vínculo emocional con nuestro trabajo y estrategias para llevarlo a cabo nos une y nos da la energía para realizar el esfuerzo mental y físico requerido en ambas zonas.

## ELEGIR UNO O VARIOS FACILITADORES

Si estás en el proceso de Design Thinking, puede ser útil disponer de uno o varios facilitadores que estén familiarizados con él para diseñar el proceso de tu equipo, guiarlo a lo largo del camino, proponer normas y fomentar la cohesión del equipo.

El proceso pasa por varias etapas, que generalmente alternan entre el pensamiento divergente y el pensamiento convergente, entre la expansión de las posibilidades (creación de opciones) y su reducción (toma de decisiones).[12] Los miembros del equipo deben tener claro en qué etapa se encuentran, ya que cada una conlleva diferentes pensamientos y comportamientos.

El pensamiento divergente es como pisar el acelerador, mientras que el pensamiento convergente se parece más a pisar el freno. No conviene pisar el acelerador y el freno al mismo tiempo.

Con el pensamiento divergente buscamos expandir las posibilidades. Exploramos, investigamos lo desconocido y añadimos ideas. Ejemplos de normas para esta etapa:

- Intenta pensar como un principiante. Concéntrate en lo que no sabes en lugar de en lo que sí sabes.
- Observa, haz preguntas abiertas y de seguimiento, y trata de descubrir nuevas ideas.
- Fomenta las ideas descabelladas y apuesta por la cantidad, no por la calidad.
- Aplaza los juicios. Da la bienvenida a las ideas sin evaluarlas y no evalúes tus propias contribuciones.
- Haz el tonto, sé dinámico y diviértete.

Después de una etapa de pensamiento divergente viene otra de pensamiento convergente, que consiste en tomar decisiones. Tomamos la explosión de observaciones, percepciones e ideas generadas en la etapa anterior y nos detenemos, involucramos el razonamiento, consideramos lo que puede ser más prometedor e identificamos la pregunta, hipótesis o idea guía que probaremos. Algunos ejemplos de normas para la etapa de pensamiento convergente son:

- Escribe todas las observaciones, nuevas ideas y preguntas que hayan surgido, una por una, y verbalízalas en un espacio compartido.
- Comenta las ideas con el equipo y pensad juntos para profundizar.

• Identifica una pregunta, una necesidad central o un punto de vista que actúe como guía.

Normas como estas crean claridad y coherencia para que los integrantes puedan comportarse con más confianza de manera que ayuden al equipo a tener éxito. Cualquiera de nosotros puede usar estas normas, u otras similares, para crear equipos que aprendan continuamente.

Una filosofía general de Design Thinking, que también ayuda a fomentar una mentalidad de crecimiento y la zona de aprendizaje, es confiar en el proceso. Es decir, no evaluar la técnica de Design Thinking hasta que se haya completado todo el proceso. Una vez que las personas han pasado por un ciclo, a menudo se sorprenden al final de lo que ellas y sus compañeros de equipo han aprendido, inventado y logrado. Cuando han experimentado esta magia, es más fácil entrar en la zona de aprendizaje en otros contextos.

## GENERAR CONFIANZA

Además de desarrollar confianza en el proceso, es esencial generar confianza entre los compañeros de equipo. La colaboración efectiva, tanto en la zona de aprendizaje como en la de ejecución, así lo requiere. Sin confianza, las personas tienden a ser cautelosas y reacias al riesgo.[13]

Podéis generar confianza a medida que trabajéis juntos, pero a menudo es útil dedicar un poco de tiempo por adelantado a conocerse. Cada uno puede compartir sus intenciones, lo que le atrae del trabajo, lo que espera obtener de él y lo que quiere aportar. Al tener estas conversaciones, también establecéis una base para reforzar aún más la confianza a medida que trabajéis juntos porque, al hacer explícito lo implícito, resulta más fácil para los demás interpretar tus palabras y acciones de la manera que pretendes, lo que deja menos espacio para malentendidos.

## EXPLORAR, APROXIMARSE Y EXAMINAR DE CERCA

Una vez que el equipo se pone de acuerdo sobre una población o un usuario en los que centrarse, el proceso de Design Thinking suele comenzar con la investigación. Esto puede incluir enfoques más tradicionales, tales como la investigación en línea o las entrevistas con expertos, pero lo ideal es que también implique un trabajo de empatía centrado en el ser humano. Eso significa salir de la oficina y entrar en el espacio habitado por las personas a las que se busca servir, observarlas en su entorno natural mientras realizan sus rutinas diarias. También puedes entrevistarlas con preguntas abiertas y de sondeo. Realiza una indagación exploratoria sin nociones preconcebidas, tratando de ponerte en su lugar y de identificar sus necesidades no reconocidas.

El proceso de investigación entra en la categoría de pensamiento divergente porque buscamos expandir la conciencia. Nos deshacemos de las suposiciones que teníamos previamente, nos aventuramos en lo desconocido y nos damos cuenta de lo que nunca antes habíamos notado. Cuando hacemos esto en equipo, se requiere colaboración para preparar buenas preguntas, conseguir que los usuarios se sientan seguros, tranquilizarlos y hacer observaciones cercanas. Es una experiencia emocional y compartida de descubrimiento y de generación de ideas para la tarea en cuestión que también nos une más como equipo. Esto se aplica a todos los aspectos de Design Thinking.

Tendemos a sobrestimar cuánto entendemos a las personas a las que pretendemos servir, en parte debido al *sesgo de falso consenso*: la tendencia humana natural a creer que los demás piensan como nosotros.[14] Pero no hay nada mejor que acercarse al entorno real de las personas a las que queremos servir.

Es una de las cosas que Satya Nadella comenzó a hacer una vez que se convirtió en director ejecutivo de Microsoft: dedicar parte de los retiros de su equipo ejecutivo a visitas a los clientes. Al principio, «hubo más que un poco de ojos en blanco y quejas», según comenta en *Pulsa Actualizar*. Pero luego sus colegas apreciaron el valor que esto aporta. «El equipo ejecutivo escuchó. Todos aprendieron juntos. Establecieron nuevas conexiones entre sí. Se rindieron y descubrieron nuevas formas en las que Microsoft podría cumplir su misión en el mundo. Experimentaron el poder de tener un equipo diverso e interempresarial que resuelve en grupo los problemas de los clientes».[15]

Al observar y descubrir juntos, obtenemos conocimientos y fomentamos una cultura de exploración, colaboración y crecimiento.

## IDENTIFICAR UNA CUESTIÓN O NECESIDAD QUE ACTÚE COMO GUÍA

Después de explorar e investigar, hacemos una pausa y nos tomamos un tiempo para compartir observaciones e ideas. También pensamos en una cuestión, una necesidad o un punto de vista que nos sirva de guía.

Entramos en el reino del pensamiento convergente.

Compartir ideas amplía la conciencia. Expresamos lo que hemos visto con nuevos ojos, escuchamos lo que otros vieron y sacamos partido de las observaciones y preguntas de los demás. Colaboramos para sintetizar lo que hemos observado, para centrarnos en el usuario y la necesidad, y para cocrear una cuestión o punto de vista guía que dirigirá nuestros próximos pasos.

Hay una serie de técnicas que pueden ayudarnos a sintetizar y definir.

### TENER CONVERSACIONES DE A UNO

Establece con tus compañeros de equipo una conversación inclusiva y colaborativa en lugar de iniciar conversaciones secundarias, con diferentes personas hablando simultáneamente. Después de que alguien comparta algo, escríbelo en una nota adhesiva y colócala en una pizarra o en la pared, donde todos puedan verla.

Puedes dividir la pizarra en cuadrantes que incluyan, por ejemplo: «Dijo», «Hizo», «Pensó» y «Sintió». Esto hace que los compañeros de equipo capturen más observaciones.

Incluye cualquier cosa que te haya sorprendido mientras observabas de cerca al usuario final: nuevas perspectivas, puntos débiles, oportunidades, necesidades... Los compañeros de equipo pueden escribir observaciones como: «Siente que nadie la ayuda», «Quiere un contacto más directo con sus colegas», «Se siente aislada porque su proveedor no es fiable», «Tiene símbolos de su etnia en todo su espacio» o «Se le iluminó la cara con una gran sonrisa cuando le preguntamos por el acordeón».

Si bien cualquiera de estos pasos de Design Thinking se puede realizar de manera menos estructurada, las normas claras respaldan el aprendizaje, el rendimiento y el desarrollo de la cultura. Por ejemplo, establecer la norma de que dos personas no deben hablar al mismo tiempo garantiza que todos escuchen a los demás y estén en sintonía para los próximos pasos. También tiende a mitigar los sesgos inconscientes y a fomentar la inclusión.

### CATEGORIZAR POR TEMAS

Busca patrones. Mueve las notas adhesivas para crear grupos que se relacionen entre sí. A medida que surjan temas, verás conexiones que conducen a percepciones adicionales y áreas de oportunidad.

### IDENTIFICAR A LOS USUARIOS

Design Thinking se basa en las personas. Esto significa que todo el proceso se centra en las necesidades de un individuo, avatar o población objetivo específica.

El equipo de Embrace tuvo que decidir si se centraba en las necesidades de los bebés, los padres o los trabajadores de las organizaciones sin ánimo de lucro, y en cuáles específicamente. Decidieron centrarse en «padres desesperados en una aldea remota, sin recursos para acceder a un hospital importante».

Una cadena de restaurantes podría utilizar Design Thinking para descubrir las necesidades insatisfechas de las familias con un presupuesto ajustado, los profesionales solteros con prisa por volver al trabajo o el personal de cocina con estrés laboral y personal. Una empresa de transporte puede centrarse en las necesidades de remitentes, destinatarios o conductores. Un hospital puede enfocarse en las necesidades de los pacientes que se someten a una operación de rodilla, sus familias o el personal de enfermería.

## IDENTIFICAR UNA NECESIDAD

El programa Design for Extreme Affordability enseña a los estudiantes a desarrollar un «enfoque preciso en las necesidades esenciales del usuario», de acuerdo con el profesor del curso, James Patell.[16]

Expresa la necesidad que pretendes resolver. Debe abordar un problema específico y no ser demasiado amplia ni estar demasiado centrada en una solución específica, dejando así espacio para la libertad creativa y teniendo claro el objetivo. Irónicamente, tener algunas restricciones, como plantear un propósito específico, ayuda a generar ideas más creativas.

El equipo de Embrace identificó la necesidad de los padres de «dar a su bebé prematuro y gravemente enfermo una oportunidad de sobrevivir».

## CREAR UNA PREGUNTA GUÍA DE TIPO «¿CÓMO PODRÍAMOS...?»

Una pregunta de tipo «¿cómo podríamos...?» es una expresión de lo que el equipo pretende, qué necesidad quiere satisfacer y para quién. Esto inspira al equipo a centrarse en las soluciones en lugar de en los obstáculos y a pensar de forma creativa.

El equipo de Embrace llegó a la pregunta: «¿Cómo podríamos dar a los padres desesperados en una aldea remota, sin recursos para acceder a un hospital importante, los medios para ofrecer a su bebé prematuro y gravemente enfermo una oportunidad de sobrevivir?».[17] Plantear una necesidad clara de forma concreta y centrada en el factor humano nos inspira a entrar en la zona de aprendizaje para encontrar soluciones innovadoras.

Estos son otros ejemplos:

- ¿Cómo podríamos lograr que los huéspedes con discapacidad de nuestros hoteles se sientan bienvenidos y seguros mientras hacemos que el registro resulte fácil, accesible y eficiente?
- ¿Cómo podríamos proporcionar una experiencia de transporte en la que las personas aisladas puedan conectarse con otras y aquellos que necesitan concentrarse puedan hacer su trabajo?
- ¿Cómo podríamos ayudar a nuestros colegas que trabajan de forma remota a mantener una sensación de camaradería y conexión con quienes trabajan en la oficina?

Las preguntas de tipo «¿cómo podríamos...?» proporcionan enfoque, dirección e inspiración, y guían las etapas posteriores del proceso.

## CONCEBIR IDEAS CON «SÍ, Y...»

Con un enfoque claro, estamos listos para generar una explosión de ideas creativas: una etapa de pensamiento divergente.

Durante el proceso de creación de ideas, el equipo generalmente se pone de pie y cada persona sostiene una pila de notas adhesivas. Configuran un temporizador para, digamos, entre cinco y veinte minutos, y conciben tantas ideas como sea posible. Cada uno expresa sus ideas, una a la vez, en voz alta para que todos puedan escucharlas. Mientras una persona escribe una idea y la coloca en la pared, otra ya ha comenzado a exponer su idea, a ser posible basándose en lo que acaba de escuchar, y a escribirla. El equipo apuesta por el volumen, escuchar a los demás y usar esto como inspiración para generar más ideas. Todo va muy rápido, y hay risas.

Durante la etapa de crear ideas juntos, no hay que evaluar las ideas. En su lugar, adopta la técnica «Sí, y...» de la comedia de improvisación. Es decir, tomar lo que se ha dicho como un hecho y, si es posible, seguir a partir de ahí. Si alguien dice: «Podríamos construir un puente con clips», no respondas: «No, eso no funcionaría». En su lugar, di: «Sí, ¡y podríamos unir los clips y magnetizarlos!».

En Embrace surgieron muchas ideas para soluciones a preguntas de tipo «¿cómo podríamos...?», tales como una tienda de campaña, bolsas de agua caliente, bombillas térmicas, una caja, un saco de dormir, una manta térmica y muchas otras.

La generación de ideas es rápida, enérgica y divertida, y se trata de saltar a lo desconocido (la zona de aprendizaje) con los colegas.

Ejemplos de normas que guían la generación de ideas son:

- Apuesta por la cantidad. En esta etapa, lo que buscas es que se te ocurran *muchas* ideas, no buenas ideas.
- Aplaza los juicios. Que una idea sea sólida es irrelevante; recuerda, estás buscando cantidad.
- Fomenta las ideas descabelladas. Las ideas extravagantes son valiosas porque pueden conducir a cosas que de otro modo no habrías pensado, y porque aportan energía y diversión a la actividad, lo que aumenta la creatividad y une al equipo. Ve a los extremos. Reflexiona sobre preguntas como: «¿Cuál sería la forma más costosa de hacer esto? ¿La más barata? ¿La más rápida? ¿La más lenta? ¿La más fea? ¿La más bonita? ¿La más pesada? ¿La más ligera?». Ir a los extremos ayudó a Embrace a crear la base para una incubadora de veinticinco dólares.
- Dite a ti mismo: «Sí, y...». Cuando alguien comparta una idea, piensa: «Sí, y...», y luego añádele algo. No rechaces ninguna idea; en su lugar, acéptala y úsala como combustible.
- Ve rápido, pero paso a paso. Evita hablar cuando otros están hablando. Buscamos escucharnos unos a otros. Esto genera una experiencia y un entendimiento compartidos a medida que trabajamos juntos en el proyecto.

## IDENTIFICAR POSIBLES SOLUCIONES

Después de la explosión de opciones durante la etapa de generación de ideas, pasamos a una etapa de pensamiento convergente en la que pensamos a través de las ideas que hemos generado. Podéis utilizar varias de las técnicas anteriores al sintetizar las observaciones, como mover las notas adhesivas a grupos según los temas.

Destacad las ideas que os han intrigado y los pensamientos que os evocaron. Sentíos libres de añadir ideas adicionales a medida que pensáis juntos.

En esta etapa, se identifican posibles respuestas viables a la pregunta de tipo «¿cómo podríamos...?» para poder crear prototipos y probarlos con el fin de aprender más.

## CREAR PROTOTIPOS

Crea uno o más prototipos rápidos *de baja resolución* para probar. Buscamos construir algo tosco, no preciso ni completamente funcional. El objetivo no es llegar a un producto terminado, sino probar algunas hipótesis sobre lo que podría funcionar para poder aprender y generar información adicional. Lo ideal es crear algo visual o físico que el usuario pueda sostener o con lo que pueda interactuar, pero un prototipo puede ser tan simple como bocetos o un modelo rudimentario hecho con cartón doblado y un rotulador. Considera la posibilidad de representar la situación con las personas para las que estás diseñando. La idea es tratar de replicar cómo funcionaría la experiencia y cómo se sentiría, para que puedas recopilar sus comentarios.

## REALIZAR PRUEBAS

El objetivo de las pruebas no es validar lo que se nos ha ocurrido, sino generar comentarios de los que podamos aprender. Los usuarios finales interactúan con el prototipo y observamos cómo reaccionan. Después, hacemos un informe sobre lo que observamos, revisamos nuestras hipótesis en consecuencia e identificamos los próximos pasos.

## ITERAR (UNA Y OTRA VEZ)

Design Thinking es iterativo, pero eso no significa que tengas que volver a la etapa de investigación inicial después de las pruebas. Tal vez las pruebas sugieran que la idea central podría tener fundamento, pero una suposición clave necesita revisión. Puedes volver a crear un prototipo de una versión revisada. O bien las pruebas podrían revelar nuevos horizontes para posibilidades que se pueden explorar a través de otra sesión de lluvia de ideas. O podrías descubrir nuevas perspectivas que te lleven a realizar un trabajo de investigación de empatía con un grupo distinto de partes interesadas, o tal vez hacer preguntas diferentes.

## MANTENER EL OPTIMISMO

A lo largo del proceso, queremos experimentar alegría, entusiasmo y optimismo, basándonos en la creencia de que nuestras acciones pueden llevarnos al éxito. Estas emociones positivas nos ayudan a ver nuevas ideas y posibilidades, y a generar soluciones creativas, especialmente cuando trabajamos con otros.*

Si no estás acostumbrado a generar emociones positivas en ti mismo, puede que necesites algo de práctica. Pero esto es algo que puedes aprender a hacer auténticamente. Design Thinking a menudo

---

\* N. del A.: Para algunas personas (como las que tienen niveles bajos de la hormona DHEAS, sulfato de dehidroepiandrosterona), las situaciones y estados de ánimo negativos pueden alimentar ciertos tipos de creatividad, como la creatividad artística individual. Modupe Akinola y Wendy Berry Mendes. The dark side of creativity: Biological vulnerability and negative emotions lead to greater artistic creativity. *Personality and Social Psychology Bulletin 34*, n.º 12 (2008): 1677–1686.

Se sabe que algunos artistas de renombre sufrieron depresión, como Vincent van Gogh, Sylvia Plath, Charles Dickens, Virginia Woolf, Pyotr Ilich Tchaikovsky y Frida Kahlo, entre otros. Nadra Nittle. The Link Between Depression and Creativity, *Verywell Mind*, actualizado el 20 de febrero de 2023, verywellmind.com/the-link-between-depression-and-creativity-5094193.

Pero, para la creatividad colaborativa y orientada a la resolución de problemas, un estado de ánimo positivo tiende a ser beneficioso para la mayoría de las personas y los equipos. Yuhyung Shin. Positive group affect and team creativity: Mediation of team reflexivity and promotion focus. *Small Group Research 45*, n.º 3 (2014): 337–364.

Investigaciones más recientes sugieren que, en los equipos, la expresión de emociones centradas en la promoción, ya sean positivas como la felicidad o negativas como la ira, puede fomentar la creatividad, mientras que en el caso de las centradas en la prevención, tales como la tensión o el miedo, puede reducirla. Kyle J. Emich y Lynne C. Vincent. Shifting focus: The influence of affective diversity on team creativity. *Organizational Behavior and Human Decision Processes 156* (2020): 24–37.

conduce a soluciones valiosas, lo cual es una razón para sentirse optimista.

Incluso si el proceso no nos lleva a una solución que podamos implementar, aprenderemos algo. Esta es otra razón para seguir siendo entusiastas y optimistas. Estas actividades conducen al progreso, porque, aunque los prototipos no funcionen, generan lecciones útiles sobre por qué no lo hicieron. El proceso nos hará más hábiles, reforzará nuestras relaciones y nos ayudará a desarrollarnos como equipo experto en el aprendizaje.

## ANALIZAR EL PROCESO

Como equipo, analizad cómo fue el proceso. ¿Qué salió bien? ¿Qué no salió tan bien? ¿Cómo puede mejorar el equipo? Hablando por turnos, ¿qué apreciáis de lo que cada persona aportó al equipo y en qué se puede trabajar para ser aún más útiles? ¿Cómo se puede apoyar a los demás? Esto instaura el hábito de la zona de aprendizaje de hablar sobre cómo evolucionar continuamente como equipo.

## ELEGIR Y ADAPTAR

Aunque tiene principios, Design Thinking no es un proceso rígido. Los pasos expuestos en este capítulo están destinados a inspirarte, no a limitarte.

Para contribuir a crear un equipo versado en el aprendizaje aprendizaje, puedes combinar o ajustar cualquiera de estos principios y técnicas para tu equipo, según tus necesidades, y usarlos para complementar otras estructuras y rutinas que establezcas. Si nunca has seguido los pasos de este capítulo, considera la posibilidad de buscar un taller local de Design Thinking para que puedas experimentarlo de primera mano.

Recuerda que Design Thinking es solo un ejemplo del poder de los principios, las normas y las técnicas. Hemos visto muchos otros ejemplos en capítulos anteriores, y encontraremos muchos más, tales como *transparencia radical, lanzar y aprender, comenzar con interés* y muchos otros. Puedes crear un combinado propio para tu cultura concreta.

Siempre y cuando tu equipo trabaje en conjunto para aprender y cocrear, con una mentalidad de descubrimiento y de probar ideas nuevas, y con normas y procesos encaminados hacia ese fin, tienes un componente básico para una cultura de aprendizaje.

## PREGUNTAS PARA REFLEXIONAR

- ¿Mi equipo tiene normas, estrategias y hábitos efectivos para brillar en las dos zonas?
- ¿Cómo puedo contribuir a llevar nuestras prácticas al siguiente nivel?
- ¿Estoy solicitando comentarios para asegurarme de que las normas y las técnicas funcionan para todos los miembros del equipo?

## DE CARA AL PRÓXIMO CAPÍTULO

¿Cómo podría contribuir a crear un equipo más cohesionado?

# Capítulo 10

# EL SUPERPODER DE LA COLABORACIÓN: CÓMO FORMAR EQUIPOS PODEROSOS

**GRAN IDEA** *Para formar un equipo que realmente domine el aprendizaje, los miembros deben acceder a la zona de aprendizaje no solo en lo que respecta a las tareas que tienen entre manos, sino también a sus relaciones. Al generar confianza, seguridad psicológica y transparencia, podemos colaborar de manera más efectiva cuando aprendemos y ejecutamos.*

Al crecer en Miami, Willy Foote se enamoró de las culturas latinoamericanas que lo rodeaban.[1] Poco después de graduarse en la Universidad de Yale, Willy se fue a Wall Street, donde se especializó en finanzas corporativas en América Latina. Pero la vida de un banquero de Wall Street no le satisfacía. Quería más.

Willy se mudó a México. Allí comenzó a conocer las dificultades a las que se enfrentan los agricultores y las pequeñas empresas para conseguir financiación. Había crecido viendo a su padre, que fue rector de la Universidad de Miami durante dos décadas, extender su influencia mucho más allá de la universidad para convertirse en una figura positiva en la comunidad. Willy también quería tener una influencia positiva y decidió que esa podría ser su oportunidad.

En México, vio que los agricultores se encontraban a menudo en aprietos. Necesitaban dinero para comprar materias primas, tales como semillas y fertilizantes, para sus cultivos de aguacates, plátanos o lechugas. Pero normalmente carecían del dinero necesario al principio de la temporada, y las entidades de crédito tradicionalmente no estaban interesadas en hacer préstamos de baja cuantía a las pequeñas granjas de estas regiones. Willy pensó que tenía que haber formas de agrupar a las pequeñas empresas en colectivos más grandes y crear beneficios para todos.

Con la mentalidad de Wall Street en un bolsillo y sus principios familiares en el otro, Willy fundó una organización sin ánimo de lucro llamada Root Capital, que ofrecía crédito, asesoramiento financiero, formación y acceso a mercados. En la actualidad, esta organización ha proporcionado más de mil ochocientos millones de dólares en préstamos a casi ochocientas empresas agrícolas en África, Asia y América Latina. Esas empresas, a su vez, han pagado casi cinco mil millones de dólares directamente a 2,3 millones de familias de agricultores. Ha ayudado a estos agricultores, en particular a las mujeres, a ganarse la vida de manera rentable.

A través de Root Capital, Willy también fundó el Comité de financiación agrícola para pequeños agricultores (CSAF, por sus siglas en inglés), una alianza de entidades crediticias que comparten el objetivo de crear un mercado para las PYMES agrícolas en países en desarrollo. Las dieciséis entidades que conforman el CSAF son competidoras en principio, pero se unen para compartir el aprendizaje y desarrollar estándares industriales. Willy considera a esta alianza una «cámara de comercio» para organizaciones que comparten el mismo espacio de crédito. Es un ejemplo notable de equipos versados en el aprendizaje que colaboran por el bien común.

Vivimos en un mundo que venera la competencia, lo opuesto a la colaboración. Se da por sentado que la forma en que las organizaciones tienen éxito es compitiendo entre sí, incluso dentro de los sectores sin ánimo de lucro impulsados por una misión. Esto refuerza la paradoja del rendimiento y nos engaña para llevarnos a la ejecución crónica.[2]

Lo lógico es pensar que una organización sin ánimo de lucro que se preocupa por su misión querría colaborar con otras organizaciones que tienen la misma misión, agrupando recursos, compartiendo lecciones y ayudándose mutuamente. Sin embargo, la lucha por la financiación, el personal y los beneficiarios aparentemente limitados a menudo lleva a las organizaciones a ocultar información a otras en un intento de convertirse en héroes. Anteponen su institución a la misión. Estos mismos puntos de vista son aún más pronunciados en los sectores con ánimo de lucro y en la psique colectiva.

Pero, como veremos en este capítulo, para poder abordar los mayores desafíos y lograr el mayor impacto, tenemos que colaborar. De hecho, nuestra capacidad de colaboración es lo que nos ha permitido a los humanos sobrevivir como especie y transformarnos a nosotros mismos y nuestros entornos.

La colaboración impulsa un mejor aprendizaje y una mejor ejecución.[3] Más cerebros pueden pensar de diferentes maneras, aportar información desde distintos puntos de vista, combinar diversas áreas de experiencia y participar en más pensamiento sistémico en lugar de solo resolver problemas de forma aislada.

Satya Nadella, de Microsoft, se dio cuenta de esto y le dio prioridad. Él y sus colegas identificaron la estrategia *One Microsoft* (Un Microsoft) como uno de sus cinco atributos culturales, junto con *Growth Mindset* (Mentalidad de crecimiento), para alentar a todos a pensar en sí mismos como parte de un todo más grande y a colaborar entre departamentos. También instó a las personas a buscar formas de crear alianzas más allá de Microsoft, incluso con sus rivales tradicionales, como lo hizo Willy Foote.

Al año siguiente de convertirse en director ejecutivo, Nadella dio un discurso de apertura en la conferencia anual «Dreamforce» de Salesforce en el que sorprendió a todos cuando sacó... ¡un iPhone! En la pantalla gigante, mostró un primer plano del producto de su mayor rival, con todas las aplicaciones de Microsoft en la pantalla. Las dos empresas nunca antes se habían integrado hasta tal punto.

En *Pulsa Actualizar*, Nadella cuenta: «Hoy en día, una de mis máximas prioridades es asegurarme de que nuestros mil millones de clientes, sin importar qué teléfono o plataforma elijan usar, tengan sus necesidades satisfechas para que sigamos creciendo. Para hacer eso, a veces tenemos que enterrar el hacha de guerra con viejos rivales, buscar nuevas asociaciones sorprendentes y revivir relaciones de largo recorrido».[4]

Microsoft ha desarrollado asociaciones significativas con sus rivales tradicionales, incluidos Adobe, Amazon, Apple, Google, Facebook y Red Hat.

¿Podría ser beneficioso empezar a pensar en algunos de tus «competidores» más como *aliados de misión*?

Quiero dejar claro que no estoy diciendo, ni tampoco lo dice Nadella, que la competencia no tenga valor. Un espíritu competitivo puede ayudar a todas las partes a seguir teniendo que dar lo mejor de sí mismas tanto en la zona de aprendizaje como en la de ejecución, empujándose mutuamente a ir más allá. Sin embargo, si nos centramos únicamente en la competencia, se pierden las valiosas oportunidades que pueden surgir de la cooperación. Esto también puede generar ansiedad por el rendimiento, estrechar nuestra visión, dejar que la paradoja del rendimiento nos atrape en la ejecución crónica y llevarnos a perder oportunidades o estrategias que es posible que nuestros competidores no estén aprovechando.

Dentro de las organizaciones, la competencia es mucho más destructiva que útil. Está bien intentar superar nuestra mejor marca personal, pero competir contra los colegas es como intentar hundirnos unos a otros. Sin embargo, con demasiada frecuencia, existe

EL SUPERPODER DE LA COLABORACIÓN

competencia entre compañeros, nos vemos forzados a trabajar sin contar con ellos o algo peor. ¿Cómo creamos entonces equipos colaboradores en el aprendizaje para lograr un mayor rendimiento a largo plazo? ¿Cómo incentivamos la colaboración a pesar de la tendencia social a recompensar, desde la infancia, los logros individuales?

Para llevar a cabo una colaboración efectiva, Root Capital y el resto de los miembros de la alianza han tenido que desarrollar confianza y un propósito compartido. Ya sea estimulados por la supervivencia, el crecimiento, la contribución o cualquier otra cosa, las personas y los equipos colaboran de manera más efectiva y aprenden más unos de otros cuando generan confianza y objetivos compartidos. Esto sucede cuando nos unimos en torno a una misión, asumimos buenas intenciones, establecemos expectativas claras, cumplimos con nuestros compromisos y colaboramos para desarrollar recursos, efectividad y competencia en relación con el ámbito y el aprendizaje.

Ya sea dentro de las organizaciones o entre ellas, los equipos que aprenden continuamente cambian el mundo.

Con eso en mente, vamos a explorar los fundamentos de un buen equipo versado en el aprendizaje.

## BASE 1 DEL EQUIPO VERSADO EN EL APRENDIZAJE: ESTABLECER CONFIANZA, RELACIONES Y PROPÓSITO

Si tu empresa o equipo aún no ha desarrollado hábitos de aprendizaje colaborativo, no desesperes. Nunca es demasiado tarde. Y comienza con algo que el equipo de Embrace no hizo y que inicialmente le causó problemas.

De los principios y prácticas inspirados en Design Thinking que describí en el capítulo anterior, el único que no encontrarás en muchas guías de Design Thinking es el de *establecer confianza*, pero los facilitadores a menudo lo añaden al proceso. He participado en varios ciclos de Design Thinking en la d.school en los que el equipo ha pasado algún tiempo de antemano conociéndose y generando confianza.

Pero cuando mi amigo Razmig Hovaghimian y sus compañeros de clase se apuntaron al curso Design for Extreme Affordability, no había ningún proceso explícito para que los estudiantes establecieran relaciones. Se asumió que, a pesar de que habían sido asignados a grupos sin haberse conocido, los estudiantes formarían vínculos *al hacer* el trabajo colaborativo. Pero no fue eso lo que ocurrió.

«La verdad es que todavía no nos conocíamos realmente –cuenta Razmig refiriéndose al período de tiempo justo después de que terminara el curso de seis meses y los miembros del equipo decidieran fundar Embrace–. Teníamos una clase, todo era trabajo, trabajo, trabajo. Realmente no hubo un contacto interpersonal para conocernos y descubrir por qué elegimos estar ahí, qué nos impulsaba o incluso cosas personales como la situación familiar, por ejemplo. Fue un poco difícil, porque pensábamos: "Vale, ¿quién es esta persona con la que estoy trabajando?"».[5]

El proceso de Design Thinking, que se centraba solo en la tarea que tenían entre manos, los había dejado con un fuerte sentido de propósito, pero sin un sentido de pertenencia ni normas claras de equipo más allá de las tareas.

Surgió el conflicto. A algunos miembros del equipo les molestaban los estilos de comunicación de los demás o la falta de ellos. Un miembro del equipo iniciaba una conversación con alguien fuera del grupo sobre una colaboración, o presentaba la idea sin decírselo a sus compañeros de equipo, lo que se percibía como anteponer el progreso personal al equipo y a la misión. Sin embargo, la mayoría de los compañeros se mantuvieron callados en lugar de compartir preocupaciones importantes. No se habían puesto de acuerdo en normas como la transparencia ni habían identificado las cosas que eran importantes para ellos.

Cada uno de los fundadores de Embrace sintió que la necesidad social que habían descubierto y la solución que habían creado eran tan importantes que tenían que ir tras ellas, pero sabían que no podrían hacerlo si la dinámica del equipo seguía tan tensa. Por lo tanto, decidieron esforzarse para tratar de resolver sus conflictos y crear un equipo realmente cohesionado.

En una ocasión, decidieron trepar a un árbol y no bajar hasta que todos hubiesen compartido lo que sentían. Esta fue una actividad de la zona de aprendizaje enfocada en descubrir los pensamientos y sentimientos de los compañeros de equipo y cómo cada persona estaba afectando a las demás. Hubo largos períodos de silencio e incomodidad, pero también hubo momentos de risas y camaradería. Estaba oscuro, y cuando otros estudiantes pasaban junto al árbol y oían voces, pero no veían a nadie, se convertía en una escena cómica.

En otra ocasión, pasaron un fin de semana en una casa alquilada a unas horas de la universidad, donde los miembros del equipo tuvieron la oportunidad de compartir sus pensamientos y sentimientos. Por fin empezaban a entenderse mejor. Trabajaron los conflictos y decidieron que, en el futuro, tenían que tener total transparencia y conceder a los demás el beneficio de la duda. También decidieron las funciones y responsabilidades, y eligieron a Jane Chen como directora ejecutiva.

Echando la vista atrás, los fundadores de Embrace ahora se dan cuenta de que si hubieran pasado algún tiempo por adelantado conociéndose, eso habría ayudado a evitar algunos escollos y les habría permitido superar mejor los pasos en falso para que el resentimiento no siguiera acumulándose hasta explotar. Podrían haber compartido sus antecedentes, intereses, filosofías y objetivos, y haber trabajado para alinearse con los principios.

Mi mentor, Chip Conley, era un experimentado ejecutivo hotelero cuando fue contratado por Airbnb para trabajar como mentor del director ejecutivo y formar parte del equipo de dirección. Como describe en su libro *Wisdom at Work* [Sabiduría en acción], se dio cuenta poco después de unirse de que el grupo de dirección tenía un gran potencial, pero no se estaba optimizando como equipo.[6]

«No tenían reuniones regulares —explicaba—. No estaban alineados con iniciativas estratégicas en las que todos estuvieran de acuerdo».

¿La solución?

Empezaron a entrar en la zona de aprendizaje con reuniones de formación de equipo.

«Pasamos por un proceso muy riguroso de retiros fuera de la oficina una vez al mes y luego un mínimo de una vez al trimestre un retiro de dos o tres noches en algún lugar».

Fue un gran compromiso, en palabras de Chip. Para pasar tiempo con el equipo, las personas tenían que tomarse un tiempo al margen de sus tareas habituales, sin mencionar sus familias y sus vidas, durante varios días cada trimestre. Pero fue una inversión inestimable que ayudó a crear una cultura de aprendizaje que superaría a la de otras empresas a largo plazo. En *Wisdom at Work*, Chip explica que el equipo de dirección necesitaba llegar a un punto en el que los miembros se sintieran cómodos debatiendo abiertamente los problemas como grupo, para evitar que se formaran facciones rivales fuera de las reuniones.

«Aprendimos lo valioso que era debatir, decidir, comprometerse y alinearse, incluso y especialmente cuando nuestras diferencias, ya sea en edad, antecedentes o tipo de personalidad, podrían habernos frenado», afirmó Chip.

También colaboraron en la elaboración de un lenguaje destinado a guiar e inspirar. Hicieron una lluvia de ideas sobre palabras o frases convincentes que más tarde se convirtieron en la misión de AirBnb: «Crear un mundo en el que cualquiera pueda pertenecer a cualquier lugar». Les proporciona un sentido de propósito compartido.

Pero ¿qué pasa si tu empresa no tiene presupuesto para actividades externas regulares o algunos de tus compañeros de equipo no se sienten seguros trepando a los árboles? ¿O si simplemente buscáis otras formas de crear camaradería y preparar el escenario para aprender y crecer juntos?

Cindy Eckert, directora ejecutiva de Sprout Pharmaceuticals, contó en el pódcast *The Tim Ferriss Show* que inició un ritual en el que los compañeros comían juntos con regularidad y hablaban sobre lo que Sprout podría aprender de otras empresas. Incluso hicieron excursiones para observar y obtener ideas.[7] Visitaron sitios como Pike Place Market y la tienda de quesos hechos a mano Beecher's en Seattle para averiguar qué hacen esos negocios de manera excepcional y cómo invitan a las personas a vivir una experiencia. En el proceso, también aprendieron sobre lo que les gustaba y lo que no les gustaba a los demás, y forjaron relaciones.

Crear oportunidades para conectar y aprender juntos no solo promueve el conocimiento y las habilidades de las personas, sino que también las condiciona para entrar regularmente en la zona de aprendizaje y hacerlo en colaboración. Promueve la cultura de equipo a la vez que desarrolla competencias. Cindy Eckert estaba fomentando la identidad de equipo compartida de ser estudiantes de grandes empresas. Es una identidad inclusiva, porque cualquiera puede adoptarla. Las actividades grupales, como el ritual de la comida de Eckert, también refuerzan el sentido de pertenencia y confianza entre los participantes.

Para fomentar el sentido de pertenencia y reforzar el propósito del colectivo:

- Dedicad tiempo en equipo a conoceros unos a otros. Compartid lo que os lleva a este trabajo, lo que esperáis obtener de él y aportar al grupo, y cómo aspiráis a trabajar juntos.
- Identificad el propósito y los valores comunes. Puede que esto ya lo hayan hecho los dirigentes veteranos. Si es así, profundizad en lo que significan y qué comportamientos implican. Llegad al acuerdo de resaltar esos comportamientos entre vosotros y también las oportunidades de mejora que veáis. Preguntaos si estáis todos de acuerdo o si existe alguna preocupación.
- Identificad los objetivos y estrategias del equipo. Para lograr vuestras ambiciones, ¿cómo distribuiréis las responsabilidades y cómo colaboraréis dentro y fuera del equipo?

- Evitad los símbolos de pertenencia que puedan ser excluyentes, tales como equipos deportivos, fiestas nocturnas o viajes lujosos, que pudieran hacer que futuros colegas se sintieran excluidos. Cultivad la pertenencia a través de cosas que una fuerza laboral diversa pueda elegir y disfrutar, como el propósito, los valores y los rituales inclusivos.

Cuando las personas se conocen por primera vez, o incluso si se conocen desde hace algún tiempo, las conversaciones pueden ser superficiales y no resultar muy significativas. Esto se interpone en el camino del desarrollo de relaciones más profundas, la transparencia y una colaboración más poderosa en las dos zonas. Por esta razón, creé un juego llamado Bonding Stories ('historias para crear lazos'), al que puedes jugar con tus compañeros de equipo y otras personas. Ya sea que estés conociéndolos o ya los conozcas bien, ayuda a generar confianza y profundizar en las relaciones. Puedes encontrar el juego en briceno.com/paradox/resources/.

## BASE 2 DEL EQUIPO VERSADO EN EL APRENDIZAJE: EMPODERAR PARA INICIAR EL CAMBIO

¿Qué sucede cuando los empleados tienen un montón de sugerencias sobre cómo su equipo o empresa puede mejorar, pero no hay un proceso para poner las ideas en acción?

Esto es exactamente lo que le pasaba a un equipo de General Mills antes de que Jenny Radenberg introdujera hábitos de aprendizaje colaborativo. Cuando alguien sugería una forma mejor de hacer las cosas, normalmente sentía que nadie le hacía caso porque no veía que sus sugerencias fueran a ninguna parte.

Demasiados líderes y organizaciones sofocan sin darse cuenta el interés de los empleados en participar en la zona de aprendizaje cuando generan nuevas ideas y nadie los escucha, o cuando se reprende a las personas por explorar mejores maneras de hacer las cosas.

Cuando el profesor de la Facultad de Negocios de Harvard Ethan Bernstein estudió la segunda fábrica de teléfonos más grande del mundo, situada en China, descubrió que los gerentes recibían formación para respetar los procedimientos establecidos y asegurarse de que sus empleados siguieran las prácticas recomendadas.[8] En asociación con los ejecutivos de la empresa, Bernstein envió a la fábrica a tres de sus estudiantes, que se hicieron pasar por empleados normales, y les dio instrucciones para que informaran de sus observaciones. Se dieron cuenta de que los empleados tenían muchas ideas para mejorar, pero a menudo no las expresaban por temor a ser reprendidos o solo ponían en práctica sus ideas cuando no había un supervisor mirando.

Para realizar un experimento, Bernstein colocó una gran cortina entre el grupo de control y el grupo de estudio, de forma que no se influyeran entre sí. Cuando se descorrió la cortina, uno de los empleados dijo: «¿No sería bueno que colgaran cortinas alrededor de la línea, para que podamos estar completamente ocultos? Podríamos ser mucho más productivos». A Bernstein le encantó la idea. Descartó su diseño experimental original y decidió probar la colocación de más cortinas en el grupo de estudio para que los gerentes no pudieran ver lo que estaban haciendo los empleados. ¿El resultado? Los empleados ahora se sentían seguros para implementar sus propias ideas. Después de solo una semana, la producción por hora de unidades libres de defectos aumentó entre un diez y un quince por ciento, dependiendo del turno. Estar fuera de la vista de los gerentes permitió a los empleados poner en práctica «desviaciones productivas, experimentación localizada, evitación de distracciones y mejora continua».

Esto no quiere decir que los gerentes sean perjudiciales. Los gerentes que adoptan las dos zonas añaden valor.

Jenny Radenberg, cuyo equipo sentía que la dirección no atendía a las sugerencias, instituyó reuniones mensuales en General Mills en las que los miembros del equipo podían proporcionar comentarios y debatir las prácticas recomendadas.[9] Jenny se aseguró de que siempre se cerrara el círculo explicando las decisiones una vez que se habían considerado las sugerencias.

El equipo experimentó un cambio drástico de funcionamiento después de instituir las reuniones y el seguimiento. Con los aportes del equipo, se tomaron decisiones sobre cuestiones como la transición de la línea de fabricación de un sabor de producto a otro con el objetivo de ahorrar dinero a la empresa y aumentar la eficiencia.

¿De qué más se hablaba en las reuniones?

«Me encantan los datos –afirma Jenny–. Utilizábamos métricas, por ejemplo yo les decía: "Hemos tardado tanto tiempo menos en realizar la transición con respecto al objetivo. ¡Es gracias a vosotros!". Y era un motivo de orgullo, mes tras mes. Luego, cada vez que había una transición, decían: "Vale, ¿cuál es el objetivo, tres horas?". Y yo respondía: "Si podéis hacerlo en dos, hago *cupcakes*". Y ellos: "Está bien, bueno, ¿qué haría falta para llegar a eso?"».

Mostrar las tendencias de los datos de rendimiento del equipo puede motivar a las personas a colaborar para alcanzar nuevas cotas. Los miembros del equipo no compiten contra otro equipo, sino contra su propia marca personal, lo cual es divertido y motivador.

«Ellos son los que impulsan esas métricas –explicó Radenberg–. Entonces, si no les informo sobre ellas, ¿cómo espero que las cumplan? Realmente se enorgullecían de estas cifras y de su capacidad para influir en ellas. Y cuando las cosas salían mal, asumían la responsabilidad [...] No era una métrica de la dirección. Era su métrica, estaban orgullosos de ella y querían cumplirla».

Tenemos que asegurarnos de que la gente sienta que entrar en la zona de aprendizaje puede conducir a un cambio real. La dirección debe dar al personal poder real para que su esfuerzo en las dos zonas ofrezca recompensas reales. Los empleados tendrán diferentes opiniones sobre los temas, y algunas pueden entrar en conflicto, pero si se sienten escuchados y entienden cómo se toma una decisión, es más probable que continúen pensando en cómo mejorar y contribuir.

## BASE 3 DEL EQUIPO VERSADO EN EL APRENDIZAJE: PROMOVER LA TRANSPARENCIA RADICAL

Bridgewater Associates, el fondo de cobertura más grande del mundo, graba todas sus reuniones y pone las grabaciones a disposición de todos los miembros de la empresa.[10] Las grabaciones se convierten en una herramienta para que cualquiera escuche lo que hizo bien o podría mejorar y reflexione sobre ello, para que las personas den su opinión sobre las partes de la conversación que fueron útiles o problemáticas, y para que aquellos que no están en la sala entren en la zona de aprendizaje y aprendan de los debates de los que no formaron parte.[11] La empresa incluso creó un grupo que destaca las partes más instructivas de las reuniones clave y las pone a disposición de cualquier empleado, como una forma de difundir lecciones y prácticas efectivas para que más personas y equipos se beneficien de ellas.

Esto refleja un principio que el fundador de Bridgewater, Ray Dalio, llama «transparencia radical». De acuerdo con *Business Insider*, los empleados pasan al menos una hora cada semana revisando las grabaciones de las reuniones y reflexionando sobre lo que observan. Aprenden principios tales como cuestionar a sus superiores, admitir sus debilidades y no esconderse de las críticas. Las filosofías están documentadas en la serie de libros *Principios*, de Dalio.[12]

Dalio anima a los empleados a practicar la transparencia radical y a realizar comentarios para destacar y celebrar los comportamientos cuando se producen. En su charla TED, hizo precisamente eso; compartió un correo electrónico que una vez recibió de un empleado que comenzaba con: «Ray, te mereces un cero por tu intervención hoy en la reunión. No te preparaste en absoluto y no podías haber estado más desorganizado». Este es el aspecto que tiene la transparencia radical, explica Dalio.[13]

Las personas que buscan trabajo en Bridgewater saben que el aprendizaje constante impregna la empresa. Eso es parte de lo que les atrae, porque cuentan con hélices del crecimiento que están en línea con la cultura de la organización.

Todos podemos aprender de la práctica de la transparencia radical de esta empresa.

La transparencia, uno de los elementos de la hélice del crecimiento, implica compartir los objetivos de mejora junto con las inquietudes, las preguntas, los comentarios, los errores y las lecciones aprendidas.

Ser transparente no siempre es fácil. A veces, las personas creen que compartir información podría perjudicarlas, por lo que se sienten vulnerables. Otras veces, pueden saber racionalmente que compartir es bueno, pero aun así temerlo emocionalmente. A medida que comenzamos a cultivar culturas de aprendizaje, podemos esperar cierta incomodidad mientras las personas se adaptan a compartir abiertamente y experimentar las reacciones de sus colegas.

Al principio de mi carrera, respondía a la defensiva a los comentarios, a menudo racionalizando las excusas en lugar de escuchar realmente lo que decían los demás. A través de la investigación de Carol Dweck, llegué a comprender que ese comportamiento se estaba interponiendo en el camino de mis metas. Poco a poco desarrollé una comprensión muy diferente de los comentarios, lo que cambió mis respuestas emocionales ante ellos.

Pero incluso después de eso, durante mucho tiempo tuve problemas para ofrecer comentarios sinceros a los demás. A lo largo de los años, me he esforzado por ir más allá de mi zona de confort para ofrecer el regalo de los comentarios. Cuanto más lo he hecho, más he experimentado el poder de hacerlo, lo que me ha ayudado a tener mucha más confianza y ser más eficaz en la transparencia radical. Si aún no has llegado a ese punto, te animo a que sigas esforzándote y saliendo de tu zona de confort.

Con el tiempo, a medida que nos acostumbramos a compartir con transparencia y vemos que otros responden de manera constructiva, o al resolver los conflictos cuando no lo hacen, podemos llegar al punto de compartir de manera transparente sin sentirnos vulnerables. Es entonces cuando sabemos que hemos creado un ambiente de seguridad psicológica.

Vamos a explorar este concepto con más profundidad.

## BASE 4 DEL EQUIPO VERSADO EN EL APRENDIZAJE: CREAR UNA CULTURA DE SEGURIDAD PSICOLÓGICA

Cuando trabajaba en capital de riesgo como el inversionista más joven de la empresa, el miedo me impedía ser transparente.

A menudo no tenía una fuerte convicción sobre si una oportunidad de inversión era atractiva o no, pero me reservaba mis dudas.

Tenía miedo de que pensaran que era incompetente o inseguro.

Estaba en el modo *fingirlo hasta lograrlo*.* No compartía mis incertidumbres y las preguntas que habrían dado a otros la oportunidad de ayudarme. Mi comportamiento desvirtuaba las conversaciones y decisiones, y fomentaba una cultura de aparentar.

Pero esto es lo interesante: no recuerdo que nadie me dijera que *debía* tener una fuerte convicción en todos los casos. Lo aprendí observando a la gente que me rodeaba. Sin embargo, mis colegas tenían varias décadas de experiencia más que yo...: ¿por qué sentía que tenía que comportarme como ellos y fingir que sabía lo mismo que ellos sabían?

Inventé una historia en mi mente sobre lo que valoraban las personas que me rodeaban, en función de lo que les veía hacer. Pero es muy posible que no esperaran que alguien que acababa de comenzar en la profesión tuviera fuertes convicciones desde el principio.

Por tanto, era un miedo autogenerado. Y ese miedo hizo que la hélice del crecimiento fuera débil y causó daño tanto al equipo como a mí.

Resulta que este miedo es un obstáculo común e importante para la eficacia de los equipos, a veces no porque las personas lo provoquen, sino porque no hacen lo suficiente para crear claridad y seguridad.

---

* N. de la T.: Del aforismo en inglés *fake it till you make it,* que sugiere que, al pretender o «fingir» ciertos comportamientos o actitudes, con el tiempo se pueden desarrollar las habilidades o la confianza necesarias para lograr realmente esos objetivos.

Como estudiante de doctorado de primer año, Amy Edmondson, que ahora es una reconocida profesora de la Facultad de Negocios de la Universidad de Harvard, se unió a un equipo de investigación para examinar las tasas de error en los hospitales.[14] Lógicamente, planteó la hipótesis de que los equipos de atención al paciente más eficaces cometían menos errores. Pero, como describe en su libro *The Fearless Organization* [La organización sin miedo], se sorprendió al descubrir lo contrario: las tasas de error parecían ser más altas en los equipos de mayor rendimiento según un instrumento de encuesta validado.

Podría haber publicado sus interesantes hallazgos, cediendo a las presiones para demostrar rendimiento, pero en lugar de eso se sumergió más profundamente en la zona de aprendizaje y trató de averiguar qué estaba sucediendo. Contrató a Andy Molinsky, en ese momento un asistente de investigación que, de forma intencionada, no sabía nada sobre sus hallazgos o hipótesis preliminares, para que investigara las diferencias en la forma en que operaban los equipos. Al combinar las observaciones de Molinsky con los datos, Edmondson descubrió que si bien los equipos con mayor rendimiento no cometían más errores, sí informaban de ellos con más frecuencia. Es por eso por lo que su estudio había encontrado inicialmente una relación ilógica entre los errores y el rendimiento.[15]

Los miembros de los equipos con mayor rendimiento se sintieron con la libertad de hablar sobre los errores. Los debatieron abiertamente para aprender de ellos e identificar formas de detectarlos y prevenirlos.

Edmondson continuó estudiando el concepto de *seguridad psicológica*, que definió como la creencia compartida por los miembros de un equipo de que el equipo es seguro para asumir riesgos interpersonales.[16] Más tarde, en numerosos estudios, ella y otros investigadores encontraron una fuerte relación entre las culturas con alta seguridad psicológica y alto rendimiento. Google descubrió esto mismo cuando estudió a sus equipos: la seguridad psicológica era el principal impulsor de la efectividad del equipo.

La seguridad psicológica impulsa el rendimiento porque la transparencia es un ingrediente necesario para una colaboración eficaz, tanto en la zona de aprendizaje como en la zona de ejecución. Si la transparencia parece peligrosa, es contraproducente para el equipo.

«Cuando la seguridad psicológica es alta, la franqueza ya no se percibe como un riesgo —según indican Edmondson y su colega Henrik Bresman en un documento de trabajo—. Ofrecer ideas, compartir dudas, hacer preguntas [...] todo se vuelve más fácil».[17]

Pero ¿qué hacer cuando se intenta crear un equipo con hélices del crecimiento altamente funcionales, que fomenten la seguridad psicológica, dentro de una empresa cuya cultura está plagada de miedo?

Antes que nada, hay que dejar claro que esto es posible. La mayoría de las empresas cuentan con equipos que tienen culturas muy diferentes con respecto a la transparencia, la asunción de riesgos y la aceptación del fracaso. Si sentimos que nuestra organización es como un océano lleno de tiburones, podemos crear islas de seguridad aliándonos con colegas cercanos sobre cómo queremos trabajar y desarrollando confianza. Esto fortalece la capacidad de aprender y ejecutar. Es justo lo que Traca Savadogo hizo con su equipo en Starbucks, incluso cuando los empleados de otras ubicaciones se resistían al cambio. Luego, utilizó los beneficios logrados por la innovación de su equipo para influir en el resto de la empresa.

Edmondson y Bresman sugieren que los equipos pueden promover la seguridad psicológica mediante el método de *encuadre e indagación*.[18]

El *encuadre* consiste en comunicar claramente para que las personas interpreten una situación o comportamiento de la manera deseada, sobre todo para que exista franqueza y aprendizaje. Implica hacer explícitos nuestros supuestos implícitos para que todos podamos estar de acuerdo en torno a ellos.

Durante la etapa que trabajé en capital de riesgo, mis colegas nunca me dijeron que debía expresar una fuerte convicción después de cada presentación. Si bien no generaron mi miedo, tampoco crearon claridad y una sensación de seguridad, a pesar de ser personas muy agradables. No comunicaron claramente cómo querían que se comportara la gente. Eso se dejaba a la interpretación de cada uno. Así que me inventé mi propia historia.

¿Es posible que tus compañeros de equipo piensen que quieres que siempre hagan las cosas lo mejor que saben, minimizando los errores, esforzándose en la ejecución crónica? ¿Es posible que se preocupen de que si comparten una incertidumbre o intentan algo que no funciona, pierdan valor ante tus ojos? Pregúntate: ¿cuándo fue la última vez que un miembro de tu equipo admitió que había cometido un error? Si no puedes recordarlo, es posible que tengas que trabajar en la creación de seguridad psicológica.

Aunque tal vez no estés haciendo nada para generar miedo, ¿estás haciendo lo suficiente para generar *seguridad*? ¿Os animáis unos a otros a asumir riesgos y participar en la zona de aprendizaje?

Crear seguridad psicológica implica hacer explícito lo implícito, poner atención a la hora de declarar los principios y comportamientos deseados. Se trata de identificar claramente las normas, discutirlas, escribirlas y consultarlas regularmente. Se trata de elogiar a alguien cuando las pone en práctica y llamar la atención cuando alguien se comporta de manera contraria a ellas.

Cuando alguien actúa de acuerdo con las normas, podríamos decir:

- «Estoy muy orgulloso de la forma en que el equipo ha abordado este proyecto. Creo que demuestra nuestro valor de "Abrazar la aventura". Asumimos un gran desafío, perseveramos cuando el sistema dejó de funcionar y probamos diferentes estrategias hasta que encontramos la forma de solucionarlo. ¡Eso es "Abrazar la aventura"!».
- «A pesar de que el proyecto no tuviera éxito al final, este es el espíritu de "Abrazar la aventura". Si seguimos asumiendo riesgos inteligentes como este, encontraremos nuevas soluciones».

Cuando alguien se comporta de manera contraria a las normas, podríamos decir:

- «Rishi, me preocupo por ti y por nuestro equipo, así que necesito compartir algo contigo. Creo que la forma en que te comportaste en la reunión va en contra de nuestro valor fundamental de humildad. Anna y Abdul estaban tratando de compartir sus ideas, pero no pudieron decir una palabra. Tal como yo lo veía, los interrumpías y no los dejabas terminar, y seguías haciendo afirmaciones en lugar de hacer preguntas para entender lo que estaban pensando. Así es como yo lo veo, ¿cómo lo ves tú?».
- «Tom, me preocupa que parece que no has compartido que el proyecto no tuvo los resultados deseados, lo que va en contra de nuestro valor fundamental de sinceridad. ¿Estás de acuerdo con ese valor fundamental? ¿Hay algo que yo haga o que otros hagan que te impida ser sincero? ¿O hay alguna otra cosa que se interponga en el camino?».

La *indagación* consiste en pedir explícitamente a los miembros que contribuyan con sus pensamientos, para ser transparentes, tal vez mediante el uso de preguntas como las siguientes (sugeridas por Bresman y Edmondson):

- ¿Qué quieres lograr?
- ¿Con qué no estás de acuerdo?
- ¿Qué te preocupa?
- ¿Cómo puedes contribuir?

El trabajo de Edmondson, los datos de Google y la historia de Traca Savadogo demuestran que, independientemente de la cultura de la organización, puedes crear seguridad psicológica dentro de tu equipo.

## BASE 6 DEL EQUIPO VERSADO EN EL APRENDIZAJE: ANIMAR A SOLICITAR COMENTARIOS FRECUENTES

Si bien la seguridad psicológica es necesaria para fomentar una cultura de crecimiento, no es suficiente. Las personas pueden sentirse seguras y, sin embargo, no ver una razón para participar en el aprendizaje, o pueden no saber cómo. Por ejemplo, muchas no están seguras de cómo proporcionar y recibir comentarios, una estrategia esencial de la zona de aprendizaje en el trabajo colaborativo.

Cuando alguien se propone fomentar los comentarios en un equipo, a menudo comienza alentando a los empleados a realizar comentarios. Eso no está mal, pero tiende a ser una ardua batalla. Muchas personas aún no han desarrollado la comprensión de lo que suponen los comentarios —una comunicación de la que cualquiera puede beneficiarse para saber lo que piensan los demás— y por qué son útiles. O bien pueden temer que sus compañeros de equipo no vean los comentarios de la misma manera y reaccionen a la defensiva. Una forma más eficaz de iniciar el viaje es centrarse en animar a todo el mundo a *solicitar* comentarios y que los líderes prediquen con el ejemplo.

Cuando desarrollamos el hábito de solicitar comentarios con frecuencia y a varias personas, no solo de una o dos, hacemos que sea mucho más fácil para los demás ofrecernos comentarios. Esto también nos hace sentir menos vulnerables porque estamos iniciando el proceso, reforzando así nuestro sentido de confianza y agencia.

Muchas personas sienten que los comentarios críticos son negativos. Pero la crítica es la fuente de información más poderosa para el crecimiento, así que no puede ser negativa. Aquellos que aprenden a amar los comentarios críticos se desarrollan a un ritmo mucho más rápido que otros. Si usas la expresión *comentarios negativos*, es posible que bloquees los canales de comentarios. Considera la posibilidad de cambiar tu forma de hablar. Las personas que sobresalen ven tanto los comentarios *críticos* como los de *refuerzo* como positivos y poderosos.

Cuando *ofreces* comentarios, como explican mis profesores de la Facultad de Negocios de Stanford David Bradford y Carole Robin en su libro *Connect* [Conectar], es mejor evitar hacer suposiciones sobre los pensamientos, sentimientos o intenciones de otras personas porque, cuando las haces, a menudo te equivocas y puedes provocar que la otra persona se sienta incomprendida o incluso atacada.[19]

En su lugar, cuando realices comentarios, concéntrate en compartir lo que tienes en mente o en tus emociones (que sí conoces) y habla sobre comportamientos que cualquiera puede observar y cómo te afectan.

Especialmente en las fases iniciales de la creación de la cultura y el entendimiento común, a veces necesitamos ser amables o ajustar nuestro enfoque para ir al encuentro de la otra persona. Si bien alguien puede entender de manera lógica la importancia de los comentarios, aún puede reaccionar con miedo o enojo. El cerebro tarda en reconfigurarse.

Por lo tanto, al principio de ofrecer comentarios, es posible que debamos recordar de manera explícita a los demás nuestras intenciones y usar un encuadre deliberadamente. Pero, como dijo el neuropsicólogo Donald Hebb, las neuronas que se activan juntas se conectan entre sí, es decir, que la repetición genera y refuerza nuevos patrones de pensamiento, lo que permite cambiar gradualmente los modelos mentales y las respuestas, como muchas otras personas y yo hemos hecho.[20]

El diálogo podría parecerse a este: «Sam, estoy decepcionado porque creo que este trabajo no cumple con nuestros altos estándares. Te diré los problemas que veo, pero primero déjame decirte por qué te comento esto. Realmente he apreciado cuando otros han compartido conmigo que mi trabajo no ha sido de buena calidad y cómo puedo mejorarlo, y eso me ha ayudado mucho a mejorar, que es algo en lo que sigo trabajando. Sé que puedes desarrollar tu capacidad para crear informes de alta calidad, así que quiero comentarte algunas oportunidades que veo para lograrlo. ¿Quieres escucharlas y te parece que ahora es un buen momento?». Luego, si la persona está dispuesta, puedes comenzar por preguntarle si ve algunas oportunidades de mejora.

Ten en cuenta que diferentes culturas y países pueden tener distintas normas de comunicación.[21] Los comentarios que se consideran demasiado directos en Japón o en algunas regiones de Brasil pueden parecer demasiado indirectos en Israel o los Países Bajos.

Cuando pedimos a las personas que soliciten comentarios con frecuencia, pueden tomar las riendas. Sienten agencia, autoestima y poder en la conversación que inician.

Para todos nosotros, solicitar comentarios con frecuencia, con un interés genuino en aprender de ellos, es la ruta más rápida para cambiar el cableado neuronal.

## CUALQUIERA PUEDE FOMENTAR QUE UN EQUIPO SE ABRA AL APRENDIZAJE

¿Qué pasa si no eres el líder de una organización o ni siquiera un líder de equipo? ¿Aun así puedes llevar los comportamientos colaborativos de la zona de aprendizaje a la oficina?

¡Sin duda!

Empieza por preguntarte: «¿Tengo una mentalidad fija o una mentalidad de crecimiento sobre mi capacidad para liderar e influir en los demás? Si aún no me siento seguro de la capacidad que tengo para aumentar mi influencia, ¿cómo podría desarrollar esas habilidades? ¿Y quién podría apoyarme en el viaje para liderar una cultura de aprendizaje, desde donde sea que me encuentre?».

A menudo, tenemos más influencia de la que pensamos, y siempre podemos aprender a mejorar en cómo influir en nuestro entorno. La cultura es el resultado de las creencias y los hábitos de todos los miembros de una comunidad.

Claro, no sabemos cómo reaccionarán los demás cuando asumamos riesgos para liderar como persona que aprende continuamente de forma visible. Pero podemos empezar por asumir pequeños riesgos, tales como solicitar comentarios sobre algo que creemos que hemos hecho bien pero que podríamos hacer mejor, compartir con un colega que estamos un poco nerviosos antes de hacer una presentación o preguntarle a alguien qué piensa sobre un tema y revelar que nos gustaría conocer las ideas de los demás.

Cuando asumimos pequeños riesgos, los demás tienden a corresponder de la misma manera, especialmente si hemos enmarcado nuestras intenciones. Luego, podemos asumir riesgos un poco más grandes, como compartir en qué estamos trabajando para mejorar o pedir sugerencias sobre un reto con el que estamos lidiando. Por otro lado, si los colegas permanecen cautelosos y opacos, podemos volver a tener conversaciones sobre la cultura que queremos crear, verificar si todos tenemos las mismas intenciones y desentrañar qué comportamientos conlleva.

Cuando comenzamos el viaje hacia el desarrollo de un equipo versado en el aprendizaje, suele ser buena idea compartir antes nuestras sugerencias en privado con quienes ejercen funciones de liderazgo y solicitar sus reacciones y comentarios. Esto crea una zona de aprendizaje más segura para nosotros y para ellos, una isla de menor riesgo que no pone a los líderes en un aprieto frente a todo el equipo.

También nos da la oportunidad de explicar completamente lo que queremos decir, aprender de las perspectivas de los demás, abordar cualquier pregunta, obtener una buena aceptación y alinearnos antes de presentar estrategias de aprendizaje al grupo en general. Una vez que hayamos presentado nuestras ideas a los compañeros de equipo, algunos aceptarán con entusiasmo la iniciativa. En lugar de preocuparse por embarcar a todo el mundo desde el primer día, generalmente funciona bien centrarse en las personas que se entusiasman. Normalmente, son la gran mayoría, porque la mentalidad de crecimiento y la zona de aprendizaje resuenan ampliamente cuando la gente oye hablar de ellas.

Continúa interactuando con aquellos que están emocionados con estas ideas. Aprende con ellos. Comparte lo que funciona y lo que no, e identificad juntos los próximos pasos. A medida que el círculo de interlocutores comience a ver resultados, compártelos y celébralos más ampliamente, invitando a otros a unirse.

Si algunos no se involucran en conductas de aprendizaje, podemos interesarnos por el motivo. Tal vez tienen una mentalidad fija y creen que las personas no pueden cambiar o es posible que no les importe el propósito compartido o progresar en esa habilidad. O a lo mejor no se sienten apoyados, no saben cómo mejorar o no tienen los recursos necesarios.

Cada una de estas razones requiere respuestas diferentes. Podemos mantener la curiosidad. Podemos compartir lo que estamos observando y obtener las perspectivas de los demás. Podemos señalar el objetivo compartido del equipo de fomentar una cultura de aprendizaje y preguntar si todos están de acuerdo con la intención. Podemos preguntarles cómo ven las cosas, qué se interpone en el camino y cómo podemos apoyarlos. Podemos ofrecer y recibir comentarios, y juntos idear los próximos pasos.

Si no están de acuerdo con la intención o si después de algún tiempo todavía no están comprometidos con los comportamientos o no presentan una mejora real, puedes considerar el despido. La creación de un equipo y una organización tiene que ver en parte con encajar. Si algunos miembros del equipo no están interesados en desarrollar hábitos de aprendizaje mientras que la mayor parte sí lo está, puedes separar a los detractores y permite que la mayoría continúe creando la organización que quieren.

Por el contrario, si estás probando diferentes enfoques y no logras influir en tu equipo para cultivar una cultura de aprendizaje, puedes considerar cambiar de equipo u organización. Si este trabajo te importa, te animo a que seas decidido a la hora de encontrar una organización, un equipo y unos compañeros de equipo que valoren lo mismo que tú y quieran involucrarse regularmente en el crecimiento. Mucha gente está despertando al poder transformador de las dos zonas y compartirá tu entusiasmo.

También puedes considerar la posibilidad de buscar formas de crear comunidades de aprendizaje fuera de tu equipo inmediato, ya sea dentro de la organización o fuera. Cualquiera que sea la vía que elijas, recuerda que hay mucho que puedes hacer para influir y liderar, incluso si no tienes ninguna autoridad formal.

En el siguiente capítulo, comenzaremos a explorar estrategias adicionales sobre cómo hacer precisamente eso.

## PREGUNTAS PARA REFLEXIONAR

- ¿De qué manera las personas que me rodean apoyan u obstaculizan mis esfuerzos por poner en práctica regularmente estrategias eficaces de la zona de aprendizaje?
- ¿Qué suposiciones podrían estar solo en mi cabeza?
- ¿Cómo puedo crear relaciones y promover una cultura de aprendizaje en mi equipo?
- ¿Mi equipo tiene un fuerte sentido de propósito? Si no es así, ¿cómo podríamos lograrlo?

## DE CARA AL PRÓXIMO CAPÍTULO

Independientemente de mi cargo, ¿cómo podría llevar a mi equipo a participar mejor en las dos zonas?

# Capítulo 11

# LIDERAZGO PARA EL CRECIMIENTO

**GRAN IDEA** *Para aprender y rendir a altos niveles, las personas necesitan líderes que se preocupen por ellas y les brinden una orientación clara sobre cuándo y cómo entrar en las dos zonas.*

Cuando Mike Stevenson era joven, conoció a alguien que transformaría su idea del liderazgo y su vida.[1]

Mike, ahora un orador público residente en su Escocia natal, en la década de 1960 era peón de albañil e iba de obra en obra en Londres. Al llegar a una de ellas, lo recibió el capataz, un veterano militar de Gales con la nariz rota.

De inmediato, Mike se dio cuenta de que había algo diferente en él.

«Normalmente, llegas a la obra y te dicen: "Esta es la longitud del muro que queremos, esta es la altura, y queremos que esté listo para el jueves por la mañana; de lo contrario, descontaremos dinero de tu salario", –recordó–. Pero me llevó aparte, me rodeó con el brazo y me dijo: "Bienvenido, Michael. Antes de que empieces, quiero

243

enseñarte algo". Me mostró los planos y me dijo: "Este es el palacio que vas a construir"».

En realidad, era un *pub* lo que estaban construyendo, pero la forma en que el capataz lo presentó transformó la mentalidad de Mike.

«De repente sentí: "¡Guau! En realidad, estoy haciendo algo extraordinario. Voy a crear algo que va a ser un legado, que va a perdurar en los años venideros"».

Eso es lo que hace el encuadre: presentar una situación o un concepto con palabras que lleven a otros a verlo de una manera nueva.

«Sentí una oleada de confianza —me dijo Mike—. Fue fantástico. Solía llegar temprano al trabajo todas las mañanas y era el último en irme por la noche».

Un día, el capataz le encargó a Mike la tarea de cerrar con llave esa noche, lo que significaba que sería responsable del equipo, con un valor de decenas de miles de dólares. Esta muestra de respeto y confianza elevó su autoestima.

«En ese momento me sentí empoderado porque él confió en mí».

El capataz entendió que la confianza es una vía de doble sentido. Para fomentarla en una relación, tenemos que confiar en los demás; esa es la definición de liderar con confianza.[2]

«Y cuando veía algo que podía hacer mejor, me lo decía así: "Puedes hacerlo aún mejor, un poco más rápido. Puedes conseguirlo. Hay algunos trucos que puedo enseñarte". Nunca te menospreciaba. Nunca te reprendía por cometer un error. Simplemente te guiaba hacia una forma de hacerlo méjor. Esa fue la primera experiencia de verdadero liderazgo que tuve, y crecí como persona trabajando en esa obra. Mi confianza se disparó. Este tipo siempre estaba tranquilo, siempre era coherente y su lenguaje corporal siempre era muy abierto —cuenta Mike—. También hacía contacto visual y hablaba con respeto a todo el mundo. Era edificante [...] Me enseñó más que nadie en toda mi vida, sinceramente».

Las obras de construcción plantean un desafío que se está volviendo cada vez más relevante en muchos sectores en la era de la economía colaborativa: ¿cómo fomentamos la comunidad en equipos que son temporales, basados en proyectos, incluso cuando están compuestos por contratistas independientes? El capataz de Mike comprendió lo importante que era lograr que todos trabajaran juntos en armonía en la obra, a pesar de que este equipo estaría unido por poco tiempo. Eso es un reto. Los miembros tenían responsabilidades diferentes, representaban a una variedad de grupos raciales y étnicos, y hablaban diferentes idiomas.

«En una obra hay albañiles, escayolistas, fontaneros... Éramos muchos en esa obra. Y coordinar a esas personas para que hablen entre sí, trabajen juntas y cooperen es una tarea ingente, porque las obras suelen ser caóticas –cuenta Mike–. Sin ese tipo de liderazgo, se supera el presupuesto. Los escayolistas terminan la pared y el electricista llega y la rompe para poner los enchufes. Todas estas cosas obviamente hacen que suban los costes y también que se superen los plazos. En nuestro caso, terminamos antes de la fecha límite y hubo que rehacer menos trabajo cuando la obra estuvo lista. El coste fue bastante inferior al presupuesto. Eso era liderazgo. Me sentía emocionado todos los días y muy orgulloso de lo que estaba haciendo».

Cuando Mike se reunía con sus amigos en un *pub* después del trabajo y le preguntaban qué estaba haciendo, él les decía: «Estoy construyendo un palacio».

La llamativa estructura sigue en pie más de medio siglo después. Cada vez que Mike va a Londres, se asegura de pasar por allí para admirarla.

## UNA NUEVA ERA DE LIDERAZGO

Aunque a lo largo de miles de años han existido distintas formas de gestión y liderazgo, la teoría de la gestión nació en la Revolución Industrial, un período en el que el principal desafío era la producción en masa: hacer que los productos estuvieran disponibles para muchas personas a bajo coste.[3] Las organizaciones contrataron a los pocos que habían aprendido sobre el tema para actuar como líderes. Se aplicaba un enfoque de mando y control: los gerentes diseñaban sistemas y decían a la gente qué hacer.

Así es como se definió el concepto de gestión. Todavía tenemos muchas suposiciones añejas sobre la gestión de personal como si los empleados fueran engranajes de una fábrica. «Esta es la longitud del muro que queremos, esta es la altura, y queremos que esté listo para el jueves».

Pero, hoy en día, las tareas repetitivas están cada vez más automatizadas, la economía incluye más sectores de servicios y el ritmo del cambio se ha acelerado enormemente. El reto de la gestión ha pasado de producir un automóvil Modelo T negro de la forma más barata posible a centrarse en el factor humano: identificar las necesidades insatisfechas, impulsar la innovación y personalizar el servicio. Las máquinas por sí solas no son buenas en esas cosas, y tampoco lo son las personas cuando se las trata como máquinas.

Con demasiada frecuencia, los líderes, y a veces también los trabajadores, tienen la suposición implícita de que los empleados no están capacitados para pensar de forma independiente y tomar decisiones, por lo que se les debe controlar exhaustivamente, como los empleados de la fábrica de teléfonos a los que no se les permitía desviarse de las instrucciones detalladas. Esta creencia a menudo crea una profecía autocumplida.

Si en una organización solo piensan unas pocas personas, las más alejadas de los clientes o del trabajo que se lleva a cabo, la organización tendrá bastante menos poder cognitivo para identificar las necesidades de los clientes, impulsar la innovación, personalizar el servicio y resolver problemas. Las organizaciones necesitan nutrir su inteligencia colectiva.

Para crear equipos y empresas que acaben con la ejecución crónica y ofrezcan resultados a la vez que alcanzan nuevas cotas de éxito, necesitamos cambiar las creencias, la mentalidad sobre los individuos, la gestión y el liderazgo. Tenemos que pasar del mando y el control a proyectar una visión, inspirar un propósito, fomentar el bienestar, empoderar a los empleados para que tomen la iniciativa y respaldar su desarrollo, como hizo el capataz de Mike Stevenson en esa obra de Londres. Los líderes con éxito crean el ambiente propicio tanto para la zona de aprendizaje como para la zona de ejecución y participan en ellas. Se aseguran de que haya un terreno fértil para que florezca la cognición humana e inspiran a sus colegas a apoyarse, a exigirse responsabilidad mutuamente y a avanzar hacia un objetivo común y ambicioso.

## QUIÉN PUEDE HACERLO

Como escribió el experto en liderazgo Warren Bennis: «El mito sobre el liderazgo más peligroso es que los líderes nacen. Eso es una tontería. En realidad, ocurre justo lo contrario. Los líderes se hacen, no nacen».[4]

Nadie nace siendo líder, ni dominando las capacidades de mando, ni de ninguna otra manera. Aprendemos nuestras suposiciones de progenitores, escuelas, medios de comunicación y lugares de trabajo.

Ahora podemos aprender algo diferente.

Independientemente del cargo formal, cualquiera puede aprender a convertirse en un líder inspirador que desarrolla relaciones positivas y promueve una cultura de aprendizaje y alta ejecución a través de las dos zonas.

Este capítulo y el siguiente te mostrarán cómo hacerlo.

## UN CAMBIO PODEROSO

Cuando David Tashjian fue trasladado a puestos de liderazgo en Comcast, tenía un historial de éxito. Pero había un problema importante: David había quedado atrapado en la ejecución crónica y su presencia resultaba amenazante.[5]

Durante las reuniones, su poderosa personalidad dominaba al grupo, dejando poco espacio para escuchar a otros que no eran tan enérgicos.

«Recuerdo estar sentado en las reuniones, pensando: "¿Por qué seguimos hablando de esto? Sé lo que hay que hacer. ¿Podemos seguir adelante?"», me dijo.

La presión que sentía para producir, manifestada como una visión de túnel para la tarea en cuestión y desinterés en las ideas de los demás, preocupaba a sus colegas, que pensaban que si seguía ascendiendo, la empresa pagaría un alto precio en cuanto a disminución del compromiso de los empleados, trabajo en equipo y desarrollo.

Después de pasar un año en el puesto de vicepresidente, tuvo una evaluación de rendimiento con su jefe, el presidente de la división, que fue uno de sus mentores. Lo que David escuchó lo devastó.

«Me dijo: "Oye, no hay duda de que eres un líder consumado. Pero la manera en que haces las cosas y esas formas un poco como de elefante en una cacharrería, podrían ser defectos fatales" –cuenta David–. Estaba furioso. Pensé: "¡Pero si obtengo grandes resultados! Esto es una tontería. No es verdad. Yo no soy todas esas cosas"».

Echando la vista atrás, David se da cuenta de que su estilo de liderazgo estaba basado en sus propias inseguridades. Tenía miedo de revelar sus vulnerabilidades y no mostraba transparencia al tratar con quienes estaban a su cargo.

Era lo que muchos llaman un «mal jefe».

Los malos jefes son una de las principales razones por las que las personas dejan sus trabajos. También hay otras: motivos familiares, querer un salario más alto o sentirse aburrido, subestimado, sin inspiración o agotado. Pero muchas de estas razones pueden ser influenciadas significativamente por los jefes.

¿Quién de nosotros no ha sufrido a un líder ineficaz que crea toxicidad dentro de un equipo? ¿O un supervisor que hace comentarios de una manera que deja a los miembros del equipo desmoralizados y sin voz? ¿O un jefe que habla de la importancia de asumir riesgos solo para penalizar a los miembros del equipo cuando esos riesgos no ofrecen los resultados esperados?

Durante más de veinte años, Gallup ha realizado extensas encuestas para medir el compromiso de los empleados. Estas han demostrado que los gerentes representan al menos el setenta por ciento de la diferencia en las calificaciones de compromiso de los empleados y que solo alrededor de un tercio de los estadounidenses están comprometidos con sus trabajos. Uno de cada dos empleados ha dejado un trabajo para alejarse de un mal gerente en algún momento de su carrera.[6] Renunciar es aún más fácil con el teletrabajo. Como era de esperar, esto tiene un impacto drástico en el rendimiento de la empresa.

El impacto de un «mal gerente» también afecta a las personas fuera del lugar de trabajo, ya que los empleados se llevan su mala experiencia laboral a casa, lo que empeora el estrés y daña sus relaciones y su bienestar general.

En los últimos años, los empleados están cada vez más desilusionados con el valor y el mérito del trabajo en sus vidas. Esto ha llevado a cambios masivos en cuanto a dónde, cuándo y cómo trabajan e incluso si trabajan en absoluto.[7]

Los líderes de cualquier nivel deben crear relaciones, entornos, estructuras y sistemas de apoyo que permitan a los empleados entusiasmarse con lo que hacen y comprometerse con los demás tanto en el aprendizaje como en la ejecución. En muchos casos, esto requerirá que los gerentes utilicen la zona de aprendizaje para descubrir mejores estrategias y sistemas para dirigir y fortalecer el compromiso y la colaboración de los empleados. Cuando las personas prosperan, la organización prospera.

Cuando David Tashjian se abrió a aprender y crecer en su estilo de liderazgo, superó la ejecución crónica y vio resultados radicales. Entró en la zona de aprendizaje y aprendió de sus errores. Se acercó a quienes había herido y les pidió perdón, y les solicitó comentarios mientras trabajaba para cambiar su forma de ser. Decidió ir más allá de su estrecho círculo de confidentes y tratar de transformar a sus detractores en aliados manteniendo una comunicación abierta con ellos y encontrando puntos en común. Se sentía lo suficientemente fuerte como para ser vulnerable y se volvió más transparente. La satisfacción de los empleados y la colaboración efectiva no tardaron en llegar.

Cualquiera de nosotros puede entrar en la zona de aprendizaje para mejorar, ampliar y fortalecer las herramientas de liderazgo, el conjunto de herramientas que podemos utilizar para visualizar y comunicar el futuro hacia el que nos dirigimos, desarrollar una cultura sólida y organizar, inspirar y apoyar a los demás para lograr el cambio que queremos ver en el mundo. En este capítulo y en el próximo, conoceremos a líderes que abren camino. Recuerda que el objetivo no es que copies todo lo que hacen, sino que desarrolles una visión de cómo quieres liderar e identificar algunos aspectos en los que trabajar.

Como siempre, todas las prácticas se basan en los dos principios básicos: considerar siempre las habilidades y cualidades como maleables y establecer mecanismos para las dos zonas. De manera más holística, el objetivo es fomentar las *piedras angulares del cambio* presentadas en el capítulo cuatro, junto con el contexto social que las refuerza. Queremos fomentar la creencia de que podemos aprender, la comprensión de cómo hacerlo, un propósito compartido que genere energía y dirección, y un sentido de pertenencia a una comunidad que aprende continuamente.

Entonces, ¿cómo se lidera para propiciar el crecimiento?

## COMENZAR CON INTERÉS Y GENERAR CONFIANZA

Francesca Lenci lleva dieciséis años trabajando para Siemens. Comenzó como analista financiera júnior en Lima, donde nació y creció. Con el tiempo, asumió importantes desafíos, trasladándose a países extranjeros y participando en operaciones que a menudo estaban en crisis. Obtuvo muchos ascensos en el camino.[8]

Francesca estaba trabajando en Alemania cuando surgió una nueva oportunidad para convertirse en la directora financiera de Siemens Mobility en Italia. Aceptó el reto pero, cuando llegó a ese país, comprobó que su equipo no creía que pudiera alcanzar un alto rendimiento. Francesca, una líder y profesional ambiciosa, quería transformar el equipo. Trató de demostrar a sus colegas que podían ser reconocidos como ejemplares. Pero no adoptó un enfoque autoritario.

Siemens organiza un concurso anual dentro de los departamentos financieros llamado Cash Award, que recompensa por la gestión ejemplar del efectivo. El premio se otorga a los países que tienen las métricas de gestión del efectivo más altas, en función de aspectos como la rapidez con la que pagan los clientes y la forma en que se gestionan los contratos y las facturas de los proveedores. Italia ocupaba uno de los últimos puestos, pero Francesca vio esto como una oportunidad para inspirar a los miembros del equipo a replantearse lo que podían lograr entre todos. Les comentó que quería que intentaran obtener el premio y que, aunque quizá no lo ganarían el primer año, creía que podrían lograrlo en el futuro.

Pero no comenzó con un enfoque intenso en la ejecución y las métricas. Comenzó con cuidado y confianza.

Después de entrar en la organización, Francesca dedicó tiempo a reunirse con cada uno de sus subordinados para conocerlos, no solo en el ámbito profesional, sino también personalmente. Esa fue una tarea significativa de la zona de aprendizaje en su caso. Se aseguró de recordar detalles de lo que era importante para cada empleado, como el nombre de una mascota especial o un miembro de la familia que vivía lejos o que estaba lidiando con un problema de salud. Les preguntaba cómo estaban.

Enfatizaba su deseo de apoyar su desarrollo profesional y los ayudaba a tener claros los objetivos de crecimiento, alentándolos a dedicar de treinta a sesenta minutos al plan de desarrollo personal cada mes.

Cuando llegó la pandemia de covid-19, Francesca se dio cuenta de que la gente lo estaba pasando mal. En Italia, no era una parte estándar de la cultura hablar abiertamente de salud mental, pero creó una reunión semanal de treinta minutos en la que cualquiera podía hablar de cualquier cosa, excepto del trabajo. Esto afianzó las relaciones y abrió un espacio de comunicación para que los compañeros se apoyaran mutuamente.

Las diferentes regiones tienen distintas normas sobre la cantidad de información que la gente suele compartir sobre su vida personal. Francesca observó que, en Italia, las personas en entornos grupales tendían a compartir más sobre los acontecimientos de sus vidas y menos sobre sus sentimientos personales y luchas más profundas. Pero cuando se reunía con ellas cara a cara, se abrían mucho más.

Después de que Francesca creara lazos sociales y fomentara hábitos de equipo para las dos zonas, un año después de su llegada a Italia, su equipo fue reconocido como uno de los tres finalistas a nivel mundial para el Cash Award. Lo mismo ocurrió el segundo año. El tercer año, fueron finalistas y también fueron reconocidos formalmente como los «ganadores morales» debido a su «rendimiento sostenible y prometedor en cuanto al efectivo».[9]

Claramente, el equipo se había transformado. Lo lograron buscando estrategias para gestionar mejor los sistemas y procesos financieros en la zona de aprendizaje y poniéndolos en práctica en la zona de ejecución. Pero todo comenzó con el liderazgo reflexivo y observador de Francesca, y el genuino cuidado de su gente y su desarrollo.

La pertenencia se puede fomentar en cualquier equipo, en cualquier lugar, incluso de forma remota.[10] Es el resultado del cuidado genuino, la comunicación explícita, el apoyo, experiencias compartidas y vínculos emocionales.

Fomentar un sentido de pertenencia no siempre es un proceso largo.

A veces, el simple hecho de hacerle saber a alguien que su contribución es valorada puede ser profundamente alentador. En su libro *Pertenencia*, Geoffrey L. Cohen, profesor de Psicología de la Universidad de Stanford, cuenta la historia de una ejecutiva de una importante empresa de Silicon Valley que compartió con él un momento decisivo al principio de su carrera.[11] Estaba a punto de hacer una presentación a los accionistas y estaba nerviosa. En ese momento, había pocas mujeres líderes con carreras prometedoras en el sector, y ella era muy consciente de que su estatus era inusual. Justo antes de que la presentaran, el director ejecutivo de su empresa se acercó a ella, la miró a los ojos y le dijo: «Vas a cambiar esta empresa». Le dijo a Cohen que esas cinco palabras le dieron un poderoso sentido de pertenencia. Su presentación fue todo un éxito.

Aunque el cuidado y la confianza son esenciales, no son suficientes para impulsar el crecimiento, como bien sabe Francesca Lenci.

Una empresa con la que trabajé como consultor, un productor de mercancía de alta gama, me contrató porque, a pesar de haber realizado importantes inversiones en el desarrollo de su cultura, incluido el trabajo con formadores y sistemas externos, la empresa no lograba un alto rendimiento ni un gran crecimiento.

Al observar los datos de compromiso de los empleados y los datos adicionales de una encuesta que realicé, me quedó claro que la empresa había desarrollado una cultura de cuidado, confianza y seguridad psicológica. Los empleados tenían relaciones positivas, se sentían seguros, disfrutaban de su trabajo y admiraban a sus líderes. Esta empresa tenía muchos puntos fuertes en los que basarse, pero le faltaban otros ingredientes clave para fomentar una cultura de aprendizaje y alto rendimiento. Uno de ellos era claridad en cuanto al encuadre y la orientación.

## ENCUADRAR EL APRENDIZAJE Y EL RENDIMIENTO PARA PROPORCIONAR UNA ORIENTACIÓN CLARA

Un día mientras Ian MacGregor, cofundador y director ejecutivo de Skratch Labs, una empresa de productos de hidratación y nutrición para deportistas, estaba comiendo con su nuevo director de operaciones, se sorprendió al escuchar a su nuevo colega decir que unirse a Skratch Labs era lo más arriesgado que había hecho en su vida.[12]

Ian no pudo evitar echarse a reír.

No quitaba importancia a lo que sentía su nuevo director de operaciones, pero le pareció gracioso porque, en ese momento de su vida, fundar Skratch Labs era lo más seguro que Ian había hecho jamás.

Cuando era joven, Ian había sido ciclista profesional. En dos ocasiones, fue campeón nacional subveintitrés de Estados Unidos, antes de sufrir una lesión en la pierna que lo obligó a retirarse a los veintiséis años. Antes de convertirse en ciclista, era esquiador alpino y descendía por montañas a velocidades vertiginosas.

Ian quedó tan impresionado por la diferencia radical en sus perspectivas que más tarde describió la conversación como uno de los momentos de aprendizaje más memorables de esa etapa como fundador y director ejecutivo. Le ayudó a comprender mejor que cada persona percibe el riesgo de manera diferente.

Ian se dio cuenta de que si quería que los integrantes de Skratch Labs se arriesgaran, tenía que animarlos, guiarlos explícitamente y asegurarse de que se sintieran seguros. Necesitaban saber qué comportamientos deseaba y, que si se arriesgaban y no funcionaba, no les pasaría nada; de hecho, serían recompensados por asumir riesgos adecuados.

Tras reflexionar, Ian se dio cuenta de que los riesgos asumidos como ciclista profesional y esquiador alpino habían sido posibles gracias a la seguridad que le habían proporcionado sus padres. Sabía que, si se lesionaba y no podía continuar con su carrera deportiva, podía volver a vivir con sus padres mientras averiguaba qué hacer, y confiaba en que podría aprender a hacer otra cosa y seguir un camino diferente.

El personal de Skratch Labs necesitaba saber que el camino hacia el éxito implicaría asumir riesgos, no por imprudencia, sino para innovar y mejorar. Necesitaban saber que las cosas no siempre saldrían según lo planeado —eso es el riesgo por definición—, pero que arriesgarse era el camino para desarrollar las capacidades y ampliar las posibilidades.

Ian desarrolló formas de enmarcar la asunción de riesgos para el personal y la junta directiva con el fin de generar sintonía y cohesión.

Al hablar con sus colegas de Skratch Labs, Ian traza una línea horizontal. En un extremo de la línea escribe «sembrar y cultivar», y en el otro, «lanzar y aprender».

*Sembrar y cultivar* hace referencia a una forma más metódica y cautelosa de innovar. Implica generar ideas, realizar investigaciones significativas para aprender más y probar prototipos con grupos pequeños para reducir el riesgo y mejorar los productos antes de lanzarlos. Implica más de la zona de aprendizaje pura antes de pasar a la zona de ejecución.

En el otro extremo del espectro, *lanzar y aprender* implica mucho menos tiempo dedicado a la investigación o a la experimentación en el laboratorio. Se trata de implementar rápidamente las ideas y aprender de lo que sucede a continuación. Consigue que más ideas, pero menos perfeccionadas, lleguen al mercado más rápido. Aunque fracasa un número mayor de ellas, más apuestas significa que hay más posibilidades de que un producto se convierta en un gran éxito. Tiene mucho más de aprender mientras se hace.

A continuación, Ian muestra en qué parte de ese espectro quiere estar Skratch Labs: mucho más cerca de lanzar y aprender que de sembrar y cultivar. Quiere que el personal se enfoque hacia la acción y la asunción de riesgos. Esto no significa eliminar la investigación o los pequeños experimentos, sino lanzar ideas prometedoras rápidamente y aprender sobre la marcha. «No se trata de "lanzar y rezar" —afirma—. Empleamos un proceso en el que se efectúa una canalización. Nos fijamos en el riesgo y la recompensa. Observamos la adecuación de la marca[*] y hacemos un seguimiento. Hay un elemento de investigación. Pero nos inclinamos mucho hacia el lado de lanzar y aprender, en lugar de hacia la investigación profunda del consumidor».

Skratch Labs reúne a deportistas de élite en sus campamentos de entrenamiento en Boulder (Colorado) para interactuar estrechamente con ellos, compartir ideas y obtener comentarios. Luego, el equipo actúa con rapidez para lanzar productos prometedores al mercado.

Un enfoque de lanzar y aprender no funcionaría bien en todos los contextos, pero sí en el caso de Skratch Labs. Muchas de las ventas son directas al consumidor a través de su sitio web y Amazon, en lugar de a través de distribuidores físicos que tardan meses en analizar y decidir qué productos exhibir en un espacio limitado en los estantes. Esta estrategia permite a Skratch Labs colocar rápidamente productos en el estante virtual, retirarlos o agregar otras variedades cuando los nuevos conceptos resultan exitosos. Las noticias frecuentes sobre lanzamientos de nuevos productos promueven la marca Skratch Labs como innovadora. Y dado que el cliente objetivo de la empresa está muy comprometido con la marca, la empresa averigua rápidamente lo que funciona y lo que no.

Para reducir el riesgo de que lanzar productos pueda causar daños significativos, Ian hace una analogía: Skratch Labs es como un barco y el equipo es como su tripulación.

En un barco, explica, si se produce un incendio en cubierta, se crea una crisis, pero suele ser fácil de resolver. Alguien en cubierta ve el fuego, agarra un extintor y lo apaga. Es posible que se produzcan algunos daños, pero se pueden arreglar y no afectarán a la capacidad del barco para mantenerse a flote o navegar.

---

* N. de la T.: Del inglés *brand fit,* concepto que se define como la selección apropiada de los elementos que impulsan una marca, que generan relevancia en cuanto a contenido y que son imprescindibles para el éxito de la estrategia.

Por otro lado, si se inicia un incendio por debajo de la línea de flotación, por ejemplo en la sala de máquinas, puede ser devastador. Si la madera estructural resulta dañada y el agua comienza a entrar, el barco podría hundirse.

Ian les dice a sus compañeros de equipo que cuando operan por encima de la línea de flotación, deben dejarse llevar. Lanzar y aprender por su cuenta. Asumir riesgos. Experimentar. Pero cuando lo hacen por debajo de la línea de flotación, deben recurrir a los colegas y compartir sus ideas. Pensar las cosas juntos. Considerar si hay alguna manera de mitigar el riesgo, como recopilar más información o ejecutar una pequeña prueba piloto.

Proporcionar esa imagen clara de cómo comportarse es un ejemplo de *encuadre*. Operando dentro de este marco, el personal de Skratch Labs puede entrar con mucha más confianza y eficacia en las dos zonas, sabiendo que están haciendo lo que se supone que deben hacer.

El encuadre guía a las personas. Proporciona parámetros y da forma a actividades que pueden parecer difusas o abrumadoras. También ayuda a desarrollar la comprensión de lo que impulsa el crecimiento, como la competencia, la transparencia, la agencia, el desafío, los comentarios, los errores y la comunidad. Fortalece las hélices del crecimiento.

El encuadre se realiza de forma proactiva, como hace Ian Mac-Gregor, pero también en respuesta a los acontecimientos.

Por ejemplo, cuando la empresa de tecnología de la construcción Versatile desarrolló su primer producto, CraneView, identificó una valiosa oportunidad para lanzarlo en un proyecto grande y con visibilidad.[13] El Chase Center de San Francisco, sede de los Golden State Warriors, estaba en construcción, con un presupuesto de mil cuatrocientos millones de dólares.

La empresa constructora encargada estaba interesada en Crane-View. Versatile pasó meses estableciendo una relación y formando a la empresa sobre el producto pero, por razones internas, finalmente el constructor decidió no usarlo. Fue un revés importante para Versatile.

¿Qué dijo la directora ejecutiva Meirav Oren a su personal?: «Está bien, consideraremos esto como el costo de la matrícula universitaria. ¿Qué hemos aprendido?».

Eso es *encuadre*. Al hacerlo, Meirav influyó en la forma de percibir los errores. Sí, los errores pueden ser costosos, pero también lo es la universidad. En lugar de esconder los errores debajo de la alfombra, pensamos en lo que podemos aprender de ellos para ser más inteligentes y trabajar con más habilidad en el futuro.

Los comentarios también hay que enmarcarlos. Muchos temen los comentarios críticos y piensan que son una señal de falta de respeto o ineptitud, real o percibida. Para evitar que las personas reaccionen a la defensiva, comparte *por qué* ofreces comentarios y define qué son: información de la que cualquiera puede beneficiarse y que nos interesa tener.

Recordemos el *sesgo de falso consenso*, que nos lleva a sobrestimar el grado hasta el cual otros piensan como nosotros. Nos hace pensar que los demás entienden claramente lo que queremos decir, cuando en realidad pueden interpretarlo de manera muy diferente a como pretendíamos.

Al hacer explícito lo que está implícito en nuestras mentes, como los puntos de vista sobre los comentarios o los errores, a través de palabras, ayudamos a otros a crear sus hélices del crecimiento y generamos convergencia para una comunicación, colaboración, aprendizaje y rendimiento efectivos. Al hacer que nuestras metas, comportamientos deseados y lógica sean explícitos para los demás, y al hacerlo de manera repetida y sistemática, garantizamos la armonización con creencias, comunidades y hábitos colectivos.

La necesidad de enmarcar es particularmente importante en la comunicación con grupos, como suelen hacer los líderes, porque es posible que las personas no tengan la oportunidad de efectuar preguntas aclaratorias o que no se sientan cómodas haciéndolo. Por tanto, pueden acabar con una comprensión inexacta y seguir avanzando por el camino equivocado.

## FOMENTAR UNA CULTURA DE APRENDIZAJE

En 2017, Carol Dweck publicó una teoría unificada sobre motivación, personalidad y desarrollo basada en todo lo que sabía sobre psicología.[14] En ella, identificó lo que ve como necesidades humanas universales: aceptación, previsibilidad, competencia, confianza, control, autoestima/estatus y autocoherencia.

Como líderes, debemos crear las condiciones para que las personas puedan satisfacer estas necesidades dentro de las organizaciones, pero la forma de hacerlo puede marcar la diferencia.

Considera los mensajes que utilizas en relación con cada una de estas necesidades y cómo esos mensajes pueden crear una cultura de sabelotodo o una cultura de aprendizaje. En la tabla siguiente, he cambiado el nombre de un par de estas necesidades para adaptarlas mejor al lenguaje que se usa con más frecuencia en las organizaciones.

| CÓMO FOMENTAR UNA CULTURA DE APRENDIZAJE | | |
| --- | --- | --- |
| | MENSAJES QUE FOMENTAN UNA CULTURA DE SABELOTODO | MENSAJES QUE FOMENTAN UNA CULTURA DE APRENDIZAJE |
| PERTENENCIA | Este es tu sitio porque eres un genio, un talento natural. | Este es tu sitio si te importa nuestra misión, tienes la competencia necesaria para comenzar y te comprometes a trabajar duro y colaborar para desarrollarnos y tener un gran impacto. |

| CÓMO FOMENTAR UNA CULTURA DE APRENDIZAJE | | |
|---|---|---|
| | MENSAJES QUE FOMENTAN UNA CULTURA DE SABELOTODO | MENSAJES QUE FOMENTAN UNA CULTURA DE APRENDIZAJE |
| PREVISIBILIDAD | Nuestro trabajo es predecir el futuro con certeza para poder operar con plena convicción. | Podemos aprender sobre tendencias, desarrollar hipótesis sobre lo que es probable que suceda y participar en la planificación de escenarios, pero no podemos predecir el futuro con certeza. Podemos predecir cómo nos comportaremos los unos con los otros, respetando nuestros valores y acuerdos. |
| COMPETENCIA | Debemos saber cómo hacer el trabajo sin cometer errores. | Somos competentes en nuestro oficio y en nuestra capacidad para aprender y mejorar aún más. |
| CONFIANZA | Confiamos los unos en los otros para tener siempre las respuestas correctas, nunca cometer errores, ser los mejores, cubrirnos las espaldas mutuamente y destacar frente a otros equipos. | Confiamos los unos en los otros para hacer lo que decimos que vamos a hacer, para comportarnos de la manera que hemos acordado y para desafiarnos y apoyarnos mutuamente en el camino. Si tenemos conflictos, utilizamos procesos justos y constructivos para resolverlos y aprender de ellos. |

## CÓMO FOMENTAR UNA CULTURA DE APRENDIZAJE

| | MENSAJES QUE FOMENTAN UNA CULTURA DE SABELOTODO | MENSAJES QUE FOMENTAN UNA CULTURA DE APRENDIZAJE |
|---|---|---|
| AGENCIA | Tenemos control absoluto sobre nuestro futuro y la dirección en la que va el sector. | Lo que más controlamos es nuestro comportamiento. A través de un trabajo en equipo efectivo en las dos zonas, podemos tener un impacto en el mundo. |
| ESTATUS | Aquí, las personas que tienen éxito y ascienden son las más inteligentes y las más seguras de tener las respuestas correctas. | Aquí, las personas con mayor estatus son las que se comportan según nuestros valores y, al hacerlo, fortalecen al equipo y la organización. Demuestran comportamientos de aprendizaje y, como resultado, son muy competentes y cada día lo son más. |
| PROPÓSITO | Nos esforzamos por demostrar que somos los mejores. | Nuestro propósito es mejorar la vida de los clientes, las comunidades y la sociedad. También nos esforzamos por crear un entorno de trabajo que enriquezca la vida de todo el personal y brinde oportunidades para continuar creciendo y desarrollándose. |

| CÓMO FOMENTAR UNA CULTURA DE APRENDIZAJE | | |
|---|---|---|
| | MENSAJES QUE FOMENTAN UNA CULTURA DE SABELOTODO | MENSAJES QUE FOMENTAN UNA CULTURA DE APRENDIZAJE |
| LÓGICA DOMINANTE | Todos los mensajes y prismas mentales están alineados con la idea de que las habilidades son fijas y que nos esforzamos por ser impecables. | Todos los mensajes y prismas mentales tienen como base la idea de que las habilidades pueden desarrollarse a través de la zona de aprendizaje y aplicarse a través de la zona de ejecución. |

## RESALTAR REGULARMENTE LOS COMPORTAMIENTOS DESEADOS

Busca formas de reforzar los comportamientos deseados compartiendo historias de individuos y equipos que los ejemplifiquen. Esto ayuda a todos a tener más claro cómo funcionan los principios en la práctica. También proporciona historias memorables que ayudan a los empleados a conectarse emocionalmente, recordar y comunicarse de manera efectiva.

Recuerda cómo Sonatype animó a su personal a proponer a colegas que ejemplificaran sus valores fundamentales (capítulo cuatro). Cualquiera podía enviar un vídeo en el que explicara su propuesta y en el que compartiera una historia sobre la persona que ejemplificaba los valores. Carlos Moreno Serrano propuso a Richard Panman. Sonatype presentó a los ganadores y sus historias en un evento para toda la empresa.

Otras empresas envían correos electrónicos regulares a todo el personal para celebrar y destacar comportamientos ejemplares.

Lo opuesto a recompensar las conductas deseadas es castigarlas. He visto a líderes fomentar la asunción de riesgos, pero luego, si los experimentos no funcionan como se espera, los líderes se decepcionan y las personas implicadas pueden recibir malas críticas, o una bonificación más baja, o no ser consideradas para un ascenso. Esto no proporciona seguridad ni un verdadero estímulo para asumir riesgos reales, sino todo lo contrario. Lleva a los empleados a ser cautelosos y a hacer lo que saben que funciona. Si queremos fomentar la búsqueda de desafíos y la asunción de riesgos, tenemos que recompensar las iniciativas en ese sentido, no solo cuando los riesgos funcionan como se espera. Tenemos que aprender de los resultados y valorar las lecciones. Si las personas ven que el equipo o la organización aprende del fracaso y aplica los nuevos conocimientos en el futuro, se sentirán más motivadas y apoyadas para seguir asumiendo riesgos.

Mantén los mensajes concretos, enfocados y claros, y ten en cuenta que incluso los mensajes breves son de gran ayuda. Cuando Rich Lesser era director ejecutivo de Boston Consulting Group (BCG), publicaba vídeos que llamaba *Dos minutos los martes* para hablar de diversos temas, como la importancia de la mentalidad de crecimiento. En un vídeo, compartió que «saber lo que no sabes es más valioso que saber lo que sabes» y explicó por qué, lo cual no es intuitivo para muchos consultores de gestión de alto rendimiento.[15] También instaba a buscar oportunidades para desarrollarse lateralmente y desde la creatividad, y con personas que aporten habilidades diferentes a las propias. En estos mensajes, encuadró cómo debían aprender y actuar los integrantes de BCG. Ayudó a los empleados a ver el trabajo como una forma de fomentar el crecimiento. Esto permitió que participaran en reuniones y proyectos partiendo de la misma base, entendiendo que se valoraba el hecho de reconocer lo que no sabían y de tener la intención de aprender unos de otros.

Así es como se lidera con cuidado, confianza y claridad. Como dirigentes, también tenemos que establecer sistemas y rutinas para las dos zonas, y debemos predicar con el ejemplo. Ese es el tema del próximo capítulo.

## PREGUNTAS PARA REFLEXIONAR

* ¿Cuál quiero que sea la cultura de mi equipo?
* ¿Sienten mis colegas que me preocupo por ellos y confían en mí? ¿Confío yo en ellos?
* ¿Tengo ideas preconcebidas sobre el mando y el control que podrían estar interponiéndose en el camino de mis objetivos?
* ¿Celebro y refuerzo los comportamientos deseados?

## DE CARA AL PRÓXIMO CAPÍTULO

¿Qué sistemas y rutinas podrían ayudar al equipo a entrar en las dos zonas y cómo podría predicar con el ejemplo?

# Capítulo 12

# LOS GRANDES LÍDERES APRENDEN CONTINUAMENTE

**GRAN IDEA** *Los buenos líderes establecen estructuras para respaldar las dos zonas y predican visiblemente con el ejemplo como personas que aprenden y mejoran continuamente.*

Cuando Skratch Labs presentó Skratch Crispy, unas barras energéticas de arroz saludables y prácticas para deportistas que no se derriten en los bolsillos, la empresa decidió recurrir a un nuevo proveedor para la película de plástico utilizada en el envoltorio.[1] Como de costumbre, dio más importancia a «lanzar y aprender» que a «sembrar y cultivar».

El lanzamiento del producto no fue bien.

Las imágenes detalladas que la empresa diseñó para el envoltorio resultaron estar más allá de las capacidades del proveedor y se veían borrosas.

Después de deliberar, el equipo de Skratch Labs decidió seguir con el lanzamiento del producto mientras buscaba un proveedor diferente. Tan pronto como la empresa hizo la transición al nuevo envoltorio, donó el inventario original restante.

¿Qué hace Skratch Labs cuando las cosas no van bien?

Lo mismo que cuando disfruta de un gran éxito.

Cada trimestre, toda la compañía tiene una reunión sobre el «estado de la empresa», que suele durar una hora y media. Escogen un par de fracasos significativos y grandes éxitos para debatirlos abiertamente, lo cual es un trabajo muy útil de la zona de aprendizaje.

Todos los análisis siguen el mismo proceso, en el que tratan cuatro aspectos:

1. *Los costes conocidos.* En el ejemplo de Skratch Crispy, incluían el inventario donado.

2. *Los costes desconocidos.* La empresa decidió lanzar un producto con un envoltorio borroso, lo que podría tener un impacto negativo en la impresión de los clientes o periodistas sobre la marca. También podrían haberse producido otros daños colaterales desconocidos. El equipo lo reconoce explícitamente: hay cosas que no saben.

3. *El punto de decisión.* La empresa lleva al equipo al momento en el que se tomó una decisión, identificando qué información había disponible en ese momento. El director ejecutivo, Ian MacGregor, intenta destacar algo que el equipo hizo bien y que refleja los valores fundamentales de la empresa, y luego hay un debate sobre lo que el equipo podría haber hecho de manera diferente.

4. *Los cambios de procesos.* Por último, Skratch Labs decide qué cambios de procesos realizarán en el futuro, si los hay, dadas las lecciones aprendidas de la experiencia. En el caso del lanzamiento de Skratch Crispy, el equipo decidió que no era necesario realizar cambios de procesos. El proveedor les había asegurado que podía imprimir el envoltorio con precisión. Dada su filosofía de lanzar y aprender, con un enfoque hacia

la acción, el equipo asumió un riesgo aceptable, por encima de la línea de flotación.

Skratch Labs sigue este proceso independientemente de si los proyectos importantes fracasan o tienen éxito. Hay lecciones que aprender en ambos casos.

Gracias a un nuevo proveedor de película plástica, Skratch Crispy es ahora un producto con éxito comercial. Lo más importante es que el personal de Skratch Labs continúa lanzando y aprendiendo, confiando en que eso es lo que sus colegas realmente quieren que hagan.

## ESTABLECER SISTEMAS Y RUTINAS PARA LAS DOS ZONAS

Las reuniones trimestrales de Skratch Labs son un ejemplo de un sistema diseñado para respaldar las dos zonas, en este caso para realizar análisis regularmente y aprender de los fracasos y los éxitos. La empresa también tiene reuniones diarias en cada departamento que duran entre uno y doce minutos, un foro de aprendizaje durante la ejecución donde los colegas comparten información importante y fomentan la convergencia para luego poder dividir y conquistar.

Otras empresas y equipos llevan a cabo *revisiones después de la acción*, una práctica tomada de las fuerzas armadas que se utiliza para reflexionar, aprender e identificar qué hacer de manera diferente en el futuro.[2]

Ashley Good, directora ejecutiva de la consultora Fail Forward, ayuda a personas y organizaciones a utilizar el fracaso como una oportunidad para aprender y crecer.[3] Señala que podemos aprender más de reuniones cortas y programadas regularmente para evaluar un proyecto mientras está en curso, una *revisión durante la acción*, en lugar de simplemente volver atrás y hacer un análisis retrospectivo cuando concluye el proyecto.

«La revisión después de la acción es útil, pero lo digo con la boca pequeña porque algunas organizaciones la hacen y va genial, pero para la mayoría es demasiado tarde para cambiar algo –contaba Ashley–. Las revisiones después de la acción son duras. La gente las evita porque son como ir al dentista. Por tanto, es mejor tener conversaciones a lo largo de todo el proceso y programarlas para que no sean en respuesta a algo que sale mal».

Todos estos son ejemplos de estructuras para el aprendizaje que permiten un mayor rendimiento.

Modificar el orden del día es una manera fácil de cambiar las conversaciones que tienen lugar durante las reuniones. Eso es lo que Tomer Cohen, director de productos de LinkedIn, introdujo en la reunión semanal de la empresa para sus cien principales dirigentes.[4] Modificó el orden del día, por lo que una parte de la reunión ahora está dedicada a que los participantes compartan las lecciones aprendidas con otros dirigentes de la empresa.

«Mi objetivo es, tanto desde el punto de vista del lenguaje como desde el punto de vista de la dirección, poner el aprendizaje en primer plano, de modo que la expectativa sea compartir las lecciones aprendidas de forma predeterminada», me explicó Tomer.

Al principio, durante la nueva parte de la reunión, se compartían datos o resultados sobre lo que había ido bien o mal, pero sin identificar una lección o conclusión concreta. Para contribuir a agudizar el pensamiento e identificar la lección generalizable que se podía aprender y aplicar en el futuro, Tomer hacía preguntas de seguimiento hasta que la persona identificara el «¿y qué?» subyacente al asunto. Con la práctica, la gente se acostumbró a esta nueva forma de pensar. Asimismo, Tomer animó a todos los líderes que asistían a la reunión a reflexionar sobre lo que podrían aprender y aplicar a su trabajo. Esto no solo replanteó la reunión para que incluyera más aprendizaje, sino que también cambió la forma en que los dirigentes abordaban su trabajo diario para involucrarse más en el aprender mientras se hace.

Después de que instituyera este cambio, otras personas al margen de los dirigentes principales comenzaron a expresar interés en asistir a la reunión semanal, aunque solo fuera como oyentes, tras haber escuchado de los participantes que sentían que la reunión los hacía más inteligentes y efectivos en el trabajo.

No basta con dar órdenes a la gente. Los dirigentes efectivos también son maestros eficaces. Guían a las personas a lo largo del camino, no como sabelotodos, sino como líderes con una visión clara sobre cómo trabajar, siempre abiertos a considerar las perspectivas de los demás.

También se pueden identificar formas de trabajar de manera más efectiva planificando reflexiones periódicas y solicitando comentarios asiduos de supervisores, colegas, mentores y clientes. Todos estos sistemas y rutinas son aplicables a las dos zonas.

Considera, también, hasta qué punto estás utilizando sistemáticamente el trabajo colaborativo como una oportunidad de desarrollo para los demás. Por ejemplo, si una colega más novata redacta un informe y te lo envía para que lo revises, mejorar el informe y entregarlo simplemente es una oportunidad perdida. Más bien, cuando sea razonable, puedes preguntarle a tu colega si le gustaría acompañarte mientras lo revisas. A medida que hagas ediciones, puedes explicárselas para ayudarla a desarrollar sus modelos mentales o puedes asesorarla para que ella haga las modificaciones. Estos enfoques pueden llevar un poco más de tiempo al principio, pero tendrán enormes ventajas a la larga, ya que los informes futuros necesitarán menos revisiones y llevarán menos tiempo.

En tus conversaciones habituales con subordinados directos o compañeros de equipo, pídeles que compartan en qué quieren trabajar, después de hacer tú lo propio. Adopta esto como hábito de modo que se convierta en un sistema para identificar regularmente oportunidades de apoyo mutuo. A fin de contribuir al desarrollo de una habilidad en particular, puedes decidir colaborar más estrechamente en tipos específicos de trabajo, hacer que alguien con poca experiencia se una a algunas presentaciones de clientes o conversaciones con dirigentes veteranos, u optar por que un líder experimentado siga a un empleado durante un día. Plantéate también cómo tú o tu equipo

LA PARADOJA DEL RENDIMIENTO

podríais sacar partido de una colaboración más estrecha con personas que tengan una función o una línea de productos diferente para el beneficio y el aprendizaje mutuos. Y si tienes ideas sobre cómo tus superiores podrían respaldar mejor tu crecimiento, descríbelas y pregúntate si son posibles o si hay otras formas de acelerar tu desarrollo.

La conclusión clave es que es importante identificar qué sistemas quieres que emplee tu equipo, no solo para funcionar, sino también para aprender.

Estos son algunos sistemas y rutinas adicionales que puedes tener en cuenta:

- Elige un objetivo medible y efectúa un seguimiento; analiza y debate regularmente los datos para generar ideas, realizar experimentos y evaluar los resultados.
- Invita cada cierto tiempo a otros departamentos a unirse a la reunión de tu equipo para responder preguntas sobre lo que hacen, solicitar comentarios y explorar formas de colaborar mejor.
- Programa una reunión mensual o trimestral recurrente para reuniros como equipo y discutir desafíos e ideas destinadas a mejorar la forma en que trabajáis juntos.
- Establece un proceso anual de comentarios de trescientos sesenta grados para que todos obtengan información sobre lo que otros encuentran útil e identifiquen posibles áreas de mejora.

## NUNCA DEJES DE APROVECHAR LOS CAMBIOS

Las nuevas iniciativas o cambios en tu sector, empresa o equipo son una oportunidad para modificar la mentalidad y los hábitos. Esto también se aplica a cualquier desafío que el equipo deba asumir o a un error del que se esté recuperando. Piensa en cómo puedes aprovechar la situación para fortalecer aún más las hélices del crecimiento.

¿Recuerdas a Douglas Franco, el director ejecutivo de Visiva a quien conocimos en la primera parte? Douglas se enfrentó a un desafío cuando se unió a la empresa de educación superior y se le asignó la tarea de acelerar significativamente su crecimiento.[5]

«Al principio fue difícil porque, cuando empecé como director ejecutivo, casi todo el mundo en la empresa, y especialmente el equipo ejecutivo, intentaba quedar bien –me contaba–. Fue horrible porque todo el mundo trataba de justificarse. Y yo pensaba: "No me importa de dónde venimos. Lo único que me importa es a dónde vamos ahora"».

Ese es otro ejemplo de encuadre.

Él quería que se dieran cuenta de que, si no eran capaces de identificar las cosas que podían mejorarse, no serían capaces de cambiar la trayectoria.

«Si encontramos problemas y los solucionamos, creceremos. Si no encontramos nada, estamos jodidos. Siento el lenguaje, pero estamos en apuros porque, si no tenemos ninguna oportunidad de abordar problemas, ¿cómo vamos a avanzar desde donde estamos ahora? –afirma–. Eso llevó un tiempo. Y también hubo que recurrir a algunas personas. Tuve que hacer un par de cambios en el equipo, porque había algunas personas que no querían cambiar».

Douglas también descubrió que estaba cometiendo errores como líder. Tenía una presencia intimidante, que exacerbaba haciendo cosas como no dejar que los demás terminaran las frases. Los interrumpía cuando creía que sabía lo que iban a decir o les planteaba preguntas difíciles para las que sabía que no tenían respuestas.

Si bien su intención no era crear miedo, la presión que sentía para rendir lo estaba llevando a empujar a su equipo hacia la ejecución crónica.

«Sentían que los ponía en evidencia –recuerda–. Me di cuenta de que la dinámica que estaba fomentando en las reuniones no era buena y no promovía la cultura adecuada. Así que también tuve que ajustar mi estilo, ser más paciente, escuchar con atención y luego predicar con el ejemplo. Y decir: "Está bien, déjame explicarte por qué creo que esa hipótesis no va a funcionar. Voy a explicarte el porqué. Y vamos a echar un vistazo a las cifras''. Traté de actuar más como *coach*, morderme la lengua y comenzar a hacer preguntas, además de ajustar mi estilo de liderazgo para que funcionara. Y funcionó».

A pesar de tener que reducir su plantilla en un diecisiete por ciento durante la pandemia de covid-19, la empresa pudo capear la crisis y salir fortalecida. En menos de dos años, la dirección llevó a cabo más de setenta experimentos para probar ideas de nuevos productos, dirigirse al segmento de población objetivo y promover canales y mensajes. Veinte de ellos no funcionaron pero, en conjunto, estos experimentos condujeron a la duplicación de los resultados financieros, tanto de ingresos como de beneficios, dentro de ese período de tiempo. Después de dos años, volvieron a tener el mismo número de empleados que tenían antes de la pandemia, pero con resultados financieros sin precedentes.

A la hora de aprobar el plan objetivo y el presupuesto anual de Visiva, se presenta a la junta directiva un plan base y un plan Everest. La dirección se evalúa de acuerdo con el plan base, pero en cada reunión de la junta discuten su progreso hacia ambos planes y todos los integrantes de la empresa hablan sobre sus objetivos Everest, los objetivos grandes y audaces vinculados a objetivos estratégicos de la empresa, que persiguen a través de la experimentación.

Cuando Visiva se preparaba para actualizar sus valores fundamentales y su lenguaje orientador, pidió la opinión de los empleados y el personal eligió nombres como «campamento base» y «8.850 metros» para la sede y las oficinas de la empresa. Estos nombres sirven como recordatorios diarios abreviados para ser audaces y experimentar más allá de lo conocido.

Es entonces cuando sabemos que se está produciendo una transformación cultural: cuando todos los miembros de la organización, no solo los líderes, comienzan a actuar de acuerdo con la cultura y a hacerla suya. Al fin y al cabo, ese es el objetivo final: cambiar la forma en que todos los miembros de la organización piensan y se comportan, y cambiar la cultura que experimenta cada empleado.

## PREDICAR CON EL EJEMPLO

A veces, como líderes, estamos aprendiendo continuamente y accedemos de manera efectiva a la zona de aprendizaje con regularidad, pero lo hacemos en privado, cuando los demás no nos ven. El encuadre es importante pero si los comportamientos visibles no coinciden con el lenguaje, las acciones tendrán más fuerza que las palabras. Las personas imitan los comportamientos que ven, especialmente en dirigentes y referentes. Si actuamos como si los líderes debieran tener todas las respuestas, la gente aprenderá que eso es lo que la organización valora y lo que hace que la gente ascienda.

«Como líder, debes compartir tus evaluaciones de trescientos sesenta grados con el equipo y ser especialmente sincero sobre todas las cosas que estás haciendo mal —escribe el cofundador y exdirector ejecutivo de Netflix, Reed Hastings, en su libro *Aquí no hay reglas*—. Esto demuestra a todos que ofrecer y recibir comentarios claros y prácticos no es tan aterrador».[6]

Una de las secciones fijas más populares y de mayor duración en el programa nocturno de Jimmy Kimmel es «Mean Tweets» (Tuits malvados), en la que se invita a los famosos en directo a leer en voz alta las cosas más insultantes publicadas sobre ellos en Twitter. Hace algunos años, un grupo de estudiantes de un máster en Dirección de Empresas en la Universidad de Wharton, donde da clase el psicólogo organizacional Adam Grant, se basó en el formato «Mean Tweets», para crear un vídeo cómico de miembros de la facultad leyendo comentarios críticos sobre sí mismos procedentes de las evaluaciones de los estudiantes de fin de semestre. En su libro *Piénsalo otra vez: el poder de saber lo que no sabes*,[7] Grant describe lo que sucedió con la dinámica entre profesores y estudiantes como resultado del vídeo, que fue tan notable que comenzó a compartirlo con los estudiantes al comienzo de cada semestre en otoño.

Observó que los estudiantes estaban mucho más dispuestos a ofrecer críticas constructivas a sus profesores después de ver el vídeo, en el que un profesor lee una evaluación que dice: «Este profesor es un hijo de ****, pero un hijo de **** bueno», y el propio Grant lee alegremente uno de los suyos: «Me recuerdas a un Muppet».

El vídeo, dice, permitió a los estudiantes ver que «aunque me tomo mi trabajo en serio, no me tomo demasiado en serio». Tuvo tanto éxito que, años más tarde, Grant se preguntó si algo similar funcionaría para crear el tipo de seguridad psicológica que la Fundación Gates buscaba en sus equipos. Cuando le envió el vídeo a Melinda Gates, ella estuvo completamente de acuerdo. Incluso se ofreció como voluntaria para ser la primera.

«Su equipo recopiló críticas de las encuestas del personal, las imprimió en tarjetas de notas y las hizo leerlas en directo frente a una cámara —cuenta Grant—. Leyó la queja de una empleada que decía que era como "la pu** Mary Poppins" (la primera vez que alguien escuchaba a Melinda decir una palabrota), y ella explicó que estaba trabajando para hacer que sus imperfecciones fueran más visibles».

Fue efectivo, pero ¿hasta qué punto? Para evaluarlo, Grant y sus colegas dividieron a los empleados en tres grupos: el primero vio el vídeo al estilo de «Mean Tweets», el segundo vio un vídeo diferente de Gates hablando sobre la cultura que quería fomentar en la organización, y el tercero, un grupo de control, no vio ninguno. Grant descubrió que el primer grupo fue el que «obtuvo una orientación de aprendizaje más sólida: se sintieron inspirados para reconocer sus deficiencias y trabajar para superarlas». Y, además, observó que era más probable que esos empleados se comunicaran con Gates por todo tipo de razones: para transmitirle preocupaciones, pero también cumplidos. Algunos de los efectos inhibidores del poder y la jerarquía se habían disuelto.

Grant incluye este comentario de un empleado: «En ese vídeo, Melinda hizo algo que aún no había visto suceder en la fundación: quitarse la máscara. Para mí el momento clave fue cuando dijo: "Voy a muchas reuniones en las que hay cosas que no sé". Tuve que escribirlo porque estaba sorprendido y agradecido por su honestidad. Más tarde, cuando se rio abiertamente y luego respondió a los duros comentarios, la máscara desapareció de nuevo y vi que no era menos Melinda Gates, sino en realidad mucho más Melinda Gates».

Para liderar culturas de aprendizaje, necesitamos armonizar las acciones con las palabras. Cuando hay mensajes contradictorios, las acciones tienen más fuerza que las palabras, pero, sin palabras, las acciones se pueden malinterpretar fácilmente de muchas maneras diferentes.

Julia Barbaro es *coach* personal y matrimonial, y presenta el pódcast *Multi Family Zone* (Zona multifamiliar) con su marido, Gino (el expropietario de una pizzería que cofundó una próspera empresa de inversión inmobiliaria).[8] Hace años, conoció a un grupo de mujeres casadas en su vecindario que parecían tenerlo todo bajo control. Durante una década, se sintió menos que ellas porque tenía dificultades en su vida y pensaba que ellas no.

«Las veía desde fuera y pensaba que estas madres eran perfectas —decía—. Lo tenían todo. Sus hijos sacaban las mejores notas. Nunca podría estar a su altura. Pasé por eso durante años. Realmente creía que lo tenían todo controlado: el matrimonio, la familia, las tareas de los niños, la educación, todo».

Hasta que un día, en una cafetería, escuchó a algunas de esas mujeres que estaban sentadas en una mesa detrás de ella hablando de las dificultades que imaginaba que nunca habían tenido.

«Pensé: "Dios mío, nunca me lo habría imaginado". Y el caso es que nunca pregunté. Nunca me acerqué a ellas, porque sentía que ni siquiera estaba cerca de poder estar a su altura. Y pensé: "Vaya, no quiero provocar nunca ese sentimiento en otras personas"».

Ahora, cuando otros la ven a ella y a Gino llevando una «vida perfecta» con su casa grande y hermosa, seis hijos e independencia financiera, Julia hace el esfuerzo de hablar de todas las dificultades y el aprendizaje a lo largo del camino. No quiere que la gente invente historias en su mente y se mida con ella como ella lo hizo una vez.

«Cuando la gente decía: "Vaya, tenéis un matrimonio perfecto", yo contestaba: "No, no, de eso nada" —cuenta Julia—. También tenemos problemas. Quiero que la gente lo sepa. Que la vida es difícil. Criar hijos es difícil. Pasamos por muchas cosas. Solo tenemos que trabajar en ello. Tenemos que aplicarnos. Tenemos que aprender de los errores».

Hacer suposiciones sobre los demás es una forma común en que se forjan mentalidades fijas. Si vemos la actuación de una deportista de élite, podemos asumir que todo es natural para ella, porque no hemos visto su proceso fuera del campo o la cancha. Si vemos a un ejecutivo de una empresa dar un discurso cautivador sobre un escenario o dirigir una reunión de manera magistral, podemos pensar que le resulta natural y que no ha tenido que trabajar en ello con el tiempo o prepararse para la sesión. Solo vemos la zona de ejecución.

Como líderes, podemos recordar a los demás el proceso por el que hemos pasado y seguimos pasando en la zona de aprendizaje: nuestra trayectoria pasada, presente y futura. Y, cuando vemos a otros que parecen perfectos y talentosos, podemos recordarnos a nosotros mismos que estamos viendo solo una instantánea en el tiempo y que todos mejoramos a través del acceso regular a la zona de aprendizaje.

A veces trabajo con equipos de ejecutivos que se ven a sí mismos como personas que aprenden continuamente. Cuando hablo e interactúo con ellos, creo que tienen razón. Pero, cuando les hago preguntas concretas a ellos y a otros respecto a varios aspectos, los líderes experimentados tienden sistemáticamente a pensar que están dando ejemplo sobre aprendizaje mucho más de lo que perciben las personas a su cargo.

También pregunto a aquellos con los que trabajo qué impresión quieren dar a sus colegas. Aunque enumeran cosas muy positivas, rara vez mencionan que quieren dejar claro que siguen trabajando para mejorar y desarrollarse.

Si queremos crear una cultura de crecimiento, tenemos que desarrollar la intención de ser percibidos como personas que aprenden continuamente y tenemos que dar vida visiblemente a comportamientos de aprendizaje, haciendo explícito nuestro pensamiento implícito, para que los demás entiendan lo que estamos haciendo y por qué.

En algún momento, cuando nuestros compañeros de equipo nos conocen bien, no necesitamos ser completamente explícitos cada vez que mostramos un comportamiento. Pero, para llegar a ese punto, antes tenemos que convertirnos en un disco rayado. Tenemos que hacer evidentes de forma sistemática nuestros pensamientos, lógica y suposiciones, para que los demás entiendan de dónde partimos y puedan desarrollar sus propios modelos mentales, sus propias hélices del crecimiento, de forma que se ajusten a los nuestros.

Ten en cuenta que existen más de nueve veces más probabilidades de que los empleados vean a sus superiores como poco comunicativos que como demasiado comunicativos.[9] Y los superiores que son percibidos como poco comunicativos también tienden a ser considerados como indiferentes y poco claros, mientras que aquellos que son percibidos como demasiado comunicativos tienden a parecer diligentes, claros y esforzados.

Cuando la organización se enfrenta a un desafío importante, como dirigentes podemos ser honestos acerca de nuestras inquietudes y dificultades sin dejar de compartir la creencia de que juntos somos capaces de superar los obstáculos y lograr los objetivos. Podemos reconocer los problemas y al mismo tiempo afirmar que el equipo y los compañeros tienen lo que se necesita para alcanzar el éxito en la próxima etapa. Aunque puede que aún no tengamos todas las respuestas, tenemos el conocimiento y las habilidades fundamentales necesarios, así como la disposición de aprendizaje, para continuar mejorando y aprendiendo de la adversidad.

Durante mucho tiempo, yo, como muchos otros, consideré que servir como modelo de conducta implicaba demostrar visiblemente los comportamientos que queremos que otros adquieran. Pero eso en realidad no es del todo correcto, especialmente al principio, cuando un líder está sentando las bases de una cultura.

En su lugar, los dirigentes deben adoptar lo que yo llamo *modelo asimétrico*.

Si queremos que la gente hable y haga preguntas, como líderes tenemos que decirles que eso es lo que deseamos y explicarles que les daremos espacio para hablar, y luego hacer precisamente eso. Si queremos que la gente exprese sus ideas y desacuerdos, no empezamos expresando nuestras propias ideas y desacuerdos. Empezamos escuchando y haciendo preguntas. Esa es la parte asimétrica. Una posición de poder hace que el comportamiento se interprete de manera diferente, por lo que si comenzamos por opinar y desafiar, esto puede llevar a los demás a quedarse callados y esperar nuestras decisiones.

Como líderes, podemos orientar a otras personas, enfocarnos en escuchar y hacer preguntas, e invitarlas a practicar los comportamientos deseados. Luego, podemos recompensarlas cuando demuestran esos comportamientos.

Si queremos que otros hagan preguntas, podemos preguntar: «¿Qué preguntas tiene la gente?».

Si queremos que compartan sus desacuerdos, podemos empezar preguntando: «¿Alguien tiene una perspectiva diferente sobre esto?».

Y cuando adquirimos nuevas perspectivas, demostramos que estamos aprendiendo de ellas y cambiando de opinión. Es fundamental evitar dar la impresión de saberlo todo.

Finalmente, una advertencia en cuanto a actuar como modelo en el aprendizaje: funciona mejor cuando otros creen que somos competentes. Si piensan que somos incompetentes, intentar ser un modelo para el aprendizaje puede ser contraproducente, porque puede interpretarse como ineptitud o inseguridad.

Esta es una de las razones por las que es importante entrar regularmente en la zona de aprendizaje a lo largo de nuestra carrera. Queremos desarrollar continuamente nuestra pericia. Cuanto más lo hagamos, más seguros y efectivos podremos ser, tanto para hacer cosas como para crear una cultura de crecimiento, incluido el hecho de servir como modelo para el aprendizaje.

A esto lo llamo el *volante de la pericia*. Los volantes de inercia son pesados y requieren mucho esfuerzo para hacerlos girar. Pero, con una fuerza constante, podemos hacer que vayan cada vez más rápido, y cuando giran rápido y han ganado impulso, es difícil detenerlos.

La pericia es similar. Cuanto más la trabajemos a través de la zona de aprendizaje, más fácil será seguir desarrollándola, aplicarla y usarla para liderar la cultura. A medida que todos están más versados en el aprendizaje y la ejecución, la efectividad se dispara y ganamos más tiempo para las dos zonas. Es un ciclo que se refuerza a sí mismo. Es entonces cuando nos volvemos imparables.

Es por eso por lo que, cuando comenzó la pandemia de covid-19, Lizzie Dipp Metzger se sintió con la completa libertad de recurrir a tres colegas para proponerles una llamada semanal con el fin de apoyarse mutuamente y compartir estrategias. Todo el mundo sabía que era excelente en lo que hacía, por lo que su propuesta de aprender juntos fue recibida como una señal de fortaleza y capacidad, de saber qué hacer en tiempos de crisis. Los colegas de Lizzie también confiaban en su sentido aéreo (¿recuerdas esta estrategia de la zona de aprendizaje del capítulo cuatro?). Sabían que tenía una aguda intuición y confiaban en ella para tomar buenas decisiones que beneficiarían a los demás. Por lo tanto, el covid-19 no la detuvo y continuó demostrando un alto rendimiento. Conservó la resiliencia a lo largo de su carrera porque sabía qué hacer en tiempos de crisis e incertidumbre: sumergirse en la zona de aprendizaje.

Si te encuentras en una situación complicada y te sientes inseguro acerca de tu pericia pero quieres crear una cultura de aprendizaje, entrar en la zona de aprendizaje para desarrollar tus habilidades es un paso positivo. Además, explica *por qué* estás adoptando comportamientos de aprendizaje. Haz explícito lo implícito. Crea estándares sobre cómo debería comportarse cada uno y, cuando actúes como modelo de comportamiento, consulta esos acuerdos. De esta manera, es menos probable que tu comportamiento sea interpretado como ineptitud o inseguridad.[10] Estarás ayudando a otros a interpretar el comportamiento como lo que realmente es: un signo de liderazgo.

A medida que avances en tu carrera, la complejidad y el nivel de experiencia necesarios aumentarán. Pero una vez que te sientas competente en tu trabajo, el volante estará en marcha y te será más fácil acelerar aún más si continúas entrando en las dos zonas. El camino más fácil es invertir constantemente en ti mismo mediante la zona de aprendizaje a lo largo de toda tu carrera.

## INCENTIVAR Y RECOMPENSAR

Dentro de tu equipo, ¿premias, elogias y celebras solo los éxitos y el hecho de hacer las cosas bien? Si la gente asume riesgos, ¿elogias y celebras solo los casos en que esos riesgos conducen a los resultados deseados? Si eso es todo lo que haces, es posible que estés fomentando una cultura de sabelotodo y la ejecución crónica.

Cuando utilizo los términos *incentivar* y *recompensar*, no me refiero solo a la remuneración. Los elogios y la gratitud auténticos tienden a ser formas más poderosas de reforzar la manera de comportarse de las personas.

Mahan Tavakoli, consultor y presentador de uno de mis pódcast favoritos, *Partnering Leadership* (Liderazgo en asociación), describe lo extraordinariamente bien que lo hacía su antiguo jefe, el director ejecutivo de Dale Carnegie & Associates, Peter Handal.[11]

«Nunca era el primero en hablar, casi siempre el último —me contó Mahan—. Siempre fomentaba el debate constante y el desacuerdo con sus propias opiniones. Después de la reunión, me llevaba aparte —como estoy seguro de que hacía con otros— cuando yo no estaba de acuerdo con él. Y decía: "Me encanta lo que has hecho hoy. Quiero que sigas así". Yo no me lo podía creer, especialmente después de las primeras reuniones. No tenía sentido: el director ejecutivo se me ha acercado y me ha dicho que no esté de acuerdo con él, que puedo discrepar, ¡que le encanta que lo haga delante del resto de los miembros del equipo! Y quiere que siga haciéndolo».

Handal guiaba, incentivaba, recompensaba y utilizaba la técnica del modelo asimétrico.

Los códigos sociales y las recompensas de los compañeros de equipo, especialmente de los superiores, nos afectan más positivamente que la remuneración, al igual que destacar cómo nuestro comportamiento beneficia el trabajo que hacemos y magnifica el impacto que tenemos. Como dirigentes y compañeros de equipo, podemos usar esto a nuestro favor para fomentar la cultura que queremos crear.

## SELECCIONAR Y CONTRATAR PERSONAL PENSANDO EN EL CRECIMIENTO

A medida que tu organización crezca, tendrás que contratar nuevo personal. Esta es una oportunidad para seleccionar personas que hayan desarrollado creencias y hábitos que valoras. Pero contratar demasiado rápido puede erosionar la cultura existente si no se hace con cuidado. Para evaluar las inclinaciones y habilidades de aprendizaje de los candidatos a un puesto de trabajo, un buen punto de partida es realizar preguntas como las siguientes en la entrevista:

- ¿Qué querrías en tu ambiente y cultura de trabajo? (¿Describe solo la zona de ejecución o también la zona de aprendizaje?).
- ¿Cuáles son algunas de las habilidades en las que te gustaría trabajar, o que te gustaría cambiar, si consiguieras este trabajo? (¿Hasta qué punto describe reflexivamente lo que quiere mejorar personalmente y cómo quiere hacerlo?).
- Si tienes que elegir entre liderar un proyecto ambicioso que implica habilidades que no dominas o un proyecto menos ambicioso en el que tienes una alta probabilidad de éxito, ¿cuáles serían algunas de tus consideraciones al tomar la decisión? (¿Qué revelan las respuestas sobre sus metas y puntos de vista sobre la colaboración, la asunción de riesgos y la búsqueda de objetivos?).

- En los últimos meses, ¿hay algo en lo que hayas estado trabajando para mejorar? ¿Cómo lo has hecho?
- Cuando tienes dificultades, ¿qué haces? ¿Puedes darme algunos ejemplos?
- ¿Cuáles han sido tus mayores errores o fracasos? Cuéntame qué pasó como resultado. (¿Asume su responsabilidad? ¿Ha aprendido de ello? ¿Ha afectado a alguna decisión posterior?).
- ¿Cuándo fue la última vez que recibiste comentarios y qué sucedió después?
- ¿Cuál es tu enfoque a la hora de ofrecer comentarios? (¿Tiene un marco bien establecido?).
- ¿Cuál es tu enfoque a la hora de recibir comentarios? (¿Tiene un marco bien establecido? ¿Menciona la importancia de solicitar comentarios con frecuencia?).
- Dime algunas personas o colegas de los que has aprendido y qué has aprendido de ellos.
- ¿En qué quieres mejorar? ¿Cómo piensas hacerlo?

Al evaluar las respuestas, ten en cuenta hasta qué punto los candidatos se consideran a sí mismos personas que pueden trabajar para mejorar en lugar de talentos naturales, hasta qué punto están abiertos a recibir comentarios y a las nuevas oportunidades de crecimiento, y hasta qué punto reflexionan sobre sus estrategias de la zona de aprendizaje y lo que han aprendido en el camino. También puedes hacer preguntas similares a las personas indicadas como referencias de los candidatos para saber qué piensan los demás sobre sus patrones de comportamiento.

Asimismo, puedes asignar al candidato alguna tarea que requiera que aprenda algo para realizarla. Observa qué tal se le da. O bien puedes usar en la entrevista *preguntas basadas en escenarios* que inciten al candidato a compartir lo que haría en una situación determinada para que no pueda inferir fácilmente lo que estás buscando y se sienta desafiado a pensar de manera más holística.

He aquí un ejemplo: «Imagina que una subordinada acude a ti para quejarse de que un colega siempre la excluye de las reuniones en las que se toman decisiones que afectan a su trabajo. ¿Qué harías?». (¿El candidato toma una decisión basada en esa información o describe qué preguntas haría, cómo evaluaría la situación y qué consideraciones le permitirían decidir qué camino tomar?).

Meirav Oren, directora ejecutiva y cofundadora de la empresa de tecnología de la construcción Versatile, a quien conocimos en capítulos anteriores, le da la vuelta a la tortilla con los candidatos a un puesto de trabajo y les pide que le hagan preguntas.[12] Dado que estos candidatos ya han sido examinados por colegas en los que confía, puede aprovechar la oportunidad para evaluar sus inclinaciones.

«Quiero saber qué preguntas hacen, qué es lo que realmente les importa, qué los impulsa –afirmó–. Pido a los candidatos que prioricen las preguntas y me envíen una lista con antelación. Al principio de la entrevista, digo: "Dime por dónde quieres empezar, porque probablemente no lleguemos a todas las preguntas". Las preguntas que eligen me dicen mucho sobre ellos y sus ganas de aprender».

Meirav ha descubierto que su sistema es extremadamente efectivo.

«Realmente debería patentarlo –dice, riéndose–. He contratado a líderes increíbles, lo que me ha permitido dejar de hacer cosas que ya no debía estar haciendo, con la confianza de que he contratado a la persona adecuada y puedo darle libertad para crecer».

Como director ejecutivo de Moovweb, Ajay Kapur ha tenido un gran éxito al contratar a más de seiscientos estudiantes entusiastas del aprendizaje y de alto rendimiento utilizando este mismo principio.[13] Busca candidatos que estén «constantemente haciendo preguntas, sobre las cosas difíciles, el producto, el mercado, sobre la esencia del trabajo».

Pero, aunque no tengamos los beneficios de contratar nuevos miembros del equipo y seleccionar a personas que ya están más avanzadas en el desarrollo de sus hélices del crecimiento, siempre podemos ayudar a fortalecer, e incluso transformar, las hélices del crecimiento de nuestros compañeros de equipo actuales junto con las nuestras.

## EMPIEZA POR TI MISMO

Francesca Lenci, directora financiera de Siemens Mobility en Italia, hace mucho para respaldar el crecimiento de todos los integrantes de su equipo.[14] Como vimos anteriormente, lidera con cuidado, incluida la atención al crecimiento de las personas.

Pero no descuida su propio crecimiento. Es disciplinada a la hora de invertir en su desarrollo y no habría llegado a donde está sin haber trabajado deliberadamente en la zona de aprendizaje a lo largo de su carrera.

En una ocasión, Francesca detectó un patrón: pensaba que todo el mundo estaba en su contra.

En algunas reuniones, se tomaban decisiones que Francesca consideraba injustas, pero todos los demás parecían estar de acuerdo con ellas. Ella seguía defendiendo sus puntos de vista a pesar de sentir que estaba sola.

Se preguntó si hacía algunas suposiciones incorrectas y decidió comprobarlo. Acudió a su jefe y solicitó un *coach* de liderazgo. Sabía que algunos de sus colegas estaban trabajando con *coaches* y decidió probar algunas sesiones, con la esperanza de que un guía externo e imparcial pudiera ayudarla a aclarar las cosas.

«Quería confirmar si lo que estaba pensando era correcto o si tal vez había otro punto de vista que no estaba teniendo en cuenta», explicó.

Las sesiones de *coaching* fueron transformadoras. Francesca se dio cuenta de que su jefe le había estado diciendo cosas que no había creído, pero que en realidad eran ciertas. Había estado adoptando una postura competitiva con sus compañeros y defendiendo a su departamento en contra del de ellos, sin ver que todos formaban parte de la misma organización. Reconoció que, a veces, tenía que hacer sacrificios en su división en beneficio del conjunto y encontrar formas de negociar y hacer concesiones.

«Las sesiones de *coaching* me cambiaron la vida, porque después de ellas me sentí un poco más fuerte en los debates. Me sentí más capaz de llegar a acuerdos, no solo de luchar por ganar. Trato de compartir las lecciones que aprendí con mi equipo».

Para convertirse en una líder eficaz, Francesca tuvo que trabajar en sí misma.

Todos los líderes competentes lo hacen. Es una tarea que nunca termina, porque el mundo cambia, los desafíos cambian y, a medida que avanzamos en nuestras responsabilidades, se necesitan nuevas habilidades.

Hasta el día de hoy, Francesca dedica media hora al mes a revisar y actualizar su plan de desarrollo personal. Tiene reuniones programadas regularmente con su mentor y, con frecuencia, le envía mensajes cada vez que quiere su opinión sobre una situación o decisión compleja. También es metódica en cuanto a recurrir a personas con las que puede desarrollar relaciones o asociaciones valiosas y a las que puede ayudar o de las que puede aprender. Antes de cualquier evento para establecer contactos, averigua quién asistirá e identifica a las personas con las que quiere hablar y los temas que abordará. Si bien a menudo termina conociendo a otras personas y hace grandes descubrimientos, es proactiva a la hora de ampliar su red de contactos con aquellos que pueden fortalecer su comunidad estratégicamente, tanto a la hora de aprender como de ejecutar.

Cuando nos interesamos por primera vez en fomentar una mentalidad de crecimiento y la zona de aprendizaje en nuestros equipos y organizaciones, hay una tendencia a mirar primero a los demás: ¿están los empleados atrapados en una mentalidad fija? ¿Los gerentes están creando involuntariamente una cultura de ejecución crónica?

Pero no podemos efectuar un cambio en los demás sin antes hacer un cambio en nosotros mismos. Antes de mirar a nuestro alrededor, tenemos que mirar hacia dentro.

No debemos centrarnos en cambiar a los demás si nosotros mismos no somos conscientes, a diario, de lo que estamos trabajando para mejorar, o si no solicitamos comentarios al menos un par de veces a la semana de una variedad de personas, o si obviamos los errores en lugar de examinarlos y debatirlos para aprender de ellos.

No es probable que consigamos que otros hagan cosas que no ven que nosotros hagamos. Cuando nos hacemos más conscientes de nuestras propias oportunidades de mejora y comenzamos a progresar, estamos mejor equipados para convertirnos en agentes del cambio e influir en los demás.

## HACIA UNA CULTURA DE CRECIMIENTO

Para desarrollar una cultura de crecimiento sólida, comienza con intención y confianza, encuadra y guía, establece sistemas para las dos zonas y comunica, incentiva, recompensa y actúa como modelo con regularidad. En el proceso, tú y tus colegas formaréis vínculos personales entre vosotros y con las dos zonas.

Las herramientas descritas en este capítulo y en el anterior son solo algunas de las maneras en que podemos contribuir a dar forma y fortalecer las hélices del crecimiento de las personas que lideramos, formal e informalmente. A través de la participación continua en la zona de aprendizaje, tanto por sí sola como junto con la zona de ejecución al aprender mientras se hace, podemos continuar expandiendo y fortaleciendo el conjunto de herramientas de liderazgo para promover culturas de crecimiento e impacto.

## PREGUNTAS PARA REFLEXIONAR

- ¿Con qué frecuencia actúo como modelo explícitamente con conductas de aprendizaje?
- ¿Hasta qué punto las estructuras y rutinas de mi equipo hacen que la participación en las dos zonas sea la opción predeterminada y más fácil?
- ¿Podría beneficiarme compartir las ideas de este libro con otros miembros de mi equipo e iniciar una conversación estratégica sobre las dos zonas?

## DE CARA AL PRÓXIMO CAPÍTULO

Una vez equipado(a) con hábitos sólidos de la zona de aprendizaje, ¿cómo podría promover el máximo rendimiento?

Tercera parte

# DE LA TRANSFORMACIÓN
# INDIVIDUAL AL IMPACTO
# GLOBAL

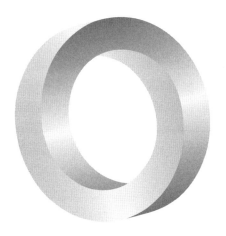

# Capítulo 13

# EL VOLANTE DE LA PERICIA: EN MOVIMIENTO E IMPARABLE

**GRAN IDEA** *La zona de ejecución te permite hacer y contribuir. Para rendir al máximo, ten en cuenta tus objetivos de más alto nivel y pon las rutinas comprobadas en piloto automático para concentrarte en lo que puede llevarte al siguiente nivel.*

¡Llegó la hora del espectáculo! Las luces del escenario se encienden y brillan sobre ti.

Es hora de actuar. Es hora de ejecutar. ¿Cuál es la mejor manera de aplicar los conocimientos y habilidades que has desarrollado?

Con el tiempo, el acceso regular a la zona de aprendizaje te permitirá responder a esa pregunta. Si bien las circunstancias de cada persona son únicas, puedo señalarte un par de estrategias clave que debes tener en cuenta mientras te preparas para actuar.

Antes de sumergirnos, volvamos a Anjali, la asesora que conocimos al principio del libro.[1] La última vez que la vimos, en el capítulo seis, ella y su gerente, Salma, estaban en desacuerdo porque cada una tenía ideas diferentes sobre para qué servían los comentarios. Los comentarios bien intencionados de Salma no tuvieron éxito porque, sin querer, estaba enviando el mensaje de que las habilidades de Anjali se debían a talentos innatos, mientras que a Anjali le molestaba la implicación de que no podía aprender algunos aspectos de su trabajo. Anjali estaba atrapada en la ejecución crónica, trabajando tan duro como podía, y los comentarios de Salma la hicieron sentir abrumada y a la defensiva. Estaban en un punto muerto. ¿Qué pasó después?

Afortunadamente, trabajaban en una organización que estaba aprendiendo a fomentar una cultura de mentalidad de crecimiento, y la dirección se comprometió a integrar estrategias de la zona de aprendizaje y la zona de ejecución para incentivar el desarrollo y la productividad de todos.

Aunque Anjali había interpretado los comentarios de Salma como una declaración de ineptitud, Salma en realidad estaba tratando de aclarar que no querían que Anjali intentara resolver los problemas por su cuenta, sino que pidiera ayuda cuando fuera necesario. En los años que había trabajado de forma independiente antes de unirse a la organización, Anjali nunca había pedido ayuda porque no tenía a quién recurrir. Una vez que Salma aprendió a encuadrar sus comentarios para que Anjali no sintiera que estaba siendo atacada, esta pudo escuchar que los comentarios estaban destinados a respaldar su crecimiento y su rendimiento. En este nuevo trabajo, pedir ayuda no se percibía como un signo de incompetencia, sino como una forma de fomentar la colaboración. Se valoraba la interdependencia.

«Me había acostumbrado tanto a resolver todos los problemas por mi cuenta como asesora independiente durante una década que pensé: "Claro, ahora soy parte de un equipo, ¡no tengo que hacer todo esto por mi cuenta!"», me contó Anjali. En lo que respecta a su carrera, a Anjali le costaba equilibrar sus esfuerzos; siempre sentía que se estaba enfocando en un área en detrimento de otra o que debía elegir entre lo que sabía y lo que le interesaba. Trabajar con un *coach* la ayudó a establecer metas y a conectar con lo que más la motivaba de su trabajo. Aceptar la colaboración con colegas le permitió encontrar formas de dedicar más tiempo a las cosas que le gustaban y quería seguir desarrollando. Se dio cuenta de que su obsesión por la productividad y el control la había sumido en el estancamiento. Aprendió a asumir nuevos y grandes desafíos que le parecían abrumadores de entrada y a dividirlos en pasos asequibles.

En poco tiempo, operaba con tanta habilidad que la ascendieron a un puesto directivo menos de un año después de llegar a la empresa. Salma la ayudó a determinar qué partes de su trabajo quería mantener en su nuevo puesto y cuáles quería delegar. En última instancia, la solución fue un puesto especialmente diseñado para ella en el que Anjali sigue haciendo ciertos trabajos con clientes, lo cual le encanta, pero también desempeña un papel más importante en la planificación estratégica a largo plazo de la empresa, logística, contratación y apoyo al equipo.

Según sus palabras: «Lo que fue tan especial es que de verdad me escucharon cuando comenté los componentes del trabajo en los que necesitaba apoyo. Salma y yo trabajamos juntas en la descripción del trabajo, y ahora hemos contratado a otra persona para que proporcione orientación y apoyo adicionales al equipo. Realmente cuesta creerlo». Trabajar en una organización que fomentaba una cultura de aprendizaje y mejora continua cambió la idea de Anjali sobre lo que puede ser el trabajo; había estado en la rueda de hámster de la ejecución crónica durante años. Ahora tenía ganas de ir a trabajar. La colaboración y el trabajo en equipo despertaron su creatividad y le aportaron un sentido de pertenencia.

Actualmente, Anjali no solo es una estrella en su empresa, sino que además ha tomado la iniciativa en el lanzamiento de una serie de experimentos para explorar nuevas tecnologías de gestión de proyectos. También es mentora de colegas más jóvenes en las estrategias de la zona de aprendizaje que la ayudaron a liberarse de la ejecución crónica, que la tuvo atrapada durante tanto tiempo. Su *volante de pericia* está en movimiento y es imparable.

Anjali es solo una de las muchas personas de alto rendimiento que hemos conocido en este libro. Sabemos que todas entran regularmente en la zona de aprendizaje, pero ¿cuáles son sus hábitos en la zona de ejecución? De eso trata este capítulo. Sigue leyendo para conocer las estrategias y herramientas que utilizan estas personas para operar de la mejor manera.

## EMPEZAR CON CLARIDAD

Empieza siempre por el final, es decir, por tu objetivo final. Antes de lanzarte a la ejecución, asegúrate de que tú y tus colegas tenéis claro lo que queréis lograr. ¡No te dejes atrapar por la paradoja del rendimiento! Antes de trabajar, asegúrate de estar trabajando en lo correcto.

En lugar de comenzar hablando sobre las tareas que hay que realizar, identificad los objetivos más importantes, aseguraos de que todos los tengan claros y estén de acuerdo con ellos, y determinad estrategias para alcanzarlos. De esa manera, todos saben lo que es más importante y pueden beneficiarse del conocimiento y las perspectivas de los colegas sobre cómo lograrlo.

Esto se aplica no solo a los líderes, sino también a todos los participantes. Si sientes que tú y tu gerente no estáis alineados en cuanto a los objetivos, asegúrate de comunicar dichos objetivos y el programa tal como los ves y pregúntale si está de acuerdo. Cumplir constantemente lo que prometes generará confianza entre tú y tu gerente, y puede conducir a una mayor autonomía sobre cómo haces tu trabajo. Pero comienza por la claridad y la alineación con el objetivo.

## ¡PREPÁRATE!

«No prepararse es prepararse para fracasar», escribió el legendario entrenador de baloncesto John Wooden en su libro *Wooden: A Lifetime of Observations and Reflections On and Off the Court* [Wooden: Una vida de observaciones y reflexiones dentro y fuera de la cancha].[2]

La preparación implica entrar regularmente en la zona de aprendizaje para desarrollar de manera proactiva habilidades y hábitos saludables, tales como comer bien y dormir lo suficiente, para que el cuerpo y la mente tengan lo que necesitan para funcionar de la mejor manera. Pero también significa elaborar estrategias sobre cómo abordar una acción específica. Esto puede ser tan simple como tomarse un minuto antes de cada llamada telefónica para pensar con quién hablarás, cómo deseas presentarte y qué quieres conseguir durante la llamada. Muchos deportistas visualizan las jugadas que realizarán, lo que les ayuda a prepararse mentalmente y a alcanzar niveles más altos de rendimiento. Los vendedores realizan simulaciones mentales de lo que los clientes o posibles clientes podrían decir o hacer, y cómo responder. También pueden buscar información sobre las personas y las empresas.

La preparación es la rampa de acceso a la zona de ejecución. Nos ofrece tiempo y recursos cognitivos para trazar un plan en lugar de tratar de improvisarlo todo en el acto. También nos permite identificar en qué habilidad trabajaremos para aprender mientras se hace, o qué probaremos, como los asesores de educación del paciente de ClearChoice Dental, que identifican de antemano en qué parte de la consulta intentarán algo diferente.

Winston Churchill tenía la costumbre de prepararse para los discursos practicando frente a un espejo.[3] Si el vídeo hubiera existido en su época, puedes apostar a que lo habría usado. Grábate en vídeo y observa cómo te ves, lo que replicará las condiciones a las que te enfrentarás a la hora de la verdad mejor que un espejo. Mientras preparaba mi primera charla TEDx, mi primer evento para hablar en público, era consciente de que tendía a ponerme nervioso cuando la gente me miraba y quería evitar quedarme en blanco con tantos ojos clavados en mí. Así que imprimí fotos de una multitud y practiqué con ellas como público. El uso de fotografías no reproducía a la perfección las condiciones a las que me enfrentaría, pero era mejor que no tener ninguna mirada sobre mí en absoluto. Grabé en vídeo cada intento y envié la grabación a amigos y colegas para que me dieran su opinión, y luego hice ajustes y repetí el proceso.

Ensayar es actuar en un entorno de bajo riesgo. Puede ayudarnos a identificar con precisión en qué tenemos que trabajar. A veces, podemos optar por practicar deliberadamente un poco antes de volver a ensayar.

Para prepararte para una conversación difícil, puedes determinar los puntos clave que quieres tocar, imaginar cómo podría complicarse la conversación y planificar cómo reaccionar. O bien puedes pedir a un amigo o colega que haga contigo un simulacro y te ofrezca posibilidades, ideas y comentarios.

Una vez que estés mejor versado en hablar en público (o en tener conversaciones difíciles), necesitarás menos preparación, pero ten cuidado de no quedar atrapado en la ejecución crónica. Para alcanzar nuevas cotas, debes entrar en la zona de aprendizaje y recurrir constantemente a aprender mientras se hace, siempre ajustando los enfoques para hacer las cosas.

La preparación no implica hacer un esfuerzo heroico antes de una acción, sino crear hábitos que permitan una gran actuación como opción predeterminada y fácil.

## PONER LAS RUTINAS DE RENDIMIENTO EN PILOTO AUTOMÁTICO

Debido a que la mayoría de los comportamientos están impulsados por los hábitos y el entorno en lugar de por decisiones racionales, debemos diseñar cuidadosamente nuestras rutinas y sistemas para respaldar mejor ambas zonas. De esa manera, cuando estamos operando, podemos concentrarnos completamente en la esencia del trabajo, sabiendo que hemos establecido formas efectivas de trabajar.

Cuando Lizzie Dipp Metzger decidió vender seguros de vida, estableció el hábito diario de hacer veintiuna llamadas telefónicas a clientes potenciales. Establecer este hábito le ahorró pasar tiempo cada día teniendo que pensar en un nuevo plan de acción.

Anjali también ha desarrollado nuevos hábitos para su nuevo cargo. Ha aprendido que tiene que reflexionar sobre cómo estructurar el tiempo, porque el nuevo trabajo de gerencia puede ser agotador, por lo que se asegura de comenzar cada día con un breve contacto de control con el equipo, un hábito que encuentra gratificante y energizante.

Muchos empleados de alto rendimiento también tienen rituales previos a los eventos para entrar en el estado mental y emocional deseado. Muchos deportistas escuchan su música favorita, repasan guiones de diálogo interno o meditan. Antes de las presentaciones, muchos oradores y ejecutivos respiran profundamente, adoptan una posición erguida y se recuerdan a sí mismos que deben elevar su nivel de energía. Antes de las llamadas o reuniones de ventas, muchas personas de alto rendimiento revisan un documento o registro estándar que contiene información clave sobre el cliente o la oportunidad.

También hay sistemas y marcos de trabajo en equipo que respaldan la ejecución con pericia. Todos los lunes, Gino Barbaro, Jake Stenziano y sus colegas siguen el marco de las reuniones de nivel 10, que forma parte del conjunto de herramientas EOS (siglas en inglés de 'sistema operativo empresarial'), para revisar su progreso, planificar la siguiente semana y rendir cuentas mutuamente. Otras empresas utilizan la metodología Agile, 4DX ('4 disciplinas de la ejecución'), OKR (siglas en inglés de 'objetivos y resultados clave'), Scaling Up (anteriormente conocido como los hábitos de Rockefeller) o la metodología MIND (siglas en inglés de 'número y motores más importantes' que forman el acrónimo MIND, 'mente'). Puedes crear tus propios sistemas personales o de equipo para planificar, ejecutar y realizar un seguimiento del progreso. Luego, puedes usar la zona de aprendizaje para continuar mejorando a partir de ahí.

Toma las estrategias y sistemas probados que te permiten una ejecución óptima y ponlos en piloto automático para poder liberar tus recursos mentales y concentrarte en la creatividad, la personalización, la resolución de problemas y la improvisación. Esto es lo que hizo Traca Savadogo en Starbucks: eliminar el esfuerzo mental necesario para recordar los pedidos la liberó para centrarse en entablar una conversación con los clientes.

Automatizar deliberadamente es lo que han hecho las aerolíneas y el sector sanitario a través de las listas de verificación que se emplean en cabinas y quirófanos antes, durante y después de las acciones de alto riesgo.[4] Como describe Atul Gawande en su libro *El efecto Checklist*, las listas de verificación permiten, en este caso a médicos y pilotos, estar presentes y completamente enfocados en lo que están haciendo, sabiendo que sus sistemas garantizan que se compruebe lo básico.

Toma nota cuando se produzca un error y reflexiona sobre cómo se pueden modificar los sistemas de piloto automático para evitarlo en el futuro. Además, programa reuniones o reflexiones periódicas para examinar si los sistemas podrían necesitar algunos ajustes.

Al igual que los mayores logros corresponden a equipos en lugar de a personas aisladas, quienes ofrecen un mejor rendimiento actúan en asociación con el entorno que han creado en lugar de al margen del mundo que los rodea. No confían solo en sus cerebros para asegurarse de que todo se haga. Configuran sistemas para poder centrar la atención en lo que puede llevarlos al siguiente nivel.

## ATENCIÓN, ATENCIÓN, ATENCIÓN

El cerebro humano es capaz de hacer muchas cosas notables, pero se le da bastante mal hacer dos cosas conscientes a la vez, ya sea en la zona de aprendizaje o en la zona de ejecución.[5] Puede que pienses que estás logrando dos cosas simultáneamente porque consideras tu esfuerzo como prueba de productividad, pero en realidad tu inteligencia se diluye y te agotas tratando de entender lo que está sucediendo, sin siquiera ser capaz de pensar de forma crítica al respecto.

¿No me crees? Intenta leer algo, incluso un libro para niños, mientras escuchas un pódcast. O trata de escribir un correo electrónico mientras sigues una película que estás viendo. Te darás cuenta de que pierdes por completo el hilo de una de las dos actividades. ¡La multitarea de doble conciencia simplemente no funciona!

Sin embargo, la mayoría de nosotros todavía no podemos resistirnos a revisar el correo electrónico, las redes sociales o las noticias mientras asistimos a una reunión o vemos un vídeo y, cuando salimos a tomar aire, nos damos cuenta de que nos hemos perdido la mayor parte de lo que se estaba diciendo.

Como recomienda Cal Newport en su libro *Céntrate*, crea rutinas que te permitan concentrarte en una sola cosa mientras trabajas en cualquier actividad compleja que requiera una reflexión profunda.[6] Libera tu agenda, silencia las notificaciones de los dispositivos, cierra las ventanas que no estén relacionadas con la tarea en cuestión y haz saber a colegas y familiares que estás haciendo un trabajo profundo y que no te interrumpan a menos que algo sea urgente.

Más de una vez, he facilitado conversaciones en las que los directores ejecutivos se dan cuenta de que algunas personas no realizan un trabajo profundo porque piensan que deben comprobar constantemente los correos electrónicos y mensajes de texto de los superiores, y responder a las solicitudes de inmediato. Los directores ejecutivos reconocen entonces la necesidad de ser más claros sobre las formas predeterminadas de trabajar y de comunicarse cuándo las cosas son realmente urgentes. Pregunta a tus colegas si el trabajo profundo es importante para ellos y si sienten que tienen lo que necesitan para hacerlo bien.

Al motivar a otros para lograr un alto rendimiento, concéntrate en el valor y el propósito del trabajo en lugar de usar incentivos y castigos. Los estudios han demostrado que no es una buena idea usar la presión financiera o social para tratar de motivar y fomentar la atención en uno mismo o en los demás,[7] especialmente con el trabajo que involucra el pensamiento crítico, porque al hacerlo los recursos cognitivos se desvían del trabajo.[8] En su lugar, compensa y trata a las personas de manera justa y equitativa, para que el dinero y el sentido de pertenencia no supongan una preocupación. Como recomiendan Neel Doshi y Lindsay McGregor en su libro *Primed to Perform* [Preparados para actuar], llama la atención sobre la actividad o el trabajo en sí: destaca lo agradable, interesante o importante que puede ser, qué problemas deben resolverse a continuación, qué estrategias te llevarán al siguiente hito.[9] A veces, los líderes necesitan absorber y filtrar la presión financiera y emocional que *ellos* sienten, y proteger de ella a las personas que gestionan para que puedan rendir más.

Si quieres dar lo mejor de ti, haz lo que hizo Shannon Polson cuando su vida estaba en juego en el helicóptero Apache sobre Bosnia: baja el volumen de otras cosas para poder concentrarte en lo importante. Cultivar la capacidad de concentrarte profundamente te permitirá destacar en la zona de ejecución cuando quieras.

## REGULAR LA ANSIEDAD ACTIVANDO LA MENTALIDAD DE CRECIMIENTO

La mayoría de nosotros tendemos a ponernos un poco ansiosos cuando estamos haciendo algo importante, es normal. Pero demasiada ansiedad puede afectar negativamente a la ejecución, al reducir los recursos cognitivos disponibles para la tarea en cuestión.[10] También hace que sea más difícil pensar creativamente y expresar emociones positivas, que son útiles para un trabajo en equipo eficaz.

Una estrategia para regular la ansiedad por el rendimiento es activar una mentalidad de crecimiento.

Recuerda que cualquiera, incluso los medallistas de oro olímpicos, pueden superarse y que cualquier ejecución es susceptible de mejora. Esto te calma y libera los recursos cognitivos para que te concentres plenamente y puedas rendir al máximo. Entonces, es menos probable que cualquier contratiempo que haya durante la ejecución te desestabilice y te haga caer.

En la zona de ejecución no trabajamos para mejorar, sino para rendir. Sin embargo, saber que podemos mejorar más adelante en la zona de aprendizaje nos ayuda a mantenernos en los estados mentales y emocionales que permiten un mayor rendimiento.

## GESTIONAR LOS ERRORES COMO UN PROFESIONAL

Todos cometemos errores, incluso cuando intentamos no hacerlo, porque somos humanos, el mundo es complejo y cualquiera de nosotros puede mejorar aún más. Aprender a responder a los errores que cometemos en la zona de ejecución es clave para obtener el máximo rendimiento.

Aquellos con una mejor ejecución usan las dificultades, los errores o el fracaso como señales para pasar a la zona de aprendizaje, pero no necesariamente de inmediato. Si estás en mitad de una ejecución urgente y estresante, es posible que sea mejor tomar nota del error, mentalmente o por escrito, y seguir con lo que estés haciendo lo mejor que puedas. Más tarde, cuando se apaguen las luces del escenario, puedes reflexionar sobre el error y averiguar qué hacer de manera diferente en el futuro. Puede que te interese pasar algún tiempo en la zona de aprendizaje antes de tu próxima actuación de alto riesgo.

Piensa en cómo quieres que sea tu diálogo interno. Si cometes un error, no te interesa que eso te llene de ansiedad y te desanime. Entonces, ¿cómo quieres responder en su lugar? Puedes decirte: «Trabajaré en eso más tarde», o simplemente pensar «ups», y volver a hacerlo lo mejor posible de momento.

Dependiendo de las circunstancias y de tus objetivos, es posible que puedas utilizar los errores como una oportunidad para dar ejemplo sobre la apertura al aprendizaje. Si estás con colegas y te has puesto de acuerdo con ellos para fomentar una cultura de aprendizaje, puedes reconocer tu error y verbalizar lo que podrías hacer de manera diferente la próxima vez o mencionar que lo trabajarás más adelante. Esto contribuye a generar seguridad psicológica y una cultura de aprendizaje, y abre un canal de comunicación que te permite solicitar comentarios después.

Si se trata de una acción de alto riesgo con un cliente o socio externo y quieres centrarte únicamente en proyectar un alto nivel de pericia en lugar de fomentar una cultura de aprendizaje, es posible que desees ocultar el error o recuperarte lo más rápido posible, como un gimnasta cuando realiza un salto ligeramente desequilibrado. Pero mi esperanza es que, a medida que todos colaboremos para cultivar un mundo de personas que aprenden continuamente y fomentar la transparencia, sintamos menos presión para ocultar los errores.

## ASENTAR LA RESPONSABILIDAD POR EL APRENDIZAJE Y LA EJECUCIÓN

Si queremos actuar con habilidad, debemos establecer sistemas de responsabilidad personales y de equipo. Rendir cuentas consiste en definir objetivos y plazos, tanto de ejecución como de aprendizaje, y establecer procesos para realizar un seguimiento y solucionar problemas cuando sea necesario. Dejamos claras las funciones, las responsabilidades y las expectativas; identificamos cómo medir el progreso y el éxito, y establecemos controles periódicos para examinar cómo van las cosas. Resolvemos problemas según se presenten, coordinamos y extraemos lecciones para fomentar el desarrollo continuo. Con claridad, compromisos sociales y sistemas para garantizar el seguimiento, nos sentimos más motivados para dar lo mejor de nosotros mismos y perseverar, y estamos mejor preparados para ofrecer resultados y alcanzar nuevas cotas.

Cuando sea posible, es útil compartir objetivos y plazos, y hacer que nuestro progreso resulte transparente para los demás, tal y como lo hacen Lizzie Dipp Metzger, Gino Barbaro y tantos otros con sus colegas. Los sistemas y las herramientas mencionados anteriormente en «Poner las rutinas de rendimiento en piloto automático» fomentan la responsabilidad social, generalmente a través de controles periódicos de equipo. Trata de establecer una estructura coherente para estas reuniones que incluya revisión del progreso, celebración de victorias, revelación de desafíos, acuerdos sobre quiénes deben trabajar juntos para resolver problemas o colaborar, y hacer que los próximos pasos sean transparentes. Estos espacios también son una forma de que cualquier persona solicite apoyo cuando sea necesario y difunda las lecciones aprendidas para que otros puedan beneficiarse de ellas.

Si bien los equipos se benefician de tener una estructura, cualquiera puede hacerlo individualmente, en un entorno menos formal o con un compañero responsable. Puedes simplemente redactar el orden del día para una reunión regular con los temas clave que hay que tratar. Parte de esto también se puede hacer de forma asíncrona, por ejemplo mediante la implementación de herramientas OKR que hacen que los objetivos y el progreso sean transparentes en toda la organización.

Al establecer sistemas de rendición de cuentas, asegúrate de que existan canales de comunicación en todas direcciones. Es decir, la zona de ejecución siempre debe estar generando información sobre lo que sale bien, lo que no y lo que se podría mejorar. Puedes usar esa información para identificar en qué trabajar en la zona de aprendizaje y en *aprender mientras haces*, de modo que continúes progresando y avanzando en el rendimiento.

## AJUSTAR EN TIEMPO REAL COMO HACEN LOS VIRTUOSOS

Mientras se preparaba para un concierto en directo en Colonia (Alemania) en 1975, el pianista Keith Jarrett imaginaba que tocaría uno de los mejores instrumentos del mundo. En cambio, tuvo que confiar en una herramienta muy diferente: su creatividad.[11]

Según la emisora de radio alemana WDR 3, el teatro de la ópera había accedido a proporcionarle un piano de cola de concierto Bösendorfer Imperial que había solicitado para el espectáculo.

Pero cuando el personal no pudo encontrar ese piano, llevaron otro en su lugar, y estaba muy lejos del modelo que había pedido.

«Era como medio piano —según palabras del escritor y economista Tim Harford para NPR—. Las teclas se atascaban. Los pedales no funcionaban. El fieltro estaba desgastado en el registro superior, por lo que sonaba muy áspero y metálico. Y, como no era un piano de cola, el sonido no era suficientemente alto».[12]

Agotado por el viaje y ante un instrumento que simplemente no funcionaba, Jarrett se negó a tocar y abandonó el teatro de la ópera.

Pero, al subirse en el coche, notó que alguien lo había seguido afuera.

Era Vera Brandes, una promotora de conciertos de dieciocho años cuyo amor por el *jazz* la había inspirado a contratar a Jarrett.[13]

De pie, bajo la lluvia, le rogó que volviera y tocara. Las entradas para el espectáculo se habían agotado y era el evento más importante que había organizado.

«Creo que, en ese momento, sintió lástima por ella –relató Harford–. Se dio cuenta de que era solo una niña. Mil cuatrocientas personas estaban a punto de presentarse en este concierto, y no iba a haber concierto. Y entonces le dijo: "Nunca lo olvides. Lo hago solo por ti". Y accedió a tocar».

Enfrentándose a los mayores desafíos y limitaciones de toda su carrera, Jarrett no tuvo más remedio que improvisar. Cuando comenzó a tocar, el teatro se quedó en completo silencio mientras la gente escuchaba con asombro.

La grabación de este directo se convirtió en el álbum de *jazz* en solitario más vendido de todos los tiempos.

Virtuosos y practicantes magistrales de cualquier oficio pueden actuar mientras involucran simultáneamente su creatividad, ajustando e improvisando en el acto, como hizo Keith Jarrett cuando un instrumento deficiente lo inspiró para tocar llegando a nuevas cotas de habilidad. Como declaró el productor discográfico Manfred Eicher a *The Wall Street Journal* para describir esa noche, debido a que a Jarrett no le gustaba el sonido del piano que se vio obligado a tocar, «encontró otra manera de aprovecharlo al máximo».[14]

¿Qué es lo que permite a las personas con un alto rendimiento dar un giro en medio de una actuación? ¿Y qué podemos aprender de eso? Pueden realizar ajustes en cualquier momento debido a la maestría que han desarrollado a lo largo del tiempo a través de la zona de aprendizaje, que les brinda un conjunto rico y diverso de habilidades para aplicar en diferentes situaciones. Su maestría también deja libre la cognición para poder improvisar.

Pero además pueden adaptarse debido a la voluntad de cambiar lo que no funciona y probar otra cosa, ya sea en el diálogo interno, la estrategia o el enfoque. Aunque puede que no te enfrentes a un equipo contrario al otro lado del campo ni tengas un público mirándote, es posible que se necesiten ajustes en tiempo real para alcanzar niveles completamente diferentes de efectividad.

Ya sea en las artes, los deportes o los negocios, el camino hacia la brillantez requiere la zona de aprendizaje, la zona de ejecución y la actitud de aprender mientras se hace. También requiere la voluntad de ir más allá de lo conocido, ajustarse a lo que requiere el momento e improvisar. Cuanta más experiencia desarrollemos, mejor preparados estaremos para evaluar cuándo es el momento adecuado para saltar a lo desconocido y recurrir al *aprendizaje durante la ejecución*, incluso mientras ofrecemos una actuación magistral.

Mientras amplíes tu experiencia, no olvides disfrutar del proceso. Diviértete y apóyate en la creatividad. Impulsa tu capacidad para ir más allá de lo conocido, incluso durante los momentos de ejecución, con la confianza de haber desarrollado intuiciones cada vez mejores sobre lo que tiende a funcionar. Ofrece un poco de improvisación para generar asombro y deleite.

## RECUERDA APRENDER MIENTRAS HACES Y REVISAR LO QUE TIENE MÁS IMPORTANCIA

Mientras te concentras en la ejecución, ¡no te dejes atrapar por la paradoja del rendimiento!

Recuerda que, a menos que tu zona de ejecución implique apostar muy alto, como la de un acróbata del Circo del Sol, la mayor parte del tiempo en la zona de ejecución debe dedicarse a *aprender mientras se hace*. Prueba una forma diferente de hacer las cosas, observa cómo funciona, solicita comentarios e identifica qué hay que ajustar. Que integrar las dos zonas, y alternar entre ellas, sea la forma en que vives y el aire que respiras.

Por último, ten cuidado de no estar tan concentrado en lo que estás haciendo que pierdas de vista por qué lo estás haciendo; eso es visión de túnel. Reflexiona periódicamente sobre tus objetivos de nivel superior y piensa si debes cambiar de estrategia para seguir aprendiendo y poder lograr lo que sea más importante.[15]

## PREGUNTAS PARA REFLEXIONAR

- ¿Cómo podría beneficiarme a mí y a los demás el hecho de mejorar mi ejecución?
- ¿Qué estrategias de la zona de ejecución podrían ser más útiles y cómo trabajaré en ellas?
- ¿Puedo establecer un sistema que me ayude a mí y a mi equipo a alcanzar un nivel superior?

## DE CARA AL PRÓXIMO CAPÍTULO

¿Cómo podría cambiar mi vida y la vida de los demás si supero la paradoja del rendimiento?

# Capítulo 14

# CÓMO SUPERAR LA PARADOJA Y CAMBIAR VIDAS

**GRAN IDEA** *Cuando superamos la paradoja del rendimiento y nos liberamos de la ejecución crónica, cambiamos tanto nuestro viaje como el destino. Al adoptar las dos zonas, transformamos vidas, empezando por la nuestra.*

Cuando Mariana Costa Checa y sus socios decidieron crear una empresa de desarrollo web en Lima (Perú), se enfrentaron a la tarea de reunir un equipo de desarrolladores de *software*.[1] Encontrar talento tecnológico ya era bastante difícil pero, además, Mariana quería un equipo que incluyera un número significativo de mujeres. No tardó en descubrir que encontrar desarrolladoras de *software* en Perú era casi imposible.

Muchos empresarios habrían tirado la toalla, habrían cedido a la paradoja del rendimiento y, simplemente, habrían contratado a desarrolladores masculinos, según el esquema habitual. Pero Mariana y sus compañeros sintieron curiosidad y reflexionaron.

La mayoría de los desarrolladores que *sí* encontraron no provenían de la educación superior tradicional en informática. O estudiaron otra cosa en la universidad o fueron completamente autodidactas. Esto llevó a Mariana a darse cuenta de que, en el diseño y desarrollo de *software*, las habilidades son más importantes que los títulos, sobre todo porque los marcos tecnológicos cambian con suma frecuencia.

«El activo más valioso realmente es una mentalidad de aprendizaje permanente: la capacidad de impulsar tu aprendizaje», afirmó.

Durante décadas, el sector tecnológico había tenido dificultades para encontrar suficientes desarrolladores de *software* en todo el mundo, pero había permanecido bloqueado en la ejecución crónica, con el agua al cuello, contratando gente del mismo grupo de candidatos de la forma en que siempre se había hecho.

En cambio, Mariana y sus socios vieron una oportunidad y sintieron una llamada. Podían dejar de lado su idea original y, en su lugar, crear una organización sin ánimo de lucro para ayudar a las mujeres a desarrollar habilidades con el fin de iniciar carreras profesionales tecnológicas, particularmente en el caso de mujeres de entornos económicamente desfavorecidos que no habían podido acceder a la educación superior. Su idea generaría empleos bien remunerados para esas mujeres y ampliaría la base de talento disponible para el sector tecnológico.

Llamaron Laboratoria a la organización que crearon. Por medio de Design Thinking, el equipo ideó un proceso de selección para encontrar mujeres que tuvieran la voluntad, la disposición, la preparación y el compromiso para pasar por una experiencia de aprendizaje inmersivo de seis meses destinada a convertirlas en desarrolladoras de *front-end* (interfaz de usuario) o diseñadoras de experiencia de usuario (UX, por sus siglas en inglés).

Una vez más, con Design Thinking, Laboratoria exploró cómo debería ser la formación. ¿Cómo podrían preparar a estas mujeres de manera rápida y rentable para iniciar con éxito una carrera tecnológica?

La organización ideó un enfoque de aprendizaje basado en proyectos. Es decir, desde el primer día, mientras reciben formación por parte de docentes, a las estudiantes se les asignan desafíos tecnológicos del mundo real con un plazo de un mes más o menos para descubrir cómo diseñar y crear *software* a fin de resolver un problema real.

Siempre trabajan juntas en grupos, aunque el proyecto sea individual, para obtener comentarios y apoyo de sus compañeras. Laboratoria considera importante que el campo de entrenamiento se asemeje a un lugar de trabajo de la vida real para que las participantes puedan sentir que están en un equipo de *software* real. Los comentarios de usuarios, compañeras y docentes reflejan los de un lugar de trabajo. El resultado es que estas mujeres deben estar constantemente en la zona de aprendizaje y en la zona de ejecución simultáneamente. *Aprenden mientras hacen.*

«Proyecto tras proyecto, obviamente esto resulta bastante desafiante, porque es muy diferente de un entorno educativo tradicional donde los estudiantes simplemente escuchan una lección –afirma Mariana–. Esto es más como un reto. Tienes Internet, tienes a tus compañeras y tienes docentes, pero queremos ver que realmente intentan sacar el máximo provecho».

Este sistema permite a las estudiantes ser sus propias maestras y aprender a través de la investigación, la experimentación y la colaboración. Todas estas habilidades las ayudarán a tener una actitud proactiva respecto al aprendizaje para el resto de sus carreras.

La mejora continua también es la norma para el personal de Laboratoria. Aprenden lecciones de cada grupo para continuar mejorando el proceso. Experimentan con ajustes en sus procesos de selección, incorporación y formación, y con nuevas formas de llegar a las mujeres en áreas más rurales. Desarrollan ideas sobre qué tipos de proyectos funcionan mejor en diferentes etapas de la experiencia de seis meses y cómo conectar mejor a las estudiantes con las exalumnas.

Después de tener que hacer la transición a sesiones de Zoom durante la pandemia, Laboratoria descubrió que realizar formaciones virtuales en lugar de presenciales permitía seleccionar a más mujeres de aldeas remotas que no tenían los recursos para viajar a la ciudad. La organización sin ánimo de lucro decidió continuar ofreciendo el programa de manera virtual después de que terminara la pandemia.

Los resultados son impresionantes. Las participantes aumentan drásticamente sus ingresos. Si bien la mayoría de ellas estaban desempleadas antes de comenzar el programa, incluso aquellas que comienzan con trabajos casi triplican sus salarios.

«Si hablas con las exalumnas, están muy felices de tener un trabajo que cambiará sus vidas –cuenta Mariana–. Pero realmente creo que lo más importante es que cambian la forma en que se ven a sí mismas, cambian la forma en que ven el aprendizaje, cambian la forma en que ven la vida. Hay mucho de este sentimiento de agencia, ya sabes: "Puedo crear el futuro que quiero para mí. Si no tengo las habilidades, las desarrollaré para lograr mis metas", y eso es realmente poderoso».

Muchas de las empresas que contratan a graduadas de Laboratoria están tan impresionadas por estas mujeres, en particular por su colaboración y experimentación, y por el método de enseñanza de la organización, que piden a Laboratoria que las ayude a suscitar en su compañía una cultura de aprendizaje. Para ello, Laboratoria las ayuda a encontrar talento diverso y facilita talleres para el resto del personal.

Además de transformar la vida de las mujeres que participan, el programa también mejora drásticamente las trayectorias de sus familias y comunidades, y fortalece las empresas a las que se unen. Una evaluación del impacto de Laboratoria elaborada por la organización muestra que tener a exalumnas como referentes en sus comunidades abre los ojos de muchas otras mujeres a la posibilidad de iniciar carreras profesionales.[2]

Con programas actualmente en Brasil, Chile, Colombia, México y Perú, Laboratoria ha formado a miles de mujeres y ha colocado al ochenta y cinco por ciento de ellas en empleos tecnológicos en América Latina y otras partes del mundo.

Todo esto ha sido posible porque los fundadores sintieron curiosidad, se liberaron de la ejecución crónica y adoptaron las dos zonas.

## CAMBIAR VIDAS Y COMUNIDADES

Puede parecer irónico que las empresas del sector tecnológico, aunque se dediquen a la innovación, se quedaran estancadas en la ejecución crónica al enfrentarse a un reto importante. Cuando intentaban encontrar suficientes desarrolladores de *software*, en lugar de ser pioneras en nuevas formas de ampliar el grupo de candidatos, seguían utilizando en gran medida el mismo enfoque, una y otra vez. El caso es que la paradoja del rendimiento ha atrapado a toda la sociedad y la ha llevado a la ejecución crónica. Es la opción predeterminada. Impregna hogares, equipos, organizaciones y comunidades.

La buena noticia es que cualquiera puede salir de ella.

A lo largo de los capítulos anteriores, hemos conocido a personas que han utilizado las dos zonas para transformar sus vidas. Como resultado, también han tenido un impacto en sus comunidades y más allá.

Gino Barbaro se unió a Jake Stenziano para fundar una empresa inmobiliaria y utilizaron la zona de aprendizaje para tener un enorme éxito. Pero no se conformaron con eso. Crearon una empresa llamada Jake & Gino que se dedica exclusivamente a brindar oportunidades de aprendizaje a otras personas que también quieren convertirse en inversionistas de bienes raíces multifamiliares.

Linda Rabbitt usó la zona de aprendizaje para transformarse, primero de maestra en ama de casa y madre; luego, cuando se vio obligada a empezar a trabajar como madre soltera, en asistente administrativa y, finalmente, en fundadora de una de las empresas de construcción propiedad de una mujer con más éxito de Estados Unidos. Pero quería ir aún más allá. Durante veinticinco años, Linda se ha reunido regularmente con un grupo de mujeres de su sector en el que aprenden y se apoyan mutuamente, extendiendo así su poder para convertirse en poderosas influencias positivas.

LA PARADOJA DEL RENDIMIENTO

Alex Stephany decidió hacer algo con respecto al problema de las personas sin hogar en Londres después de darse cuenta de que llevarle comida a su nuevo amigo de vez en cuando no era ayudarlo realmente. El trabajo de Alex en la zona de aprendizaje lo llevó a fundar la plataforma de *crowdsourcing* Beam, que ha permitido encontrar trabajo e iniciar una carrera a más de tres mil setecientas personas, abriéndoles así las puertas de la estabilidad.

Angelou Ezeilo utilizó la zona de aprendizaje para dejar su trabajo como abogada y crear una organización sin ánimo de lucro que cambia la forma en que los jóvenes de color interactúan con el medioambiente. A lo largo del camino, creó una vía para dirigir a cientos de jóvenes hacia carreras ambientales, aportando la diversidad que se necesitaba desesperadamente a ese campo y generando una nueva fuente de trabajadores.

Al ofrecer al público una aplicación que ayuda a las personas a pagar facturas rápidamente, lo que aporta gran comodidad a nuestras vidas, Patrick Kann y sus colegas se adentraron en terreno desconocido para encontrar formas de aumentar el porcentaje de grupos subrepresentados que trabajan en Papaya. Después de comenzar con media docena de hombres blancos, la empresa tiene ahora una fuerza laboral compuesta por un sesenta por ciento de personas de grupos subrepresentados. Su éxito demuestra a otras empresas el valor de la diversidad.

Todo este cambio no ha sido posible solo gracias a la zona de aprendizaje; sin la zona de ejecución, no habría resultados. Lo que genera cambio e impacto es el uso intencionado de ambas zonas.

Esto también se cumple en el caso de Embrace y los cientos de miles de bebés que han protegido. Se cumple en el caso de d.light y el aumento de la calidad de vida que han brindado a más de cien millones de personas. Se cumple en el caso de Willy Foote y Root Capital, Lizzie Dipp Metzger, Microsoft, Skratch Labs, Versatile, el sector de las aerolíneas y muchos otros.

Y puede cumplirse para cualquiera de nosotros. Aprovechar el poder de las dos zonas me permitió pasar de sentirme crónicamente estresado e insatisfecho a sentirme profundamente vivo y a gestionar mucho mejor mi vida. Mi crisis de salud desencadenó un viaje de aprendizaje que me hizo darme cuenta de que veía mi trabajo solo como una forma de ganar dinero. Pero había mucho más que ganar con el trabajo. A medida que exploraba otras vías, finalmente desarrollé un camino en el que puedo seguir creciendo y contribuir al crecimiento de los demás. Las dos zonas también me permitieron aprender lo que estaba sucediendo en mi cuerpo y cambiar drásticamente mi estilo de vida para dar un giro a mi salud y mi bienestar.

Pero sin la zona de ejecución, no habría tenido ningún impacto y aún me sentiría insatisfecho. Es la combinación de ambas zonas lo que ha enriquecido profundamente mi vida y me ha permitido contribuir a enriquecer la de los demás. Así es como las zonas pueden cambiar vidas, sin importar de dónde parta cada uno.

Al igual que Gino Barbaro, descubrí la necesidad de las dos zonas como resultado de una crisis, pero no tenemos que esperar a llegar a ese punto. Cuando nos involucramos de manera proactiva en las dos zonas, nos preparamos para lograr un crecimiento y resultados mucho mayores. Y al embarcarnos en un viaje completamente nuevo, comenzamos a ver beneficios inmediatos.

## EL VIAJE A LO LARGO DEL CAMINO

Liberarse de la ejecución crónica te cambia la vida no solo porque aporta mayor pericia, situaciones de vida, trabajos e impacto, sino también porque, como demuestran las investigaciones, participar en el aprendizaje tiene sus propios beneficios.[3] Obtenemos una sensación de fascinación y asombro de nuestras exploraciones y descubrimientos, disminución de la ansiedad al saber que podemos superar los desafíos,[4] satisfacción personal por el aumento de nuestras habilidades y contribuciones, y una mayor felicidad y bienestar[5] a medida que aprendemos a eliminar los contratiempos y a profundizar en las relaciones.[6]

No solo cuenta el destino, el viaje también es importante.

LA PARADOJA DEL RENDIMIENTO

De hecho, incluso cuando no es para un propósito práctico inmediato, el proceso de exploración y descubrimiento puede ser una parte profundamente enriquecedora de la vida. Desde la comodidad de su hogar, cualquiera puede explorar las profundidades de los océanos, el planeta Marte, la Florencia renacentista, civilizaciones antiguas, representaciones ficticias de posibles realidades, el interior de nuestros cuerpos, la forma en que funciona el cerebro, la grandeza de la naturaleza o cualquier otra cosa que le interese. En el proceso, experimentamos asombro, mayor comprensión y más curiosidad.

El asombro y la fascinación no son los únicos beneficios. En el proceso de descubrimiento, también mejoran la salud y el bienestar.

Hay estudios que indican que cuando adoptamos una actitud orientada al aprendizaje, experimentamos niveles más bajos de estrés, ansiedad y depresión, porque esto nos permite ver las dificultades actuales como temporales.[7] Arropados por la zona de aprendizaje, sentimos una mayor agencia sobre nuestras vidas porque nos permite preguntarnos: «¿Qué puedo hacer para arreglar o mejorar esto?».

Muchos estudios muestran que adoptar una orientación de aprendizaje lleva a las personas a ser más persistentes y resilientes.[8] Esto se debe a que entienden que, a través de la zona de aprendizaje, pueden adaptarse, superar obstáculos y alcanzar sus metas.

La zona de aprendizaje también conduce a una resolución de conflictos más constructiva.[9] Céline Darnon y sus colegas descubrieron que cuando las personas están más interesadas en aprender que en superar a los demás, tienden a resolver los conflictos buscando formas de integrar ambos puntos de vista, en lugar de limitarse a probar que tienen razón.[10]

Los estudios realizados por David Yeager y otros demuestran que cuando las personas experimentan exclusión, intimidación u otras formas de agresión, la creencia de que es posible cambiar las ayuda a responder menos con represalias y más con comentarios constructivos, logrando así mejores relaciones y satisfacción vital.[11]

Karina Schumann, Jamil Zaki y Carol Dweck realizaron un estudio que indica que cuando las personas consideran la empatía una cualidad que se puede desarrollar en lugar de una característica innata, tienden a comportarse de manera más empática en situaciones desafiantes.[12] Es decir, cuando los demás tienen un aspecto, pensamiento o comportamiento diferentes a los nuestros, somos más capaces de ponernos en su lugar cuando creemos que se puede cultivar la empatía.

La zona de aprendizaje no solo nos permite alcanzar con más éxito nuestras metas, lograr un mayor rendimiento y tener mejor salud, relaciones y comunidades, sino que también nos lleva a capacidades antes inimaginables.

Vivimos en un paraíso para los que aprenden y en un pantano para los que no. Evita el aprendizaje, la habilidad básica de alfabetización del siglo XXI, y te quedarás atrás, o algo peor. Abraza el aprendizaje y el mundo será tu patio de recreo, con un terreno fértil para prosperar y contribuir.

## HACER FRENTE A LOS MAYORES DESAFÍOS DEL MUNDO

Esther Duflo y su esposo, Abhijit Banerjee, crecieron en mundos diferentes: Duflo en París y Banerjee en Calcuta (India), pero ambos tenían interés en ayudar a paliar la pobreza.

Según *Vogue India*, los padres de Banerjee eran profesores de Economía. Cuando era niño y jugaba al fútbol con niños de los barrios marginales de Calcuta, su madre le hablaba sobre las dinámicas que condujeron a tal pobreza. Esto despertó su curiosidad.[13]

El padre de Duflo era profesor de Matemáticas, pero fue su madre, pediatra, quien despertó en ella el interés por ayudar a los demás. Su madre viajaba a El Salvador, Haití y Ruanda, y regresaba a París con historias sobre lo que veía. Duflo se dio cuenta de lo afortunada que era y se interesó por hacer algo por los más necesitados.

Avancemos un par de décadas: ambos se convirtieron en académicos interesados en la economía del desarrollo, pero frustrados por lo teórico de este campo. Deseaban lograr un cambio real.

«No queríamos simplemente hacer lo que nos interesara y descubrir alguna verdad privada. Queríamos instaurar un cambio en toda la forma en que se estudia la economía del desarrollo. Esa era nuestra ambición», según declaró Banerjee a *Vogue India.*

Pero antes tenían que averiguar cómo.

Como Duflo comentó en su charla TED2010,[14] la pareja se dio cuenta de que, en la economía del desarrollo, no se utilizaban ensayos controlados aleatorios, una herramienta poderosa en ciencia y medicina. Sin embargo, ¿qué pasaría si la innovación social pudiera pasar por el mismo proceso de prueba que los científicos utilizan para evaluar la eficacia?

«De esta manera –afirma– se podrían eliminar las conjeturas de la formulación de políticas».

Comenzaron a realizar ensayos controlados aleatorios, no en laboratorios, sino en entornos cotidianos, para comprender qué políticas tendrían un impacto sustancial en las comunidades con ingresos más bajos.

En sus primeros trabajos, junto con su colega Michael Kremer, estudiaron qué intervenciones mejorarían los resultados educativos con el menor coste.[15] ¿Más libros de texto (cuando a menudo no había ninguno)? ¿Comidas escolares gratuitas (ya que muchos niños pasaban hambre)? ¿Profesores de refuerzo (dado el número de niños que estaban muy atrasados)? Para averiguarlo, se asociaron con organizaciones locales en Kenia y la India y realizaron experimentos de campo.

El equipo dividió aleatoriamente las escuelas en diferentes grupos que recibieron diferentes tipos de apoyo adicional en distintos momentos.

Básicamente, hicieron lo mismo que hizo Simon Tisminezky, a quien conocimos en el capítulo tres, para expandir Ipsy: experimentar, probar e iterar. Pero Duflo, Banerjee y Kremer utilizaron este método para averiguar qué disminuiría la pobreza y mejoraría la calidad de vida de poblaciones enteras.

Los estudios demostraron que ni los libros de texto ni las comidas escolares gratuitas tuvieron un impacto en los resultados de aprendizaje (aparte de posiblemente algunos beneficios para los estudiantes de mayor rendimiento cuando recibieron libros de texto). Por otro lado, los profesores de refuerzo para los niños más rezagados marcaron una gran diferencia.

Ampliaron sus experimentos a otros países y temas, como la nutrición, el acceso al crédito, las opciones de los consumidores, las tasas de fertilidad y la utilidad de las nuevas tecnologías.

Y, lo que es más importante, contribuyeron a que el campo de la economía del desarrollo se liberara de un patrón de ejecución crónica en cuanto a la forma en que siempre se había efectuado la investigación. Ahora, la realización de ensayos controlados aleatorios se ha convertido en un método establecido adicional para evaluar las ideas sobre políticas, y ha tenido un impacto real.

Desde 1995, debido en parte al impacto que este trabajo ha tenido en la economía del desarrollo, el PIB per cápita de los países más pobres del mundo se ha duplicado.[16] La mortalidad infantil se ha reducido a la mitad y la proporción de niños que asisten a la escuela ha aumentado del cincuenta y seis al ochenta por ciento.

Por su trabajo, Esther Duflo, Abhijit Banerjee y Michael Kremer fueron galardonados con el Premio Nobel de Economía en 2019. Duflo fue la segunda mujer, y la más joven, en recibir este reconocimiento. Ella y Banerjee fueron la sexta pareja en ganar un Premio Nobel y, por tanto, en unirse al club «Partners in Life and Science» (Pareja en la vida y la ciencia), cuyos primeros miembros fueron Pierre y Marie Curie.

A pesar del impacto positivo en muchas poblaciones, siguen existiendo grandes desafíos y siguen surgiendo otros nuevos. Para superarlos, debemos acabar con la ejecución crónica y abrazar el aprendizaje.

Si solo hacemos lo que creemos que funciona mejor, sin someter nuestro pensamiento a pruebas y experimentación, nos estancamos.

Ya sea en la educación, en el gobierno en general o en las políticas y estructuras que utilizamos dentro de equipos y organizaciones, es tentador formarse opiniones fijas sobre lo que funciona mejor y simplemente seguir adelante sin realizar un examen más profundo.

Si hay diferencias de opinión sobre lo que funcionará mejor, a menudo dejamos que el poder determine quién puede elegir.

Como sociedad, estamos atrapados en gran medida en la ejecución crónica.

A lo largo de este libro, hemos explorado las muchas formas en que las personas, los equipos y las organizaciones han utilizado la zona de aprendizaje para lograr el cambio y el crecimiento. Tomoe Musa reunió a neurocirujanos y ortopedistas en la zona de aprendizaje para mejorar la atención de la médula espinal y lograr mejores resultados de atención médica para los pacientes.

Traca Savadogo vio que los pedidos no se estaban gestionando de manera eficiente y correcta en Starbucks, por lo que se le ocurrió la idea de escribirlos en los vasos, lo que llevó a los establecimientos de la cadena a convertirse en lugares más tranquilos y con un mayor enfoque en las interacciones con los clientes.

Cuando Keith Jarrett se sumergió en la zona de aprendizaje y descubrió cómo usar un piano inferior para tocar en la Ópera de Colonia, elevó el espíritu de los mil cuatrocientos asistentes y de muchos otros que han disfrutado de la grabación desde entonces, con una actuación deliciosa y memorable.

Willy Foote y Root Capital encontraron formas de ofrecer a los agricultores de todo el mundo, especialmente a las mujeres, un camino hacia la prosperidad, proporcionándoles el capital, la formación y el acceso a los mercados que necesitaban para generar medios de vida rentables.

Cualquiera de nosotros puede efectuar un cambio desde donde estamos si llegamos a comprender la paradoja del rendimiento y cómo superarla.

## TENDER PUENTES AQUÍ Y ALLÁ

Consideremos más detenidamente el problema de la creciente polarización social. ¿Elegimos tratar de entender mejor a las personas que piensan de manera diferente a nosotros? ¿Leemos o escuchamos a intelectuales respetados que son representativos de otras ideologías para entender sus razones? ¿Interactuamos con personas de otros partidos políticos, haciendo preguntas y participando en conversaciones orientadas al aprendizaje para comprender lo que piensan y qué experiencias de vida las han llevado a pensar de la manera en que lo hacen?

No te pido que hagas nada que sientas que te ponga en peligro, pero todos podemos volvernos más curiosos y ampliar nuestra comprensión. Puede ser tan simple como escuchar pódcast de entrevistas a personas con diversos puntos de vista.

Podemos trabajar en esto desde cualquier lugar en el que nos encontremos.

Como muchos de nosotros, Tiy Goddard, una compañera mía del máster en Administración de Empresas que trabaja en educación superior en Illinois, se encontraba haciendo cola en el colegio electoral y se dio cuenta de que sabía muy poco sobre los candidatos y los referendos para los que estaba a punto de votar.[17] Mientras se acercaba a la máquina de votación, enviaba frenéticamente mensajes de texto a sus amigos para conocer su opinión sobre las elecciones. Tiy y algunos amigos de su club de lectura decidieron que tenían el poder de cambiar esta situación tan habitual. Comenzaron a reunirse unos días o semanas antes de las elecciones para hablar sobre las posturas de los candidatos, buscar información juntos, enviar preguntas a otros que pudieran aportar perspectivas útiles y averiguar qué dudas seguían teniendo. Transformó la experiencia de votación de todos ellos. En lugar de votar a su partido preferido o hacer lo mismo que los miembros de su familia, se empoderaron para tomar sus propias decisiones. Esta es una pequeña forma en que participar en la zona de aprendizaje puede ayudarnos a aportar nuestro granito de arena para fortalecer las democracias.

Para abordar la polarización, James Fishkin y Larry Diamond, profesores de la Universidad de Stanford, desarrollaron un método de *democracia deliberativa* llamado America in One Room, que se centra en la zona de aprendizaje.[18] Implica reunir grupos aleatorios de estadounidenses compuestos por diversos orígenes raciales, étnicos y políticos, y hacer que deliberen sobre los principales temas que actualmente dividen al país: economía, impuestos, inmigración, atención médica, política exterior, cambio climático y otros. A cada uno de los participantes se le entregan documentos informativos equilibrados sin orientación política que presentan los pros y los contras de cada tema. Luego, el grupo se reúne para deliberar, ya sea en persona o en línea, con una regla: los miembros deben respetarse mutuamente y dejarse hablar.

«Hemos descubierto tanto en las deliberaciones en persona que organizamos como en línea [...] que a la gente realmente le gusta esto —afirma Diamond—. No solo se reducen las diferencias en cuestiones políticas por lo general, sino que también se trasciende en parte la aversión emocional o incluso el disgusto que sienten las personas por los miembros de otro partido. Por lo tanto, se disminuye la deliberación partidista y se muestran puntos de coincidencia sobre los temas».[19]

Fishkin y Diamond iniciaron el Deliberative Democracy Lab (Taller de democracia deliberativa) para continuar con su investigación y encontrar formas de ampliar el método para que millones de personas puedan participar y ayudar a reducir las divisiones polarizantes.

Cuando aprendemos a amar el crecimiento y el aprendizaje proactivos, y los internalizamos como parte de lo que somos, comenzamos a hacer más preguntas, a escuchar con más atención, a empatizar más y a comprender a las personas que piensan de otra forma. Al hacer esto, descubrimos que tenemos mucho en común y buscamos estos puntos en común de diferentes maneras, en relación con diferentes creencias, hábitos y comunidades.

Casi todo el mundo, por ejemplo, desea disfrutar de agencia, pertenencia, confianza y cuidado, pero intenta conseguirlos de diferentes maneras. Muchas personas de izquierdas buscan un sentido de cuidado mediante el desarrollo de estructuras sociales generalizadas que proporcionen una red de seguridad para todos. Por el contrario, muchas personas de derechas lo hacen formando relaciones sólidas, arraigadas en la comprensión, la confianza y el apoyo mutuo, con aquellos físicamente más cercanos a ellos. Tienden a buscar la autosuficiencia como comunidad para depender menos de individuos lejanos en centros políticos o en otros países, que podrían no entenderlas o atenderlas. Si vas conduciendo durante una tormenta de nieve en la zona rural de Alaska y tu coche tiene una avería, será mejor que estés preparado con leña en el maletero y tengas la esperanza de que alguien pase por allí, porque es posible que no puedas llamar a emergencias.

Ambas partes tienen una teoría sobre cómo se establecen las redes de cuidado y protección: una a través de la autosuficiencia y las relaciones cercanas, la otra a través de estructuras impulsadas por el gobierno.

Como describe Jonathan Haidt en su libro *La mente de los justos*, la mayoría de las personas de ambos lados del espectro político están motivadas por los mismos fundamentos morales de la emoción y el comportamiento humanos (cuidado, justicia, lealtad, autoridad, santidad y libertad), pero los priorizan y los persiguen de diferentes maneras.[20]

En este momento, si sientes la necesidad de argumentar o tomar partido, te invito a hacer una pausa. ¿Cómo podrías aplicar algunos de los principios de Design Thinking y la zona de aprendizaje? ¿Cómo podrías recrear la mente de un neófito, dejar a un lado los juicios y concentrarte en observar, indagar con preguntas abiertas y tratar de descubrir ideas para empatizar con los demás? Te volverás más inteligente, algo que todos podemos hacer.

Cuando llegamos a comprender más profundamente nuestra humanidad compartida, nos conectamos, nos comunicamos y colaboramos de manera más efectiva. La zona de aprendizaje también nos ayuda a comprender mejor los sistemas de los que formamos parte, ya sean equipos, organizaciones, comunidades o el mundo en general, lo que nos brinda una mayor sabiduría para buscar un propósito digno y formas efectivas de perseguirlo.

## VÍAS HACIA EL PROPÓSITO

Pensar en los desafíos del mundo puede resultar abrumador, en parte porque la humanidad ha sido engañada por la paradoja del rendimiento y está en gran medida atrapada en la ejecución crónica. Pero, una vez que aprendemos a salir de ahí, podemos sentirnos optimistas, ingeniosos y capaces de tomar medidas para contribuir al cambio.

Si solo pensamos que somos una entre miles de millones de personas, solo una gota insignificante en el océano, podemos sentirnos indefensos y desprovistos de agencia. En cambio, tenemos la opción de centrarnos en las cosas en las que podemos influir y en el progreso que podemos lograr. Todos tenemos agencia sobre nosotros mismos, nuestras acciones, nuestras elecciones y la forma en que vivimos. Cualquiera puede nadar en paralelo a la orilla para encontrar y desarrollar corrientes que nos lleven a nuevos destinos.

Todos contribuimos a los desafíos del mundo, por lo que todos podemos ser parte de las soluciones. Y todos podemos ejercer influencia sobre seres queridos, colegas y otras personas con las que interactuamos, al mismo tiempo que aprendemos de ellos y con ellos.

Si no hemos encontrado formas efectivas de hacer esto, podemos entrar en la zona de aprendizaje para mejorar. Cuanto más fortalezcamos las hélices del crecimiento, más eficaces seremos para mejorarnos a nosotros mismos y ayudar a otros a crecer. Cualquiera puede aprender también a influir en organizaciones y comunidades porque, en definitiva, quienes lo hacen son personas como nosotros.

Cuando envejecemos y nos acercamos al final de nuestro recorrido, queremos mirar hacia atrás y sentirnos orgullosos de la vida que creamos, de la persona en la que nos convertimos y de las contribuciones que hicimos a los demás. Para asegurarnos de que esto suceda, vale la pena hacer una pausa ahora y reflexionar sobre nuestra identidad y propósito. ¿Quién soy? ¿En quién quiero convertirme? ¿Qué es lo que más me importa? ¿Qué propósito quiero perseguir?

¿Y cómo puedo aumentar mi efectividad para sentirme bien acerca de cómo estoy invirtiendo mi precioso tiempo en la Tierra?

## PREGUNTAS PARA REFLEXIONAR

- ¿De qué manera podría mejorar mi vida y la vida de los demás el hecho de liberarme de la ejecución crónica?
- ¿Busco regularmente información y perspectivas para ampliar mi sabiduría y mi conocimiento acerca de los demás?
- Cuando me topo con una perspectiva diferente, ¿me pregunto qué puede tener de verdad?
- ¿Podrían los miembros de mi equipo u organización beneficiarse de la lectura de este libro para avanzar en nuestra alineación y prácticas compartidas? ¿Y en el caso de mi familia y amigos?

## DE CARA AL FUTURO

¿Qué nuevas percepciones he generado?
¿Qué haré y cuándo?
¿En quién me convertiré?

# EPÍLOGO: UNA TAREA SIN FIN

Como cuenta Walter Isaacson en su biografía de Leonardo da Vinci, este hombre del Renacimiento fue una de las personas más curiosas que jamás hayan existido.[1] Le encantaba aprender, y así fue como se convirtió en un polímata autodidacta.

Al no haber recibido casi ninguna formación, nunca quedó atrapado en la ejecución crónica.

También era conocido por no terminar lo que empezaba, para gran frustración de sus clientes, porque le encantaba explorar, reflexionar y jugar.

Durante al menos catorce años trabajó en la Mona Lisa, que todavía estaba en su estudio cuando murió. En lo que respecta a Da Vinci, su mayor obra maestra está incompleta. De hecho, todas sus pinturas lo están.

Creía que «el arte nunca se termina, solo se abandona».[2]

Estoy de acuerdo. Creo que esto es cierto en el caso de pinturas, poemas, obras de teatro y muchas otras obras, incluidas las literarias.

Podría haber seguido trabajando en este libro toda mi vida. Me hubiera gustado hacerlo. Pero, en algún momento, los escritores tienen que publicar, los desarrolladores de *software* tienen que enviar el código y los diseñadores tienen que implementar sus ideas.

La zona de ejecución es el medio para aumentar el impacto. También puede ser una valiosa fuente de información para seguir aprendiendo y creciendo, si solicitamos comentarios.

Por tanto, me encantaría aprender de ti. Si tienes algún comentario sobre este libro o idėas sobre cómo podría contribuir aún más al aprendizaje y al alto rendimiento, envíame un correo electrónico a comentarios@briceno.com.

# AGRADECIMIENTOS

La gente dice que publicar un libro es como dar a luz. No puedo saberlo, pero sí decir que muchas otras personas han contribuido a esta obra. Ni siquiera existiría sin Carol Dweck, Chip Conley, Doug Abrams o Jennifer Hershey.

La innovadora investigación de Carol Dweck es la piedra angular de todo este conocimiento. Más allá de su erudición, sin su compromiso de causar impacto, su creencia en los demás, su mentoría y su apoyo, yo no estaría haciendo este trabajo, ni muchos otros. Le estaré eternamente agradecido.

No tenía intención de escribir un libro. Me puse en contacto con Chip Conley, a quien no conocía en ese momento, por una pregunta no relacionada, y él generosamente sugirió que habláramos. Durante esa llamada, sintió que tenía que ponerme en contacto con Doug Abrams, de Idea Architects, quien se convirtió en mi agente literario y propició un contrato para un libro con Jennifer Hershey en Ballantine. Sin la iniciativa espontánea de Chip, el compromiso de Doug o la confianza de Jennifer a la hora de arriesgarse conmigo, este libro no existiría. Estoy muy agradecido. Desde entonces, Chip se ha convertido en un preciado mentor y un faro que me sirve de guía. Este es otro ejemplo de cómo entrar en la zona de aprendizaje –haciendo una pregunta– puede conducir a aventuras, relaciones y crecimiento imprevistos.

Tuve el privilegio de trabajar con expertos que colaboraron en lo que ha sido en gran medida un trabajo en equipo. Muchas personas han contribuido a que este libro esté bien escrito, comenzando por mi escritor colaborador, Nick Chiles, con quien ha sido un placer trabajar y cuya destreza, curiosidad, trabajo en equipo y resiliencia han dado vida a las ideas de una manera convincente y atractiva. Varios editores ayudaron a dar forma a la escritura, sobre todo Sarah Rainone, cuyas ediciones fueron mágicas. Tai Moses, Doug Abrams, Rachel Neumann, Lara Love Hardin, Emily Hartley, Drummond Moir, Davi Sherman, Toni Sciarra Poynter, Renata Dolz y Alyssa Knickerbocker también contribuyeron con hábiles ediciones y comentarios de desarrollo en varias etapas. Cocrear este manuscrito requirió un trabajo en común durante más de dos años y medio, lo que para mí ratifica el proverbio africano: «Si quieres ir rápido, ve solo. Si quieres llegar lejos, ve acompañado».

Si bien escribir este libro fue un esfuerzo de equipo, nadie ha contribuido más a su calidad que Mary Reynics, mi editora en Ballantine. Su cuidado, experiencia, dedicación, colaboración, paciencia y perseverancia son incomparables. Ha sido una compañera caída del cielo, y este libro no sería lo que es sin ella. Le estaré eternamente agradecido. Muchos amigos, colegas, clientes y socios leyeron borradores y proporcionaron comentarios valiosos, incluidos Katie Robertson, Sue Bevington, Kelly Woltornist, Gary Shoesmith, Kirsten Wenz, Tomer Cohen, Alicia Ginsburgh, John Chiodo, Jeff Schwartzman, Susan Potter, Erik Allebest, Chip Conley, Liz Cohen, Ron Berger, Javier Osa, Manuel Calero, Mawi Asgedom, Ali Parnian, Peter Winick, Bill Sherman, Jessica Duffield, Ree Soesbee, Todd Cherches, Mahan Tavakoli, Arthur Woods, Jezza Ong y Doug Bromley. Hubo otros, ya que recopilé información utilizando una herramienta que permitía comentarios anónimos. Gracias a todos.

Entrevisté a más de cien estudiantes ejemplares respecto al aprendizaje y al alto rendimiento que generosamente se tomaron el tiempo para hablar conmigo. Las entrevistas nos condujeron a una zona de aprendizaje divertida y fructífera, y enriquecieron enormemente las ideas e historias del libro. Las personas mencionadas en el libro también dedicaron tiempo a revisar el texto para asegurarse de que fuera preciso y útil. Muchos colegas autores y asesores hablaron conmigo y compartieron sus consejos. Se lo agradezco a todos, así como a quienes nos pusieron en contacto.

Para esta edición en español, aprecio mucho la traducción, producción y comercialización realizadas por el equipo de Editorial Sirio.

Muchos otros me han apoyado de manera significativa a lo largo de mi carrera y mi vida. Particularmente influyentes para el conocimiento que comparto en este libro fueron Ron Berger, Lisa Blackwell, Angela Duckworth y el difunto Anders Ericsson, un hombre amable y humilde en cuyo trabajo me siento honrado de basarme. Más allá de los ya mencionados, muchos otros investigadores, divulgadores y profesionales han contribuido a este trabajo, entre ellos Peter Senge, Warren Bennis, Amy Edmondson, Adam Grant, John Kotter, Robert Kegan, Lisa Laskow Lahey, Greg Walton, David Yeager, Mary Murphy, Heidi Grant, Dave Paunesku, Camille Farrington, David Rock, Steve Blank, Eric Ries, Marshall Goldsmith, Patrick Lencioni y Dan Pink.

Ha sido un placer trabajar con los equipos de desarrollo de autores, diseño, producción, *marketing*, publicidad y otros equipos de Ballantine y Penguin Random House, que han sido fundamentales para crear un libro de alta calidad y accesible para cualquier lector o lectora. También agradezco el apoyo del resto del personal de mi agencia literaria, Idea Architects, incluidos Ty Love, Janelle Julian, Bella Roberts, Staci Bruce y Mariah Sanford.

Las ilustradoras Manuela Gutiérrez Montoya y Anastasiia Matviienko crearon conjuntamente imágenes claras y convincentes, por lo que estoy agradecido.

Estoy profundamente agradecido a mis padres, Alberto y Beatriz Briceño, que nos dieron a mi hermana Isabel y a mí todas las oportunidades que se les ocurrieron y que hicieron de nosotros su máxima prioridad. Los tres siempre me han brindado apoyo, estabilidad, amor y aliento.

Aprecio a mis amigos, que me enraízan y me inspiran con modelos de hacia dónde quiero que evolucione el mundo.

Por encima de todo, estoy agradecido a mi maravillosa guía, maestra de lectura, crítica constructiva, amada y compañera de vida, Allison Briceño. Las conversaciones en nuestras caminatas por la naturaleza en Nuevo México fueron una semilla memorable para muchas de las ideas de este libro. A lo largo del proyecto, Allison me asesoró y me ayudó a resolver problemas cuando surgieron desafíos. Leyó muchas versiones del manuscrito y proporcionó comentarios. Lo más significativo es que no habría escrito este libro si no fuera por los veinticinco años que hemos pasado juntos, ya que sería una persona diferente. Soy un hombre afortunado.

Si bien este libro está escrito, nuestras historias no lo están. Espero explorar nuevas aventuras con colaboradores actuales y futuros.

Y agradezco a todos los lectores que, a la vez que aprecian el presente, insisten en seguir aprendiendo para enriquecer sus vidas y las vidas de los demás.

# NOTAS

## Capítulo 1

1. Entrevista personal con Anjali, 2 de febrero de 2022. Los nombres reales de Anjali y Salma se han cambiado para proteger su intimidad.
2. Entrevistas personales con Gino Barbaro, 18 de enero de 2021; Gino Barbaro y Jake Stenziano, 22 de noviembre de 2021 y 13 de diciembre de 2021.
3. Entrevista personal con Douglas Franco, 2 de noviembre de 2022.
4. B. Chris Brewster, Richard E. Gould y Robert W. Brander. Estimations of rip current rescues and drowning in the United States. *Natural Hazards and Earth System Sciences 19*, n.º 2 (2019): 389-397.
5. Véase Carol S. Dweck. *Mindset: la nueva psicología del éxito*. Editorial Sirio, 2016.
6. Véase Camille A. Farrington, Melissa Roderick, Elaine Allensworth, Jenny Nagaoka, Tasha Seneca Keyes, David W. Johnson y Nicole O. Beechum. Teaching Adolescents to Become Learners: The Role of Noncognitive Factors in Shaping School Performance –A Critical Literature Review. *Consortium on Chicago School Research*, 2012.
7. Maria Cutumisu. «The association between feedback-seeking and performance is moderated by growth mindset in a digital assessment game. *Computers in Human Behavior 93* (2019): 267-278. Maria Cutumisu y Nigel Mantou Lou. The moderating effect of mindset on the relationship between university students' critical feedback-seeking and learning. *Computers in Human Behavior 112* (2020): 106445.

## Capítulo 2

1. Véase Nina Keith y K. Anders Ericsson. A deliberate practice account of typing proficiency in everyday typists. *Journal of Experimental Psychology: Applied 13*, n.º 3 (2007): 135-145.
2. Niteesh K. Choudhry, Robert H. Fletcher y Stephen B. Soumerai. Systematic review: The relationship between clinical experience and quality of health care. *Annals of Internal Medicine 142*, n.º 4 (2005): 260-273.

3.  Neil Charness, Michael Tuffiash, Ralf Krampe, Eyal Reingold y Ekaterina Vasyukova. The role of deliberate practice in chess expertise. *Applied Cognitive Psychology 19*, n.º 2 (2005): 151-165.
4.  Véase Richard Williams. *Black and White: The Way I See It*. Simon & Schuster, 2014.
5.  Véase John G. Nicholls. Achievement motivation: Conceptions of ability, subjective experience, task choice, and performance. *Psychological Review 91*, n.º 3 (1984): 328-346. Carol S. Dweck. Motivational processes affecting learning. *American Psychologist 41*, n.º 10 (1986): 1040.1048. Timothy Urdan. Achievement goal theory: Past results, future directions. En Martin L. Maehr y Paul P. Pintrich (eds.), *Advances in Motivation and Achievement 10* (1997): 99-141.
6.  K. Anders Ericsson. The path to expert golf performance: Insights from the masters on how to improve performance by deliberate practice. *Optimising Performance in Golf* (2001): 1-57. K. Anders Ericsson y Len Hill. Digging it out of the dirt: Ben Hogan, deliberate practice and the secret: A commentary. *International Journal of Sports Science & Coaching 5*, n.º 2 (2010): S23-S27.
7.  K. Anders Ericsson. Deliberate practice and acquisition of expert performance: A general overview. *Academic Emergency Medicine 15*, n.º 11 (2008): 988-994.
8.  Entrevista personal con Lizzie Dipp Metzger, 29 de julio de 2022.
9.  Lizzie Dipp Metzger, Impossible things are happening every day, *New York Life 2017 Chairman's Council* (discurso, The Venetian, Las Vegas, NV (EE. UU.), 23 de febrero de 2018).
10. Esto ocurrió en 2021. Datos proporcionados por SHOOK Research, LLC. Fuente: Forbes.com. Ni SHOOK ni *Forbes* reciben compensación alguna a cambio de aparecer entre los mejores profesionales de seguridad financiera (FSP, por sus siglas en inglés) –incluidas las clasificaciones de los mejores profesionales de seguridad financiera del estado–, que se determinan de forma independiente. Los FSP son profesionales que tienen la licencia adecuada para vender seguros de vida y rentas vitalicias, aunque también pueden tener otras credenciales y licencias que les permitirían ofrecer inversiones y productos de valores. El rendimiento de la inversión no es un criterio. La investigación y las clasificaciones de SHOOK proporcionan opiniones destinadas a ayudar a las personas a elegir el FSP adecuado y no son indicativas del rendimiento futuro ni representativas de la experiencia de ningún cliente. La metodología completa se encuentra aquí: forbes.com/sites/rjshook/2022/07/28/methodology-americas-top-financial-security-professionals-2022/.

11. Sabine Sonnentag y Barbara M. Kleine. Deliberate practice at work: A study with insurance agents. *Journal of Occupational and Organizational Psychology 73*, n.º 1 (2000): 87-102.

12. Reed Hastings y Erin Meyer. *Aquí no hay reglas: Netflix y la cultura de la reinvención*. DEBOLSILLO, 2023.

13. Véase «Press Room: About Cirque», Cirque du Soleil, cirquedusoleil.com/press/kits/corporate/about-cirque.

14. Entrevista personal con Marie- Noëlle Caron, 14 de septiembre de 2016.

15. Melanie S. Brucks y Szu-Chi Huang. Does practice make perfect? The contrasting effects of repeated practice on creativity. *Journal of the Association for Consumer Research 5*, n.º 3 (2020): 291-301. Patrick J. Kiger. Practice Does Not Necessarily Make Perfect When It Comes to Creativity. *Perspectivas de Stanford Business*, 10 de septiembre de 2020, gsb.stanford.edu/insights/practice-does-not-necessarily-make-perfect-when-it-comes-creativity.

16. Graham Jones, Bernardita Chirino Chace y Justin Wright. Cultural diversity drives innovation: Empowering teams for success. *International Journal of Innovation Science 12*, n.º 3 (2020): 323-343.

17. Vicky L. Putman y Paul B. Paulus. Brainstorming, brainstorming rules and decision making. *Journal of Creative Behavior 43*, n.º 1 (2009): 29-40.

18. Paul B. Paulus, Nicholas W. Kohn y Lauren E. Arditti. Effects of quantity and quality instructions on brainstorming. *Journal of Creative Behavior 45*, n.º 1 (2011): 38-46. Véase también: Melanie S. Brucks. The Creativity Paradox: Soliciting Creative Ideas Undermines Ideation. Tesis doctoral, Graduate School of Business, Stanford University, 2018.

19. Alan R. Dennis, Randall K. Minas y Akshay P. Bhagwatwar. Sparking creativity: Improving electronic brainstorming with individual cognitive priming. *Journal of Management Information Systems 29*, n.º 4 (2013): 195-216.

20. Véase Michael A. McDaniel, Frank L. Schmidt y John E. Hunter. Job experience correlates of job performance. *Journal of Applied Psychology 73*, n.º 2 (1988): 327-330. Rick Hayman. The Role of Deliberate Practice in Developing Adolescent Golfing Excellence. Tesis doctoral, University of Central Lancashire, 2012. K. Anders Ericsson. Deliberate practice and the acquisition and maintenance of expert performance in medicine and related domains. *Academic Medicine 79*, n.º 10 (2004): S70-S81. K. Anders Ericsson. Deliberate practice and acquisition of expert performance: A general overview. *Academic Emergency Medicine 15*, n.º 11 (2008): 988-994.

21. George Ainslie. Psicoeconomics: The Strategic Interaction of Successive Motivational States Within the Person. *Cambridge University Press*, 1992.

Ted O'Donoghue y Matthew Rabin. Present bias: Lessons learned and to be learned. *American Economic Review 105*, n.º 5 (2015): 273-279.
22. David M. Rubenstein. *How to Lead: Wisdom from the World's Greatest CEOs, Founders, and Game Changers*. Simon & Schuster, 2020. El director ejecutivo de Apple, Tim Cook, en The David Rubenstein Show, *The David Rubenstein Show: Peer-to-Peer Conversations*, YouTube, mayo de 2018, youtube.com/watch?v=2ZfGBGmEpRQ.
23. David M. Rubenstein. *How to Lead: Wisdom from the World's Greatest CEOs, Founders, and Game Changers*. Simon & Schuster, 2020. El director ejecutivo de Amazon, Jeff Bezos, en The David Rubenstein Show, *The David Rubenstein Show: Peer-to-Peer Conversations*, YouTube, septiembre de 2018, youtube.com/watch?v=f3NBQcAqyu4.

## Capítulo 3
1. Entrevista personal con Marcelo Camberos, 9 de febrero de 2021. Entrevista personal con Esteban Ochoa, 24 de febrero de 2021. Entrevista personal con Trey Reasonover, 2 de junio de 2021. Entrevista personal con Simon Tisminezky, 25 de junio de 2021.
2. Elizabeth Chai Vasarhelyi y Jimmy Chin. *Free Solo*. United States: National Geographic Documentary Films, 2018.
3. Robert Kegan. What «form» transforms? A constructive-developmental approach to transformative learning. En *Contemporary Theories of Learning*, 29-45. Routledge, 2008.
4. Entrevista personal con Traca Savadogo, 8 de febrero de 2021.

## Capítulo 4
1. «Beyoncé», Billboard, billboard.com/artist/beyonce.
2. Amy Wallace. Miss Millennium: Beyoncé, *GQ*, 10 de enero de 2013, gq.com/story/beyonce-cover-story-interview-gq-february-2013.
3. Anastasia Tsioulcas y Hazel Cills. Beyoncé Sets a New Grammy Record, While Harry Styles Wins Album of the Year, *NPR*, 6 de febrero de 2023, npr.org/2023/02/05/1152837932/2023-grammy-awards-winners-beyonce.
4. Beyoncé—***Flawless ft. Chimamanda Ngozi Adichie, *Beyoncé*, YouTube, 24 de noviembre de 2014, youtube.com/watch?v=IyuUWOnS9BY.
5. Turning the Tables: Your List of the 21st Century's Most Influential Women Musicians, *NPR*, 20 de noviembre de 2018, npr.org/2018/11/20/668372321/turning-the-tables-your-list-of-the-21st-centurys-most-influential-women-musicia.
6. Jessica Shalvoy. Foo Fighters Bring Rock Back to the Forum But 11-Year-Old Drummer Nandi Bushell Steals the Show: Concert Review, *Variety*,

27 de agosto de 2021, variety.com/2021/music/news/foo-fighters-nandi-bushell-los-angeles-forum-concert-1235050726.

7.  Nandi Bushell (@Nandi_Bushell), 17 de agosto de 2020, twitter.com/nandi_bushell/ status/1295419281073672195.

8.  Dave Grohl Finally Conceded Defeat in His Drum Battle with a 10-Year Old, *The Late Show with Stephen Colbert, CBS*, 19 de noviembre de 2020, cbs.com/shows/video/5bWmWSe4Wfe_4z3uZ5BO7X5hwL6gH AgG.

9.  Véase Isabella Bridie DeLeo. The Complete Timeline of Dave Grohl and Nandi Bushell's Epic Drum Battle, *Fatherly*, actualizado el 15 de diciembre de 2021, fatherly.com/play/the-complete-timeline-of-dave-grohl-and-nandi-bushells-epic-drum-battle.

10. Dave Grohl meets Nandi Bushell—BEST DAY EVER—EPIC!!!—New York Times, Nandi Bushell, YouTube, 9 de noviembre de 2020, youtube.com/watch?v=rS4ZBM1_UlM.

11. Christi Carras. On a Winning Streak Against Dave Grohl, There's Nothing Nandi Bushell Can't Do, *Los Angeles Times*, 12 de octubre de 2020, latimes.com/entertainment-arts/music/story/2020-10-12/nandi-bushell-interview-drum-battle-dave-grohl.

12. K. Anders Ericsson, Michael J. Prietula y Edward T. Cokely. The Making of an Expert, *Harvard Business Review*, edición de julio-agosto de 2007, hbr.org/2007/07/the-making-of-an-expert.

*13. Ibid.*

14. Eduardo Briceño, Cómo mejorar en lo que realmente nos importa, TED Talk, 5 de noviembre de 2016, ted.com/talks/eduardo_briceno_how_to_get_better_at_the_things_you_care_about. Un agradecimiento especial para los profesores Carol Dweck y K. Anders Ericsson por ayudarme a preparar esta charla.

15. K. Anders Ericsson y Robert Pool. *Peak: Secrets from the New Science of Expertise*. Eamon Dolan, 2016.

16. Jonathan Fields, Anders Ericsson: Dismantling the 10,000 Hour Rule, *Good Life Project*, pódcast, 16 de mayo de 2016, goodlifeproject.com/podcast/anders-ericsson.

17. Anders Ericsson y Robert Pool. Malcolm Gladwell Got Us Wrong: Our Research Was Key to the 10,000-Hour Rule, but Here's What Got Oversimplified, *Salon*, 10 de abril de 2016, salon.com/2016/04/10/malcolm_gladwell_got_us_wrong_our_research_was_key_to_the_10000_hour_rule_but_heres_what_got_oversimplified.

18. Entrevista personal con Olivier Perrin, 18 de febrero de 2021.

19. Luke's Patrick J. McGinnis. Luke Holden—Wicked Lobstah: Vertical Integration and the Luke's Lobster Success Story. *FOMO Sapiens* with Patrick

J. McGinnis, pódcast, 9 de mayo de 2019, patrickmcginnis.com/luke-holden-wicked-lobstah-vertical-integration-and-the-lukes-lobster-success-story. Comunicaciones personales con Luke Holden, 5 de diciembre de 2022 y 14 de marzo de 2023.

20. Entrevista personal con Douglas Franco, 2 de noviembre de 2022.

21. Dax Shepard. Celebrating the GOAT GOD. *Armchair Expert with Dax Shepard*, pódcast, 5 de febrero de 2021, armchairexpertpod.com/pods/tom-brady-zxrhd.

22. Entrevista personal con Carlos Moreno Serrano, 23 de septiembre de 2022.

23. *Sonatype Core Values Champions Videos*, de Carlos Moreno Serrano, 19 de julio de 2022, San Francisco, vídeo.

24. Entrevista personal con Shannon Polson, 17 de febrero de 2021.

25. Comunicaciones personales con Alicia Ginsburgh, 9 de abril de 2021.

26. K. Anders Ericsson, Michael J. Prietula y Edward T. Cokely. The Making of an Expert, *Harvard Business Review*, edición de julio-agosto de 2007, hbr.org/2007/07/the-making-of-an-expert.

27. Robert Root-Bernstein, Lindsay Allen, Leighanna Beach, Ragini Bhadula, Justin Fast, Chelsea Hosey, Benjamin Kremkow *et al.* Arts foster scientific success: Avocations of Nobel, National Academy, Royal Society, and Sigma Xi members. *Journal of Psychology of Science and Technology 1*, n.º 2 (2008): 51-63.

28. K. Anders Ericsson, Ralf T. Krampe y Clemens Tesch-Römer. The role of deliberate practice in the acquisition of expert performance. *Psychological Review 100*, n.º 3 (1993): 363-406.

29. Francesco Cirillo. *La técnica Pomodoro®: El famoso método para gestionar el tiempo que ha cambiado la vida a dos millones de personas*. Planeta, 2020.

30. Jean Monnet. *Memorias*. Ediciones Encuentro, 2011.

31. Liam Viney. Good Vibrations: The Role of Music in Einstein's Thinking, *The Conversation*, 14 de febrero de 2016, theconversation.com/good-vibrations-the-role-of-music-in-einsteins-thinking-54725.

32. Camille A. Farrington, Melissa Roderick, Elaine Allensworth, Jenny Nagaoka, Tasha Seneca Keyes, David W. Johnson y Nicole O. Beechum. Teaching Adolescents to Become Learners: The Role of Noncognitive Factors in Shaping School Performance—A Critical Literature Review. *Consortium on Chicago School Research*, 2012.

33. Jacquelynne Eccles, Terry F. Adler, Robert Futterman, Susan B. Goff, Caroline M. Kaczala, Judith L. Meece y Carol Midgley. Expectancies, values, and academic behaviors. En Janet T. Spence (ed.), *Achievement and Achievement Motives*. W. H. Freeman, 1983: 75-146.

34. Véase Angela Duckworth y James J. Gross. Self-control and grit: Related but separable determinants of success. *Current Directions in Psychological Science 23*, n.º 5 (2014): 319-325.
35. Véase The Science of Learning. *Deans for Impact* (2015).

**Capítulo 5**
1. Robert A. Duke, Amy L. Simmons y Carla Davis Cash. It's not how much; it's how: Characteristics of practice behavior and retention of performance skills. *Journal of Research in Music Education 56*, n.º 4 (2009): 310-332
2. Andrew Huberman, Using Failures, Movement & Balance to Learn Faster, *Huberman Lab*, pódcast, 15 de febrero de 2021, hubermanlab.com/using-failures-movement-and-balance-to-learn-faster/.
3. Jason S. Moser, Hans S. Schroder, Carrie Heeter, Tim P. Moran y Yu-Hao Lee. Mind your errors: Evidence for a neural mechanism linking growth mindset to adaptive posterror adjustments. *Psychological Science 22*, n.º 12 (2011): 1484-1489.
4. Entrevista personal con Marcelo Camberos, 9 de febrero de 2021.
5. Entrevista personal con Tomoe Musa, 4 de marzo de 2021. El nombre real de Tomoe se ha cambiado para mantener su anonimato.
6. Abraham Harold Maslow. *The Psychology of Science: A Reconnaissance*. Gateway / Henry Regnery, 1966.
7. Joy of Mistakes, Eduardo Briceño, joyofmistakes.com.
8. David Damberger, What happens when an NGO admits failure, *TED Talk*, 13 de marzo de 2014, ted.com/talks/david_damberger_what_happens_when_an_ngo_admits_failure.
9. Admitting Failure, *Engineers Without Borders Canada*, admittingfailure.org.
10. Robin DiAngelo. *White Fragility: Why It's So Hard for White People to Talk About Racism*. Beacon Press, 2018.
11. Entrevista personal con Dona Sarkar, 25 de enero de 2021.
12. Matthew Syed. *Pensamiento caja negra*. Empresa Activa, 2016.
13. *ICAO Safety Report*, 2022 Edition. Montreal: International Civil Aviation Organization, 2022.
14. Nina Bai. «Black Boxes» in Stanford Hospital Operating Rooms Aid Training and Safety, *Stanford Medicine News*, 28 de septiembre de 2022, med.stanford.edu/news/all-news/2022/09/black-box-surgery.html.
15. Ray Dalio. *Principios*. Planeta, 2018.
16. Entrevistas personales con Andrew Kimball, 20 de octubre de 2020, 21 de enero de 2021 y 26 de julio de 2021.
17. Entrevista personal con Dipo Aromire, 9 de noviembre de 2020.
18. Entrevista personal con Tomer Cohen, 16 de julio de 2021.

19. Entrevista personal con Gino Barbaro, 18 de enero de 2021. Entrevistas personales con Gino Barbaro y Jake Stenziano, 22 de noviembre de 2021 y 13 de diciembre de 2021.
20. Welcome to Jake & Gino, *Jake and Gino*, jakeandgino.com.

**Capítulo 6**

1. La tortuga y la liebre, Esopo.net, https://esopo.net/fabulas/la-tortuga-y-la-liebre.
2. *El Secreto*. Urano, 2012.
3. Carol Dweck. What Having a «Growth Mindset» Actually Means. *Harvard Business Review 13*, n.º 2 (2016): 2-5.
4. Microsoft 2018 Corporate Social Responsibility Report. Redmond, WA (EE. UU.): Microsoft Corporation, 23 de octubre de 2018.
5. K. Anders Ericsson. Deliberate practice and the acquisition and maintenance of expert performance in medicine and related domains. *Academic Medicine 79*, n.º 10 (2004): S70-S81.
6. El nombre real de Rajeev se ha cambiado para mantener su anonimato.
7. Claudia M. Mueller y Carol S. Dweck. Praise for intelligence can undermine children's motivation and performance. *Journal of Personality and Social Psychology 75*, n.º 1 (1998): 33-52.
8. Entrevista personal con Marcelo Camberos, 9 de febrero de 2021.
9. Entrevista personal con Ron Berger, 8 de marzo de 2021.
10. Véase Karla M. Johnstone, Hollis Ashbaugh y Terry D. Warfield. Effects of repeated practice and contextual-writing experiences on college students' writing skills. *Journal of Educational Psychology 94*, n.º 2 (2002): 305-315.
11. Véase Jo Boaler. *Mentalidades matemáticas: cómo liberar el potencial de los estudiantes mediante las matemáticas creativas, mensajes inspiradores y una enseñanza innovadora*. Editorial Sirio, 2020.
12. Véase John W. Hunt y Yehuda Baruch. Developing top managers: The impact of interpersonal skills training. *Journal of Management Development 22*, n.º 8 (2003): 729-752.
13. David S. Yeager, Jamie M. Carroll, Jenny Buontempo, Andrei Cimpian, Spencer Woody, Robert Crosnoe, Chandra Muller *et al.* Teacher mindsets help explain where a growth-mindset intervention does and doesn't work. *Psychological Science 33*, n.º 1 (2022): 18-32.

**Capítulo 7**

1. Entrevista personal con Lizzie Dipp Metzger, 29 de julio de 2022. Es agente de seguros en New York Life Insurance Company y planificadora financiera en Eagle Strategies LLC.

2.  Entrevista personal con Linda Rabbitt, 20 de mayo de 2021. Mahan Ta-
    vakoli, Succeeding Against All Odds to Become a Profile in Success with
    Linda Rabbitt | Changemaker, *Partnering Leadership*, pódcast, 9 de febrero
    de 2021, www.partneringleadership.com/succeeding-against-all-odds-
    to-become-a-profile-in-success-with-linda-rabbitt-changemaker.
3.  Mahan Tavakoli, Impactful Leadership with a Genuine Drive to Help with
    Steve Harlan | Greater Washington DC DMV Changemaker, *Partnering Lea-
    dership*, pódcast, 2 de febrero de 2021, partneringleadership.com/impactful-
    leadership-with-a-genuine-drive-to-help-with-steve-harlan-changemaker.
4.  Richard M. Ryan y Edward L. Deci. Multiple identities within a single self:
    A self-determination theory perspective on internalization within con-
    texts and cultures. En Mark R. Leary y June Price Tangney (eds.). *Han-
    dbook of Self and Identity*. 2.ª ed. Guilford Press, 2012: 225-246. Peter J.
    Burke. Relationships among multiple identities. *Advances in Identity Theory
    and Research* (2003): 195-214.
5.  Véase Beth Crossan, John Field, Jim Gallacher y Barbara Merrill. Un-
    derstanding participation in learning for non-traditional adult learners:
    Learning careers and the construction of learning identities. *British Journal
    of Sociology of Education 24*, n.º 1 (2003): 55-67. Stanton Wortham. Lear-
    ning Identity: The Joint Emergence of Social Identification and Academic
    Learning. *Cambridge University Press*, 2005. Alice Kolb y David Kolb. On
    becoming a learner: The concept of learning identity. *Learning Never Ends:
    Essays on Adult Learning Inspired by the Life and Work of David O. Justice* (2009):
    5-13. Andrew Wojecki. «What's identity got to do with it, anyway?» Cons-
    tructing adult learner identities in the workplace. *Studies in the Education of
    Adults 39*, n.º 2 (2007): 168-182.
6.  Véase Tamarah Smith, Rasheeda Brumskill, Angela Johnson y Travon
    Zimmer. The impact of teacher language on students' mindsets and statis-
    tics performance. *Social Psychology of Education 21* (2018): 775-786. Clau-
    dia M. Mueller y Carol S. Dweck. Praise for intelligence can undermi-
    ne children's motivation and performance. *Journal of Personality and Social
    Psychology 75*, n.º 1 (1998): 33-52.
7.  Thomas Szasz. *El segundo pecado*. Martínez Roca, 1992.
8.  Entrevista personal con Meirav Oren, 16 de abril de 2021.
9.  Paul A. O'Keefe, Carol S. Dweck y Gregory M. Walton. Implicit theories
    of interest: Finding your passion or developing it? *Psychological Science 29*,
    n.º 10 (2018): 1653-1664.
10. Lizzie Dipp Metzger, Impossible things are happening every day, consejo
    de presidencia de New York Life, 2017 (discurso, The Venetian, Las Vegas,
    NV (EE. UU.), 23 de febrero de 2018).

11. Angela Duckworth. Guided Mastery, *Psychology Today*, 18 de octubre de 2021, psychologytoday.com/us/blog/actionable-advice-help-kids-thrive/ 202110/guided-mastery.
12. Entrevista personal con Alex Stephany, 18 de agosto de 2022. El nombre real de Alex se ha cambiado para mantener su anonimato.
13. Entrevista personal con Linda Rabbitt, 20 de mayo de 2021.
14. Lisa Rosh y Lynn Offermann. Be Yourself, but Carefully. *Harvard Business Review 91*, n.º 10 (2013): 135-139.
15. Véase Marco Antonsich. Searching for belonging –an analytical framework. *Geography Compass 4*, n.º 6 (2010): 644-659. Véase también Kaisa Kuurne y M. Victoria Gómez. Feeling at home in the neighborhood: Belonging, the house and the plaza in Helsinki and Madrid. *City & Community 18*, n.º 1 (2019): 213-237.

**Capítulo 8**
1. Satya Nadella, Greg Shaw y Jill Tracie Nichols. *Pulsa Actualizar*. HARPER-COLLINS, 2017.
2. Perks: Surf's Up at Patagonia, *Bloomberg*, 31 de agosto de 2011, bloomberg. com/news/photo-essays/2011-08-31/perks-surf-s-up-at-patagonia.
3. Alaina McConnell. «Zappo» Outrageous Record for the Longest Customer Service Phone Call Ever, *Business Insider*, 20 de diciembre de 2012, businessinsider.com/zappos-longest-customer-service-call-2012-12.
4. Marc Andreessen y Balaji Srinivasan, Startups and Pendulum Swings Through Ideas, Time, Fame, and Money, *a16z Podcast*, pódcast, 30 de mayo de 2016, future.com/podcasts/startup-technology-innovation.
5. Entrevistas personales con Andrew Kimball, 20 de octubre de 2020, 21 de enero de 2021 y 26 de julio de 2021.
6. Elizabeth A. Canning, Mary C. Murphy, Katherine T. U. Emerson, Jennifer A. Chatman, Carol S. Dweck y Laura J. Kray. Cultures of genius at work: Organizational mindsets predict cultural norms, trust, and commitment. *Personality and Social Psychology Bulletin 46*, n.º 4 (2020): 626-642.
7. Entrevista personal con Gino Barbaro, 18 de enero de 2021. Entrevistas personales con Gino Barbaro y Jake Stenziano, 22 de noviembre de 2021 y 13 de diciembre de 2021.
8. Véase Policies & Practices: Purpose, Values & Principles, *Procter & Gamble*, us.pg.com/policies-and-practices/purpose-values-and-principles.
9. Peter Cappelli y Anna Tavis. The Performance Management Revolution. *Harvard Business Review 94*, n.º 10 (2016): 58-67.
10. Entrevista personal con Dona Sarkar, 25 de enero de 2021.

11. Microsoft Inclusion Journey: Work in Progress, Microsoft, microsoft. com/en-us/inclusion-journey.

12. Entrevista personal con Jeff Schwartzman, 11 de febrero de 2021.

13. Learning and Development, *Telenor*, telenor.com/career/culture/learning-and-development.

14. New World Record: Telenor Employees Write E-learning History, *Globe-Newswire*, 11 de noviembre de 2021, globenewswire.com/en/news-relea-se/2021/11/11/2332231/0/en/New-world-record-Telenor-employees-write-e-learning-history.html.

15. Engage and Inspire on Employee Appreciation Day, *New York Life*, new-yorklife.com/newsroom/people-employee-appreciation-day.

16. Comunicaciones personales con Mark Scozzafava, 12 de diciembre de 2022. Las encuestas se realizaron en 2020.

17. Sabine Sonnentag y Barbara M. Kleine. Deliberate practice at work: A study with insurance agents. *Journal of Occupational and Organizational Psychology 73*, n.º 1 (2000): 87-102.

18. Deloitte Ventures, *Deloitte*, deloitte.com/uk/en/pages/innovation/solutions/ventures.html.

19. Coats Thrives Through Innovation, Sustainability, *BedTimes*, 19 de noviembre de 2019, bedtimesmagazine.com/2019/11/coats-thrives-through-innovation-sustainability.

20. Ei Pa Pa Pe-Than, Alexander Nolte, Anna Filippova, Christian Bird, Steve Scallen y James D. Herbsleb. Designing corporate hackathons with a purpose: The future of software development. *IEEE Software 36*, n.º 1 (2018): 15-22.

21. Comunicaciones personales con Brad Willoughby, 15 de noviembre de 2022.

22. Entrevistas personales con Andrew Kimball, 20 de octubre de 2020, 21 de enero de 2021 y 26 de julio de 2021.

23. Jason Warnke. Going Beyond with Extended Reality, *Accenture*, 16 de marzo de 2022, accenture.com/us-en/about/going-beyond-extended-reality.

24. Entrevista personal con Mahan Tavakoli, 15 de enero de 2021.

25. Claude M. Steele. *Whistling Vivaldi: How Stereotypes Affect Us and What We Can Do*. W. W. Norton & Company, 2010.

26. Entrevista personal con Patrick Kann, 28 de mayo de 2021. Comunicaciones personales con Eugene Baah, 27 de octubre de 2022.

27. Mary Ann Azevedo. Papaya Raises $50M to Give You a Way to Pay Bills via Its Mobile App, *TechCrunch*, 15 de diciembre de 2021, techcrunch.com/2021/12/15/papaya-raises-50-million-to-give-you-a-way-to-pay-bills-via-its-mobile-app.

28. Entrevista personal con Angelou Ezeilo, 7 de julio de 2021.
29. Angelou Ezeilo y Nick Chiles. *Engage, Connect, Protect: Empowering Diverse Youth as Environmental Leaders*. New Society Publishers, 2019.

**Capítulo 9**

1. Entrevista personal con Razmig Hovaghimian, 15 de agosto de 2022.
2. Tom Kelley y David Kelley. Creative Confidence: Unleashing the Creative Potential Within Us All. *Currency*, 2013.
3. Embrace Global, embraceglobal.org.
4. Comunicaciones personales con Sam Goldman y Ned Tozun, 8 de diciembre de 2022.
5. Jessica Pothering. D.light Raises $50 Million in Debt as Investors Warm Up (Again) to Off-Grid Solar, *ImpactAlpha*, 25 de julio de 2022, impactalpha.com/d-light-raises-50-million-in-debt-as-investors-warm-up-again-to-off-grid-solar.
6. Our Impact, *d.light*, dlight.com/social-impact.
7. Véase Maria Orero-Blat, Daniel Palacios-Marqués y Virginia Simón-Moya. Team-Based Learning Through Design Thinking Methodology: A Case Study in a Multinational Company. En *INTED2020 Proceedings*. IATED, 2020: 3712-3719.
8. History, *IDEO*, designthinking.ideo.com/history.
9. Véase Esther Han. 5 Examples of Design Thinking in Business, *Harvard Business School Online*, 22 de febrero de 2022, online.hbs.edu/ blog/post/ design-thinking-examples.
10. Véase Design Thinking, *IDEO*, ideou.com/pages/design-thinking.
11. Sarah Stein Greenberg. *Creative Acts for Curious People*. Ten Speed Press, 2021.
12. Human-Centered Design Sits at the Intersection of Empathy and Creativity, *IDEO*, ideo.org/tools.
13. David L. Paul y Reuben R. McDaniel, Jr. A field study of the effect of interpersonal trust on virtual collaborative relationship performance. *MIS Quarterly 28*, n.º 2 (2004): 183-227.
14. Brian Mullen, Jennifer L. Atkins, Debbie S. Champion, Cecelia Edwards, Dana Hardy, John E. Story y Mary Vanderklok. The false consensus effect: A meta-analysis of 115 hypothesis tests. *Journal of Experimental Social Psychology 21*, n.º 3 (1985): 262-283.
15. Satya Nadella, Greg Shaw y Jill Tracie Nichols. *Pulsa Actualizar*. HARPERCOLLINS, 2017.
16. Kara Platoni. Baby, It's Cold Outside, *Stanford Magazine*, enero/febrero de 2009, stanfordmag.org/contents/baby-it-s-cold-outside.

17. Jane Chen, Razmig Hovaghimian, Linus Liang y Rahul Panicker. *Team Embrace Final Report*. Stanford University. 9 de mayo de 2007.

## Capítulo 10

1. Entrevista personal con Willy Foote, 25 de marzo de 2021.
2. Véase John G. Nicholls. Achievement motivation: Conceptions of ability, subjective experience, task choice, and performance. *Psychological Review 91*, n.º 3 (1984): 328-346. Véase también Damon Burton. Winning isn't everything: Examining the impact of performance goals on collegiate swimmers' cognitions and performance. *The Sport Psychologist 3*, n.º 2 (1989): 105-132.
3. François Chiocchio, Simon Grenier, Thomas A. O'Neill, Karine Savaria y J. Douglas Willms. The effects of collaboration on performance: A multilevel validation in project teams. *International Journal of Project Organisation and Management 4*, n.º 1 (2012): 1-37.
4. Satya Nadella, Greg Shaw y Jill Tracie Nichols. *Pulsa Actualizar*. HarperCollins, 2017.
5. Entrevista personal con Razmig Hovaghimian, 15 de agosto de 2022.
6. Chip Conley. Wisdom at Work: The Making of a Modern Elder. *Currency*, 2018. Entrevista personal con Chip Conley, 29 de diciembre de 2020.
7. Tim Ferriss, Cindy Eckert—How to Sell Your Company For One Billion Dollars (#314), *The Tim Ferriss Show*, pódcast, 10 de mayo de 2018, tim.blog/2018/05/10/cindy-whitehead.
8. Ethan S. Bernstein. The transparency paradox: A role for privacy in organizational learning and operational control. *Administrative Science Quarterly 57*, n.º 2 (2012): 181-216.
9. Entrevista personal con Jenny Radenberg, 11 de febrero de 2021.
10. Avery Koop. Ranked: The World's 20 Biggest Hedge Funds, *Visual Capitalist*, 7 de diciembre de 2022, visualcapitalist.com/worlds-20-biggest-hedge-funds-2022.
11. Ray Dalio. *Principios*. Planeta, 2018.
12. Richard Feloni. Employees at the World's Biggest Hedge Fund Spend a Couple Hours Every Week Studying Each Other's Meetings, *Business Insider*, 30 de agosto de 2016, businessinsider.com/bridgewater-associates-management-principles-training-2016-8.
13. Ray Dalio, How to build a company where the best ideas win, *TED Talk*, 24 de abril de 2017, ted.com/talks/ray_dalio_how_to_build_a_company_where_the_best_ideas_win.
14. Amy C. Edmondson. *The Fearless Organization: Creating Psychological Safety in the Workplace for Learning, Innovation, and Growth*. John Wiley & Sons, 2018.

15. Amy C. Edmondson. Learning from mistakes is easier said than done: Group and organizational influences on the detection and correction of human error. *Journal of Applied Behavioral Science 32*, n.º 1 (1996): 5-28.
16. Amy Edmondson. Psychological safety and learning behavior in work teams. *Administrative Science Quarterly 44*, n.º 2 (1999): 350-383.
17. Henrik Bresman y Amy C. Edmondson. Exploring the relationship between team diversity, psychological safety and team performance: Evidence from pharmaceutical drug development. n.º 22-055. *Harvard Business School Working Paper*, 2022.
18. *Ibid.*
19. David L. Bradford y Carole Robin. *Connect: Building Exceptional Relationships with Family, Friends, and Colleagues*. Currency, 2021.
20. Nathan Collins. Pathways, *Stanford Medicine Magazine*, 21 de agosto de 2017, stanmed.stanford.edu/carla-shatz-vision-brain.
21. Erin Meyer. *El mapa cultural: las 8 escalas de nuestras barreras culturales y cómo sortearlas*. Ediciones Península, 2022.

**Capítulo 11**

1. Entrevista personal con Mike Stevenson, 14 de enero de 2021.
2. Véase Stephen M. R. Covey. *Confiar e Inspirar: cómo los grandes líderes liberan la grandeza en los demás*. Ediciones Paidós, 2023. Véase también Mahan Tavakoli, 168 How Truly Great Leaders Unleash Greatness in Others with Stephen M. R. Covey | Partnering Leadership Global Thought Leader, *Partnering Leadership*, pódcast, 16 de junio de 2022, www.partneringleadership.com/how-truly-great-leaders-unleash-greatness-in-others-with-stephen-m-r-covey-partnering-leadership-global-thought-leader.
3. Véase Daniel A. Wren y Arthur G. Bedeian. *The Evolution of Management Thought*. 8.ª ed. John Wiley & Sons, 2020.
4. Warren Bennis. *Dirigir personas es como adiestrar gatos: sobre liderazgo*. Editorial Universitaria Ramón Areces, 2000.
5. Entrevista personal con David Tashjian, 12 de enero de 2022. Véase también: Sophia Kristjansson y David Tashjian. Case study: Transparency and candor and a growth mindset. *People & Strategy 39*, n.º 4 (2016): 26.
6. Jim Harter y Amy Adkins. Employees Want a Lot More From Their Managers, *Gallup*, 8 de abril de 2015, gallup.com/workplace/236570/employees-lot-managers.aspx. State of the Global Workplace: 2022 Report. Gallup, 2022, gallup.com/workplace/349484/state-of-the-global-workplace-2022-report.aspx.
7. Sandro Formica y Fabiola Sfodera. The Great Resignation and Quiet Quitting paradigm shifts: An overview of current situation and future

research directions. *Journal of Hospitality Marketing & Management 31*, n.º 8 (2022): 899-907.

8.  Entrevista personal con Francesca Lenci, 10 de agosto de 2022.

9.  Comunicaciones personales con Francesca Lenci, 12 de diciembre de 2022.

10. Véase Ellyn Shook y Christie Smith. *From Always Connected to Omni-Connected*. Accenture, 2022.

11. Geoffrey L. Cohen. *Pertenencia: la ciencia de crear vínculos y tender puentes entre las diferencias*. Tendencias, 2024.

12. Entrevistas personales con Ian MacGregor, 11 de marzo de 2021 y 28 de abril de 2022.

13. Entrevista personal con Meirav Oren, 16 de abril de 2021.

14. Carol S. Dweck. From needs to goals and representations: Foundations for a unified theory of motivation, personality, and development. *Psychological Review 124*, n.º 6 (2017): 689-719.

15. Rich Lesser, 2021, linkedin.com/posts/richlesserbcg_twominuteson-tuesday-growthmindset-activity-6772559956769067008-3aLS.

**Capítulo 12**

1.  Entrevistas personales con Ian MacGregor, 11 de marzo de 2021 y 28 de abril de 2022.

2.  John E. Morrison y Larry L. Meliza. *Foundations of the after action review process*. Institute for Defense Analyses, Alexandria, VA (EE. UU.) 1999. Nathanael L. Keiser y Winfred Arthur, Jr. A meta-analysis of the effectiveness of the after-action review (or debrief) and factors that influence its effectiveness. *Journal of Applied Psychology 106*, n.º 7 (2021): 1007-1032.

3.  Entrevistas personales con Ashley Good, 5 de enero de 2021 y 8 de febrero de 2021.

4.  Entrevista personal con Tomer Cohen, 16 de julio de 2021.

5.  Entrevistas personales con Douglas Franco, 12 de abril de 2021 y 2 de noviembre de 2022.

6.  Reed Hastings y Erin Meyer. *Aquí no hay reglas: Netflix y la cultura de la reinvención*. DEBOLSILLO, 2023.

7.  Adam Grant. *Piénsalo otra vez: El poder de saber lo que no sabes*. Deusto, 2021.

8.  Entrevista personal con Julia Barbaro y Gino Barbaro, 4 de febrero de 2021.

9.  Francis J. Flynn y Chelsea R. Lide. Communication miscalibration: The price leaders pay for not sharing enough. *Academy of Management Journal* (2022).

10. Elliot Aronson, Ben Willerman y Joanne Floyd. The effect of a pratfall on increasing interpersonal attractiveness. *Psychonomic Science 4*, n.º 6 (1966): 227-228.

11. Entrevista personal con Mahan Tavakoli, 15 de enero de 2021.
12. Entrevista personal con Meirav Oren, 16 de abril de 2021.
13. Entrevista personal con Ajay Kapur, 29 de enero de 2021.
14. Mobility en Italia. Entrevista personal con Francesca Lenci, 10 de agosto de 2022.

**Capítulo 13**
1. Entrevista personal con Anjali, 2 de febrero de 2022. Los nombres reales de Anjali y Salma se han cambiado para mantener su anonimato.
2. John Wooden y Steve Jamison. *Wooden: A Lifetime of Observations and Reflections On and Off the Court*. McGraw Hill, 1997.
3. K. Anders Ericsson, Michael J. Prietula y Edward T. Cokely. The Making of an Expert, *Harvard Business Review*, edición de julio-agosto de 2007, hbr.org/2007/07/the-making-of-an-expert.
4. Véase Atul Gawande. *El efecto Checklist: cómo una simple lista de comprobación elimina errores y salva vidas*. Antoni Bosch Editor, 2011.
5. Kaitlyn E. May y Anastasia D. Elder. Efficient, helpful, or distracting? A literature review of media multitasking in relation to academic performance. *International Journal of Educational Technology in Higher Education 15*, n.º 1 (2018): 1-17.
6. Cal Newport. *Céntrate (Deep Work): las cuatro reglas para el éxito en la era de la distracción*. Ediciones Península, 2022.
7. Dan Ariely, Uri Gneezy, George Loewenstein y Nina Mazar. Large stakes and big mistakes. *Review of Economic Studies 76*, n.º 2 (2009): 451-469. Edward L. Deci, Richard Koestner y Richard M. Ryan. A meta-analytic review of experiments examining the effects of extrinsic rewards on intrinsic motivation. *Psychological Bulletin 125*, n.º 6 (1999): 627-668.
8. Kou Murayama, Madoka Matsumoto, Keise Izuma y Kenji Matsumoto. Neural basis of the undermining effect of monetary reward on intrinsic motivation. *Proceedings of the National Academy of Sciences 107*, n.º 49 (2010): 20911-20916.
9. Neel Doshi y Lindsay McGregor. *Primed to Perform*. Harper Business, 2015.
10. Bettina Seipp. Anxiety and academic performance: A meta-analysis of findings. *Anxiety Research 4*, n.º 1 (1991): 27-41.
11. Vera Brandes. Entrevista de Sabine Krüger. Wie Keith Jarretts Welterfolg fast ausfiel. «The Köln Concert», *WDR 3*, 23 de enero de 2015.
12. Tim Harford. Entrevista de Guy Raz. Tim Harford: How Can Chaos Lead to Creative Breakthroughs? *NPR*, 10 de mayo de 2019, npr.org/transcripts/719557642.

13. Charles Waring. The Köln Concert': How Keith Jarrett Defied the Odds to Record His Masterpiece, *uDiscover Music*, 24 de enero de 2023, udiscovermusic.com/stories/koln-concert-keith-jarrett.

14. The Wall Street cuando Corinna da Fonseca-Wollheim. A Jazz Night to Remember, *The Wall Street Journal*, 11 de octubre de 2008, wsj.com/articles/SB122367103134923957.

15. Véase Angela Duckworth y James J. Gross. Self-control and grit: Related but separable determinants of success. *Current Directions in Psychological Science 23*, n.º 5 (2014): 319-325.

## Capítulo 14

1. Entrevista personal con Mariana Costa Checa y Andrew Kimball, 21 de enero de 2021.

2. Daniela Sarzosa. *Analyzing the Social and Economic Returns of Laboratoria's Bootcamp*. Laboratoria, 21 de abril de 2021.

3. Jaideep Ghosh. Holy curiosity of inquiry: An investigation into curiosity and work performance of employees. *European Management Journal* (2022).

4. Véase Chuanxiuyue He y Mary Hegarty. How anxiety and growth mindset are linked to navigation ability: Impacts of exploration and GPS use. *Journal of Environmental Psychology 71* (2020): 101475.

5. Hanwei Wang y Jie Li. How trait curiosity influences psychological well-being and emotional exhaustion: The mediating role of personal initiative. *Personality and Individual Differences 75*, n.º 3 (2015): 135-140.

6. Todd B. Kashdan y John E. Roberts. Trait and state curiosity in the genesis of intimacy: Differentiation from related constructs. *Journal of Social and Clinical Psychology 23*, n.º 6 (2004): 792-816.

7. Xu Jiang, Christian E. Mueller y Netanel Paley. A systematic review of growth mindset interventions targeting youth social-emotional outcomes. *School Psychology Review* (2022): 1-22.

8. David S. Yeager y Carol S. Dweck. Mindsets that promote resilience: When students believe that personal characteristics can be developed. *Educational Psychologist 47*, n.º 4 (2012): 302-314.

9. Todd B. Kashdan, C. Nathan DeWall, Richard S. Pond, Paul J. Silvia, Nathaniel M. Lambert, Frank D. Fincham, Antonina A. Savostyanova y Peggy S. Keller. Curiosity protects against interpersonal aggression: Cross-sectional, daily process, and behavioral evidence. *Journal of Personality 81*, n.º 1 (2013): 87-102.

10. Céline Darnon, Dominique Muller, Sheree M. Schrager, Nelly Pannuzzo y Fabrizio Butera. Mastery and performance goals predict epistemic

and relational conflict regulation. *Journal of Educational Psychology* 98, n.º 4 (2006): 766-776.

11. David S. Yeager, Kali H. Trzesniewski, Kirsi Tirri, Petri Nokelainen y Carol S. Dweck. Adolescents implicit theories predict desire for vengeance after peer conflicts: Correlational and experimental evidence. *Developmental Psychology* 47, n.º 4 (2011): 1090-1107.

12. Karina Schumann, Jamil Zaki y Carol S. Dweck. Addressing the empathy deficit: Beliefs about the malleability of empathy predict effortful responses when empathy is challenging. *Journal of Personality and Social Psychology* 107, n.º 3 (2014): 475-493.

13. Shahnaz Siganporia. Into the Lives of Nobel Prize–Winning Economists Abhijit Banerjee and Esther Duflo, *Vogue India*, 5 de marzo de 2020, vogue.in/magazine-story/into-the-lives-of-nobel-prize-winning-economists-abhijit-banerjee-and-esther-duflo.

14. Esther Duflo, Social experiments to fight poverty, *TED Talk*, 12 de febrero de 2010, ted.com/talks/esther_duflo_social_experiments_to_fight_poverty.

15. Research to Help the World's Poor, *The Nobel Foundation*, nobelprize.org/prizes/economic-sciences/2019/popular-information.

16. *Ibid.*

17. Entrevista personal con Tiy Goddard, 19 de julio de 2021.

18. James Fishkin, Alice Siu, Larry Diamond y Norman Bradburn. Is deliberation an antidote to extreme partisan polarization? Reflections on «America in One Room». *American Political Science Review* 115, n.º 4 (2021): 1464-1481.

19. Comunicaciones personales con Larry Diamond, 20 de marzo de 2023.

20. Jonathan Haidt. *La mente de los justos: por qué la política y la religión dividen a la gente sensata*. Deusto, 2019.

## Epílogo

1. Walter Isaacson. *Leonardo da Vinci*. DEBATE, 2018.

2. Michael A. Conway. Beyond sight: The artist and mystic intuition. *The Furrow* 65, n.º 12 (2014): 592-599.

# ACERCA DEL AUTOR

Eduardo Briceño es orador, facilitador de talleres y proveedor de programas a nivel internacional a través de los cuales ayuda a las organizaciones a desarrollar culturas de aprendizaje y alto rendimiento. Al principio de su carrera, fue cofundador y director ejecutivo de Mindset Works, la primera empresa en ofrecer servicios para desarrollar la mentalidad de crecimiento. Anteriormente, trabajó como inversor de capital de riesgo en Sprout Group. Su charla TED *Cómo mejorar en lo que realmente nos importa* y su charla TEDx anterior *El poder de la creencia* suman más de diez millones de visualizaciones. Es miembro de Pahara-Aspen y de la Red de liderazgo global de Aspen Institute, además de haber sido incluido en el Salón de la fama de la felicidad.

briceno.com/newsletter
linkedin.com/in/Eduardo-Briceno
Twitter: @ebriceno8